Fabuleuse Hawaii

ULYSSE

Crédits

Recherche et rédaction : Annie Gilbert

Recherche et rédaction antérieures, extraits du guide Ulysse *Hawaii* : Claude Hervé-Bazin, Jean-Luc Brébant, Sophie Czaplejewicz, Bernadette Hocke, Claude-Victor Langlois, Marc Rigole

Éditeur : Claude Morneau

Correcteur : Pierre Daveluy

Infographistes : Judy Tan, Philippe Thomas

Photographies des pages couverture : Première de couverture, La Kalalau Valley depuis le Pu'u o Kila Lookout : © age fotostock Spain, S.L. / Alamy; Page de titre, Une vue aérienne de Moloka'i : © Fabien Dormoy; Fleur de frangipanier : © Dreamstime.com/Alohaisland; Une tortue verte sur la Punalu'u Black Sand Beach : © Dreamstime.com/John Santos; Un surfeur : © iStockphoto.com/schutzphoto

Cet ouvrage a été réalisé sous la direction de Claude Morneau.

Remerciements

Guides de voyage Ulysse reconnaît l'aide financière du gouvernement du Canada par l'entremise du Fonds du livre du Canada (FLC) pour ses activités d'édition.

Guides de voyage Ulysse tient également à remercier le gouvernement du Québec – Programme de crédit d'impôt pour l'édition de livres – Gestion SODEC.

Guides de voyage Ulysse est membre de l'Association nationale des éditeurs de livres.

Note aux lecteurs

Tous les moyens possibles ont été pris pour que les renseignements contenus dans ce guide soient exacts au moment de mettre sous presse. Toutefois, des erreurs peuvent toujours se glisser, des omissions sont toujours possibles, des adresses peuvent disparaître, etc.; la responsabilité de l'éditeur ou des auteurs ne pourrait s'engager en cas de perte ou de dommage qui serait causé par une erreur ou une omission.

Écrivez-nous

Nous apprécions au plus haut point vos commentaires, précisions et suggestions, qui permettent l'amélioration constante de nos publications. Il nous fera plaisir d'offrir un de nos guides aux auteurs des meilleures contributions. Écrivez-nous à l'une des adresses suivantes, et indiquez le titre qu'il vous plairait de recevoir.

Guides de voyage Ulysse

4176, rue Saint-Denis, Montréal (Québec), Canada H2W 2M5, www.guidesulysse.com, texte@ulysse.ca

Les Guides de voyage Ulysse, sarl, 127, rue Amelot, 75011 Paris, France, voyage@ulysse.ca

Catalogage avant publication de Bibliothèque et Archives nationales du Québec et Bibliothèque et Archives Canada

Vedette principale au titre :

Fabuleuse Hawaii

Comprend un index.

ISBN 978-2-89464-456-0

1. Hawaii - Guides. 2. Hawaii - Ouvrages illustrés.

DU622.F32 2015 919.6904'42 C2013-942044-4

Bibliothèque et Archives nationales du Québec

Dépôt légal – Quatrième trimestre 2014

ISBN 978-2-89464-456-0 (version imprimée)

ISBN 978-2-76580-999-9 (version numérique PDF)

ISBN 978-2-76581-062-9 (version numérique ePub)

Imprimé au Canada

MIXTE
Papier issu de sources responsables
FSC® C103567
www.fsc.org

Un lézard. *© Dreamstime.com/Seanyu*

Sommaire

◄ La cour arrière du Westin Maui.
(double page précédente) © Fabien Dormoy

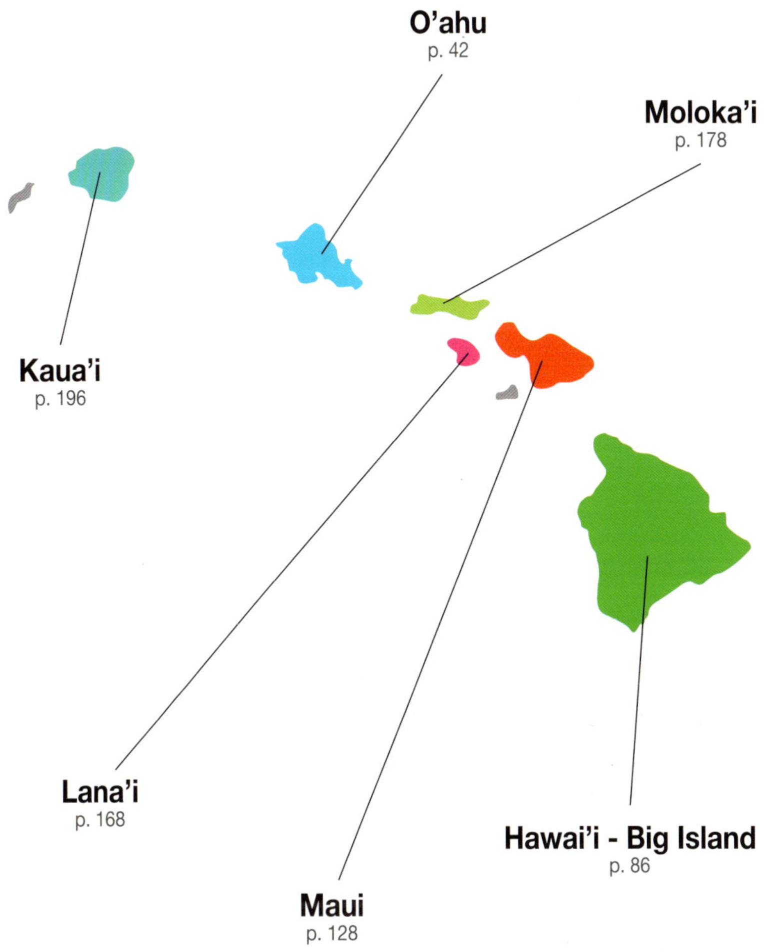

Les grands thèmes 237

Index 267

Classification des attraits

★★★ À ne pas manquer ★★ Vaut le détour ★ Intéressant

Liste des cartes

Liste des encadrés

Légende des cartes

Aéroport international
Aéroport régional
Attrait
Bâtiment / Point d'intérêt
Capitale d'État américain
Cimetière
Gare ferroviaire
Hôpital
Information touristique
Marché
Montagne
Parc
Plage
Terrain de golf

◂ Le jardin de la Dole Plantation.
© Shutterstock.com/Alex Pix

Le **meilleur** d'**Hawaii**

Pour s'initier à la culture hawaïenne

O'ahu

- Bishop Museum p. 54
- King Kamehameha V Judiciary History Center p. 45
- 'Iolani Palace p. 44
- Le *heiau* de Kane'aki p. 85

Big Island

- Hulihe'e Palace p. 89
- Pu'uhonua o Honaunau National Historical Park p. 94
- Pu'ukohola Heiau National Historic Site p. 102
- Le *heiau* d'Ahu'ena p. 88

Kaua'i

- Kaua'i Museum p. 198

Moloka'i

- Moloka'i Museum and Cultural Center p. 182

Pour découvrir une faune et une flore d'exception

O'ahu

- Waimea Valley p. 80

Big Island

- Hawai'i Tropical Botanical Garden p. 113

Kaua'i

- Kilauea Point National Wildlife Refuge p. 208
- Na'Aina Kai Botanical Gardens p. 208

Pour fouler le sable des plus belles plages

O'ahu

- Kuhio Beach p. 60
- Kailua Beach p. 75
- Sunset Beach p. 78

Big Island

- White Sands Beach p. 90
- Hapuna Beach State Park p. 101

Maui

- D.T. Flemming Beach Park p. 137
- Big Beach p. 150

Kaua'i

- Kalapaki Beach p. 198
- Po'ipu Beach Park p. 223

Moloka'i

- Papohaku Beach Park p. 191

Pour prendre des photos mémorables

O'ahu

- Pali Lookout p. 73

Big Island

- Hawai'i Volcanoes National Park p. 120
- Akaka Falls State Park p. 113

Maui

- 'Iao Valley State Monument p. 143

Kaua'i

- Hanalei Valley Lookout p. 212
- Waimea Canyon p. 229
- Kalalau Valley Lookout p. 233

Pour faire des randonnées inoubliables

O'ahu

- Diamond Head p. 62

Big Island

- Napau Trail p. 124
- Hawai'i Volcanoes National Park p. 120

Maui

- Sliding Sands Trail p. 157

Kaua'i

- Kalalau Trail p. 216
- Nu'alolo Trail p. 232
- Awa'awapuhi Trail p. 233
- Pihea Trail p. 234

Pour vivre des expériences uniques

O'ahu

- Visiter le site de Pearl Harbor p. 65

Big Island

- Observer la coulée active à l'Hawai'i Volcanoes National Park p. 124
- Rouler sur la Pepe'ekeo Scenic Drive p. 113
- Assister au *lu'au* du King Kamehameha's Kona Beach Hotel p. 88
- Marcher dans le Punalu'u Black Sand Beach Park (p. 126) ou sur la Green Sand Beach (p. 127)
- Nager avec les dauphins à Kealakekua Bay p. 92

Maui

- Rouler sur la route de Hana, qui compte 617 courbes et 56 ponts à voie unique p. 158
- Admirer le cratère du Hale'a'kala p. 156
- Marcher sur la Red Sand Beach p. 164

Moloka'i

- Faire une randonnée à dos de mule dans le Kalaupapa National Historical Park p. 186
- Envoyer une noix de coco par la poste p. 182

Pour surfer sur les meilleures vagues

O'ahu

- Sunset Beach p. 78
- Ehukai Beach Park p. 78
- Makaha Beach Park p. 85

Big Island

- Wawaloli Beach Park p. 97

Maui

- Honolua Bay p. 138

Kaua'i

- Anahola Beach Park p. 207
- Kalihiwai Beach p. 208

Pour plonger dans les meilleurs sites

O'ahu

- Hanauma Bay p. 70

Big Island

- Kahalu'u Beach Park p. 90
- Punalu'u Black Sand Beach Park p. 126

Maui

- Molokini p. 146
- Honolua Bay p. 138

Hébergement de *rêve*

Pour plusieurs, un voyage à Hawaii équivaut à la concrétisation d'un rêve que l'on se réserve pour un grand événement, telle une lune de miel ou un anniversaire important. Choisir un lieu de séjour d'exception devient alors pratiquement aussi important que le voyage lui-même. Voici quelques suggestions…

O'AHU

- Le **Halekulani** est considéré comme l'un des meilleurs hôtels des États-Unis tant pour son élégance que pour son service attentionné ou sa magnifique piscine.
- **The Royal Hawaiian**, rose de la tête aux pieds, offre une atmosphère romantique de même qu'une véritable retraite en plein centre de Waikiki.
- **The Kahala Hotel & Resort**, situé loin du brouhaha de Waikiki, saura satisfaire les plus exigeants avec son cadre luxueux et son service haut de gamme.

BIG ISLAND

- Le **Holualoa Inn** est un superbe *bed and breakfast* qui offre intimité et luxe, le tout dominant Kona et la mer.
- Le **Hilton Waikoloa Village** est immense, démesuré et luxueux. Sitôt le porche franchi, un monorail vous emmène jusqu'à votre chambre. En chemin, peut-être aurez-vous la chance d'apercevoir l'un des dauphins résidents.
- Le **Fairmont Orchid**, qui s'ancre près d'une plage adossée à un rideau de palmiers, offre de nombreuses activités dont la plongée-tuba avec les tortues.
- Le **Volcano Village Lodge** propose, à proximité du Volcano National Park, des maisonnettes magnifiquement décorées qui offrent beaucoup d'intimité.

La Serenity Pool du Four Seasons Resort Maui at Wailea.
© Four Seasons Hotel and Resort/Don Riddle

KAUA'I

- L'**Outrigger Waipouli Beach Resort and Spa** propose de luxueux appartements et une agréable piscine qui serpente à travers le complexe.
- Le **St. Regis Princeville**, célèbre pour sa piscine reflétant la baie et les montagnes de Hanalei, offre mille attentions au quotidien pour rendre le séjour inoubliable.
- Le **Ko'a Kea Hotel & Resort** est l'un des endroits préférés à Kaua'i pour un séjour romantique: massage en couple et dîner sur un *lanai* privé, entre autres.

LANA'I

- Le **Four Seasons Resort Lana'i, The Lodge at Koele**, situé sur les hauteurs de Lana'i City, transporte sa clientèle dans un monde à part où prédominent élégance et luxe.

MAUI

- Le **Ritz-Carlton, Kapalua**, l'un des plus chics hôtels de Maui, propose de magnifiques chambres avec salle de bain en marbre et fleurs fraîches et compte une superbe piscine en terrasses à trois niveaux dominant l'océan.
- Le **Grand Wailea, A Waldorf Astoria Resort** offre toutes les caractéristiques du complexe touristique de luxe et même un peu plus.
- **The Fairmont Kea Lani Maui** comprend de magnifiques villas avec patio et piscine privée regardant vers la mer.
- Le **Four Seasons Resort Maui at Wailea**, tout décoré d'orchidées, est superbe et domine une jolie plage et une vaste piscine veillée par des palmiers royaux.

Le portrait

▲ Le Hale'a'kala National Park. © Fabien Dormoy

Géographie et climat

Située à quelque 4 000 km du continent le plus proche (l'Amérique du Nord) et 2 000 km de l'île habitée la moins éloignée, Hawaii constitue l'archipel le plus isolé du monde. Perdus au beau milieu du Pacifique Nord, de part et d'autre du tropique du Cancer, ses 132 îles et îlots s'étendent sur 2 500 km. Couvrant 95% de la superficie de l'archipel (16 638 km^2), les huit îles principales se regroupent au sud-est: il s'agit, d'est en ouest, d'Hawai'i (Big Island), Maui, Kaho'olawe, Lana'i, Moloka'i, O'ahu, Kaua'i et Ni'ihau.

Bien que des fouilles archéologiques aient révélé qu'elles étaient autrefois peuplées, les îles du Nord-Ouest, qui s'étendent au-delà de Kaua'i et Ni'ihau, ne sont plus aujourd'hui que le domaine des seuls oiseaux marins et des phoques moines. Elles forment ensemble le Papahanaumokuakea Marine National Monument, une immense réserve naturelle interdite d'accès et inscrite au patrimoine mondial de l'UNESCO depuis 2010.

Les îles

› Hawai'i – Big Island

Surnommée Big Island (Grosse Île) pour sa taille (10 461 km^2), Hawai'i, qui donna son nom à l'archipel, s'ancre tout à l'est. Située à l'aplomb du point chaud qui enfanta toutes les îles, elle abrite les seuls volcans encore actifs de l'archipel, dont celui, très expansif, du Kilauea. Très jeune (800 000 ans seulement!), l'île affiche des paysages souvent lunaires, que la nature n'a en bien des endroits pas encore eu le temps de recoloniser. La côte ouest, beaucoup plus ensoleillée et verdoyante, accueille la station balnéaire de Kona.

› Maui

Flottant à peu près au centre de l'archipel, Maui est celle qui reçoit le plus de visi-

◄ Statue de Kamehameha, à Honolulu. (double page précédente) © iStockphoto.com/tropicalpixsingapore

▲ La côte de Maui. © Dreamstime.com/Ron Chapple

teurs après O'ahu. L'île est constituée de deux volcans dont les coulées de lave se sont rejointes, formant au milieu une plaine qui lui a valu son surnom de Valley Isle (l'île de la Vallée). En sommeil depuis 1790 seulement, le majestueux Hale'a'kala, à l'immense caldeira, culmine à plus de 3 000 m. L'aile ouest de Maui est la plus développée. On y trouve l'ancien port baleinier de Lahaina, reconverti au tourisme. La partie orientale de l'île, desservie par une route tortueuse, est beaucoup plus luxuriante.

› Kaho'olawe

La plus petite des huit îles principales (116 km²) a connu un bien funeste sort: des années durant, cet ancien site sacré a servi à l'entraînement des bombardiers de la Marine américaine. Finalement restituée à l'État d'Hawaii en 1995 au terme de 30 ans de polémique, elle reste néanmoins inaccessible à la plupart des visiteurs.

› Lana'i

L'ancienne «île aux Ananas» (362 km²), transformée en une immense plantation par la compagnie Dole, s'est aujourd'hui reconvertie à un tourisme tranquille et de luxe. Sillonnée de chemins plus que de routes, Lana'i s'enorgueillit de plages immenses et solitaires.

› Moloka'i

La plus proche d'O'ahu, Moloka'i est une île tranquille, la moins visitée de toutes, où une part importante de la population est hawaïenne. La côte nord, inaccessible pour une grande part, est soulignée d'immenses falaises plongeant dans l'océan. Seule se détache la péninsule de Kalaupapa, vestige d'une ancienne coulée de lave, où vécurent longtemps en exilés les lépreux de l'archipel. L'ouest de l'île révèle des domaines s'étendant à perte de vue et des plages désertes, magnifiques, qui doivent leur tranquillité à la force des courants qui les baignent.

▲ Waikiki, O'ahu. © iStockphoto.com/Robert Craven

› O'ahu

O'ahu est avec 1 574 km² la troisième île hawaïenne en importance. Carrefour de l'archipel, elle abrite les trois quarts de sa population, ainsi que sa capitale, Honolulu, et la base navale de Pearl Harbor. À deux pas s'étend la plage de la station balnéaire de Waikiki, dont le nom a depuis longtemps fait le tour du monde. C'est ici que le tourisme débuta. Une grande partie de la côte nord est toujours préservée du développement. Elle est renommée pour ses rouleaux hivernaux, qui en font un des sites de prédilection des grandes compétitions internationales de surf.

› Kaua'i

La plus occidentale des îles principales (1 432 km²), «l'île Jardin» est réputée pour sa végétation débridée et sa nature préservée. Chutes d'eau, forêts d'altitude, falaises sculptées de la côte de Na Pali, tout y concourt pour offrir l'image du paradis tropical. Le point culminant de l'île, le mont Wai'ale'ale, dispute à un ou deux endroits le privilège d'être le site le plus arrosé au monde! Kaua'i abrite l'inattendu et superbe canyon de Waimea, le «Grand Canyon du Pacifique».

› Ni'ihau

Voisine de Kaua'i, la petite Ni'ihau (189 km²) appartient dans sa globalité à la famille... Robinson, arrivée dans les îles au XIXe siècle. Interdite d'accès aux particuliers (et même aux résidents des autres îles), elle abrite une communauté d'un peu plus de 150 personnes, toutes hawaïennes (famille Robinson exceptée), qui perpétuent un style de vie partout ailleurs disparu.

Origines géologiques

Les îles hawaïennes sont les sommets de volcans monumentaux nés dans les profondeurs de l'océan Pacifique au-dessus d'une simple fissure de la croûte terrestre baptisée «point chaud» par les géologues. Voici comment ils expliquent le phénomène: épaisse en générale de 35 km sous les continents et de 10 km sous les océans, la croûte terrestre peut à l'occasion s'affiner bien davantage, laissant alors s'infiltrer le magma. À Hawaii, depuis 70 millions d'années, celui-ci s'échappe ainsi par un même point chaud. Lorsqu'il rencontre l'eau froide du Pacifique, il se fige en «coussins de basalte», qui s'entassent peu à peu comme autant de boulets de canon. Pour peu que le flux de lave ne se tarisse pas à cause du mouvement des plaques, la pile finit par gagner la surface, donnant naissance à une île – ou, à défaut, à une montagne sous-marine. Tout l'archipel a vu le jour ainsi, à commencer par Kure, la dame âgée de la congrégation, née il y a 35 millions d'années déjà. Selon l'île, entre

▲ Le canyon de Waimea, Kaua'i. © Dreamstime.com/Jerryway

90% et 99% de la masse du volcan qui l'a constituée se trouve en fait sous l'eau.

Le fond de l'océan dérivant avec la plaque du Pacifique, dont il est solidaire, seul le point chaud reste stationnaire. Les îles, emportées dans le mouvement, voguent vers le Japon à une vitesse moyenne de 8,5 à 9 cm par an. Première conséquence visible: les îles hawaïennes s'alignent, sur 2 500 km, sur un axe sud-est nord-ouest correspondant à la direction prise par la plaque du Pacifique. Deuxième évidence: s'éloignant progressivement du point chaud nourricier, le volcan formant l'île se tarit, pour finir par se figer. Alors commence un long travail de sape.

La proximité de Big Island avec le point chaud nourricier lui vaut d'abriter les deux seuls volcans encore en activité de l'archipel: le Mauna Loa et le Kilauea. Bien qu'aujourd'hui endormi, le Mauna Kea voisin, aux pentes enneigées, se révèle être la plus grande montagne du monde: mesuré depuis sa base océanique, il atteint 10 187 m, dont 4 205 m au-dessus du niveau de la mer.

C'est de la caldeira du Mauna Loa, le plus grand volcan au monde en activité, 70 fois plus important que l'Etna, que sont originaires la plupart des coulées de lave qui ont façonné l'île. Sa dernière éruption, en 1984, dura trois semaines. L'activité s'est depuis déplacée vers le Kilauea, l'un des volcans les plus actifs de la planète, en éruption quasi constante depuis 1983. Mais bientôt, lui aussi cessera d'être alimenté. Le calme retombera sur Hawaii, jusqu'au jour tant attendu d'une nouvelle naissance. À 40 km au sud-est de Big Island, une montagne est déjà en train de se constituer: Lo'ihi, dont le sommet culmine, pour l'heure, à 975 m sous la surface. Le grand jour de sa révélation au monde est prévu d'ici 10 000 à 100 000 ans.

Corollaire de l'activité volcanique, des séismes ont régulièrement lieu à Hawaii. Le plus important depuis 20 ans, à l'automne 2006, a atteint 6,7 sur l'échelle de Richter et provoqué des dégâts importants dans le nord-ouest de la Grande Île et à l'est de Maui. Heureusement, aucune victime ne fut à déplorer.

Climat

Ses alizés, son soleil et son ciel bleu sont pour beaucoup dans la renommée d'Hawaii. Pourtant, au-delà du cliché, selon le moment de l'année, l'île concernée, son versant ou son altitude, les conditions peuvent varier du tout au tout. On distingue en fait deux saisons principales: l'hiver, plus frais (25°C en moyenne), marqué par des pluies plus fréquentes et plus longues; et l'été, plus chaud (30°C) et plus ensoleillé, rafraîchi par les alizés soufflant du nord-est. En hiver, ces derniers cèdent en partie la place aux vents de *kona*, venus du sud-est, synonymes de températures élevées et de mauvais temps.

L'orientation des îles et leur position les unes par rapport aux autres ont d'importantes conséquences. Soumis aux alizés dominants, porteurs de pluie, les littoraux nord et est, «au vent», sont les plus humides. À l'opposé, les côtes ouest et sud, «sous le vent», sont les plus sèches – ce qui explique pourquoi toutes les stations balnéaires s'y trouvent. Le phénomène est tel que les précipitations peuvent quintupler à quelques kilomètres de distance.

▾ Arc-en-ciel sur les arbres tropicaux. © iStockphoto.com/schutzphoto

Les rois d'Hawaii

- Kamehameha I (1795-1819)
- Kamehameha II, Liholiho (1819-1824)
- Kamehameha III, Kauikeaouli (1824-1854)
- Kamehameha IV, Alexander Liholiho (1854-1863)
- Kamehameha V, Lot (1863-1872)
- Lunalilo (William Charles, 1873-1874)
- Kalakaua (David, 1874-1891)
- Lili'uokalani (Lydia, 1891-1893)

Histoire

Les Polynésiens

C'est presque un miracle que des hommes soient parvenus à coloniser Hawaii, solitaire chapelet d'îles flottant à des milliers de milles nautiques des terres les plus proches. L'histoire commence vers la fin de la glaciation de Würm (vers 40000 av. J.-C.), lorsque des populations de Bornéo, profitant de la baisse du niveau des mers, franchissent le détroit les séparant de la Nouvelle-Guinée, puis, de là, gagnent les îles Salomon. Au contact de la mer, ces peuples, dits de Lapita, deviennent marins et pêcheurs.

Bien plus tard, vers 1200-1000 av. J.-C., le développement des techniques de construction marine permet d'envisager une nouvelle extension vers l'est, à travers l'océan vide de terres. En quelques siècles seulement, le Vanuatu, les Fidji, les Tonga et les Samoa sont abordés et colonisés. Laboratoire de la culture polynésienne, ces îles vont servir de base à un extraordinaire mouvement de dispersion à travers la majeure partie de l'immense Pacifique – un morceau d'océan grand comme un continent. Aucun peuple n'a colonisé aussi loin la mer.

À partir de l'an 200, motivés peut-être par une explosion démographique, ou par des guerres et des bannissements, des Polynésiens abordent dans les îles Marquises, où se développe une société très structurée. Depuis cet archipel vont se définir les frontières immatérielles du «triangle polynésien», dont les trois angles sont marqués par la Nouvelle-Zélande au sud-ouest (Xe siècle), l'île de Pâques au sud-est (IXe siècle) et Hawaii au nord (V^e-VIIe siècles). Sur un fond de repères communs, chaque groupe d'îles voit se développer une société dont la langue, les coutumes et les croyances diffèrent légèrement.

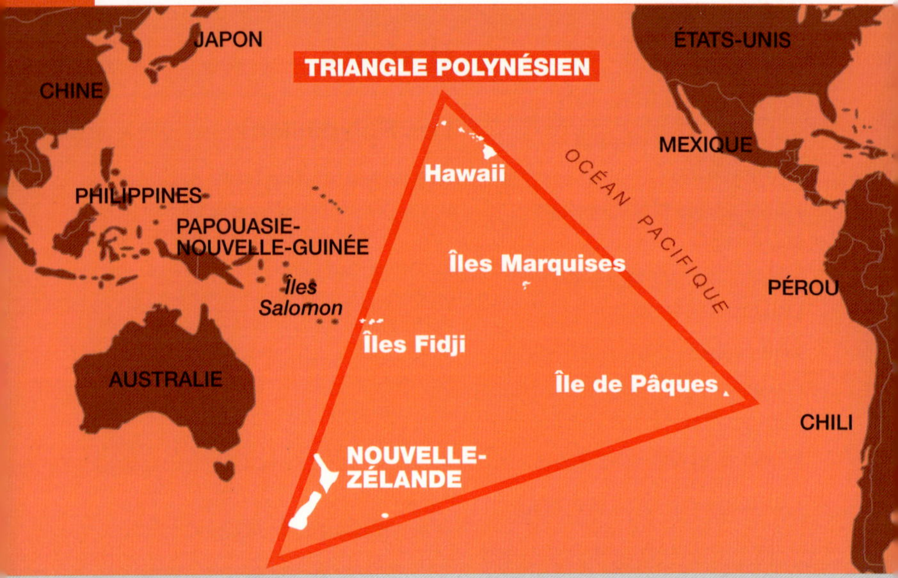

▲ Le triangle polynésien. © Ulysse

La colonisation d'Hawaii

Il y a plus de 1 300 ans donc, 1 800 ans peut-être, les premiers Polynésiens venant des îles Marquises débarquent à Hawaii. Mieux que les Vikings parvenus jusqu'en Amérique du Nord, ils terminent là un périple de près de 4 000 km en pleine mer, commencé sans aucune certitude de trouver un jour un rivage.

Naviguant à bord de grands canoës à double coque (dont la forme n'est pas sans rappeler les catamarans modernes), les Polynésiens, grands observateurs de la nature, tracent leur route en s'aidant des étoiles et de la Lune, de la course des planètes et du Soleil, de la force des vents. À bord, cochons, poulets, chiens, fruits d'arbres à pain, canne à sucre, noix de coco, patates douces et ignames s'entassent pour pouvoir fournir de la nourriture plusieurs semaines durant et prévoir l'installation à l'arrivée.

Les Tahitiens

Des siècles durant, aucune communication ne semble plus exister avec les îles Marquises. Puis, vers l'an 1000, une seconde vague de migration, qui ignore vraisemblablement la présence des premiers habitants, arrive de Kahiki (Tahiti). Plus nombreux, ils réduisent probablement leurs prédécesseurs en esclavage – donnant peut-être, selon certains auteurs, naissance à la légende des *menehune*, ces mystérieux petits hommes réfugiés dans la forêt. Deux siècles plus tard, sous l'égide du grand *kahuna* (prêtre) Pa'ao, un système religieux et social très strict voit le jour, régulant chaque instant de la vie quotidienne par un nombre plus important que jamais de *kapu* (tabous). Seuls des inconscients oseraient les transgresser: ils seraient à coup sûr punis de mort. La classe dominante des *ali'i* (une sorte de noblesse) s'oppose aux roturiers. De nouveaux dieux sont introduits, à l'instar de Pele, déesse du Feu, et des sacrifices humains sont instaurés. Pa'ao établit la dynastie qui va régner pendant plus de 600 ans sur Hawaii en faisant venir de Tahiti le grand chef Pili. Aux alentours de l'an 1400, les relations entre les deux archipels semblent être coupées: Hawaii se développe en autarcie.

▲ Le capitaine Cook. © James Cook par Nathaniel Dance, National Maritime Museum, United Kingdom

Le capitaine Cook

Filant plein nord depuis Tahiti à bord du *Resolution* et du *Discovery*, Cook et ses hommes, à l'instar des premiers Polynésiens, tombent sur Hawaii par hasard. Les marins anglais, à la recherche d'un passage septentrional entre le Pacifique et l'Atlantique (le fameux «passage du Nord-Ouest»), accueillent avec joie cette escale. Protégé par son isolement, l'archipel est le dernier grand territoire du Pacifique à être découvert par le monde occidental. Cook baptise l'archipel «îles Sandwich» en hommage à son principal protecteur à la cour d'Angleterre, John Montagu, Premier lord de l'Amirauté et 4e comte de Sandwich. Le navigateur jette l'ancre dans la baie de Waimea, à Kaua'i, le 19 janvier 1778. Les Hawaïens sont hospitaliers et prêts à satisfaire à la coutume des échanges. Cook, conscient des dangers de propagation des maladies vénériennes, tente d'interdire à ses hommes les contacts un peu trop rapprochés avec les jolies insulaires – peine perdue. Les deux bateaux réapprovisionnés repartent, sans projet de retour, pour un périple d'une année à la recherche du passage du Nord-Ouest. Cook remonte jusqu'en Alaska, passe

Kapu

Le *kapu*, dit *tapu* en polynésien du Sud, d'où l'on tira le «tabou» français, cet interdit à caractère religieux, frappe depuis la nuit des temps toutes les îles du triangle polynésien.

Les Marquisiens en entretenaient eux-mêmes un grand nombre, qu'ils apportèrent naturellement avec eux à Hawaii. Leur usage, grandement ravivé par l'inquisition religieuse dirigée par le grand prêtre Pa'ao, servit de droit divin durant plusieurs siècles lors des grandes dynasties hawaïennes.

Instrument de contrôle social, les *kapu* interdisaient ainsi aux roturiers d'approcher les membres de la caste supérieure des *ali'i* – croiser leur ombre aurait signifié la mort. Conséquence d'un autre *kapu* célèbre, femmes et hommes ne pouvaient manger ensemble. Ces derniers devaient même faire pousser et préparer leur propre nourriture, leurs épouses étant déclarées impures à vie pour cause de menstruations… Il existait toutefois un grand nombre de *kapu* très utiles, à l'instar de ceux présidant à la gestion des ressources naturelles. L'accès aux endroits interdits était simplement barré par deux *pulo'ulo'u*, des bâtons entrecroisés coiffés d'un morceau de *kapa* blanc.

Briser un *kapu*, un affront à l'ordre divin, était toujours puni de la même peine: la mort par strangulation. En condamnant ainsi un individu, la communauté se préservait des colères des dieux – éruptions, cyclones, tout aurait pu arriver en représailles.

Progressivement disparus d'Hawaii avec leur abolition en 1819, lorsque le roi Kamehameha II et la reine Ka'ahumanu partagèrent le même repas, les *kapu* demeurent très ancrés dans d'autres groupes d'îles du Pacifique.

▲ La mort du capitaine Cook. © Archival photograph by Mr. Sean Linehan, NOS, NGS

le détroit de Béring, mais, se trouvant bloqué par les glaces, décide de faire demi-tour et d'hiverner aux îles Sandwich.

Un an jour pour jour après avoir aperçu O'ahu pour la première fois, les Anglais sont en vue de la baie de Kealakekua. Le livre de bord déborde d'enthousiasme à la description du millier de pirogues à balancier venues les accueillir. Le hasard a voulu favoriser Cook : la baie est l'endroit le plus sacré d'Hawaii, et la façon dont les bateaux sont apparus en tournant autour de l'île, dans le sens des aiguilles d'une montre, correspond à la description que les légendes font du retour de Lono sur terre. Son arrivée coïncide, qui plus est, avec le festival du Makahiki, dédié au dieu protecteur à l'issue des récoltes. Cook est pris pour le dieu lui-même. Reçu en grande pompe, l'équipage aussi profite de l'hospitalité des Hawaïens. Après deux semaines de festivités, au grand soulagement des Hawaïens dont les réserves de vivres commencent à s'épuiser, les deux navires repartent. Mais à peine ont-ils quitté la côte qu'une violente tempête déchire les voiles et casse un mât du *Resolution*. Il faut retourner à Kealakekua pour réparer. Les célébrations du Makahiki terminées, l'endroit est désert, et Cook est reçu avec bien moins de chaleur. La saison dédiée à Ku, dieu de la Guerre, vient de commencer. En plus, cette fois, les Anglais sont arrivés dans le sens contraire des aiguilles d'une montre, et leur navire est endommagé. Les signes qui faisaient d'eux plus que des hommes n'en font plus que de simples mortels. À bord, des objets disparaissent, dont un bateau de sauvetage. Cook, intraitable, impose le blocus de la baie. Accompagné de 11 hommes, il descend à terre avec l'intention de capturer le grand chef Kalani'opu'u et de le retenir jusqu'à ce que le bateau de sauvetage lui soit rendu. Dans l'échauffourée qui s'ensuit, Cook est frappé à la tête d'un coup de massue. Il est poignardé à plusieurs reprises et battu à mort.

De retour en Angleterre, le reste de l'équipage fait connaître au monde la mort de l'explorateur et l'existence des îles. Six années durant, aucune nouvelle voile n'est signalée à l'horizon : les circonstances du décès de Cook ont effrayé les Européens. Puis, subitement, tout s'emballe. La position de l'archipel, en plein milieu de l'océan Pacifique, va en faire une escale favorite des commerçants.

L'expédition de La Pérouse

En 1785, la France confie à La Pérouse le soin de compléter les découvertes de Cook dans le Pacifique. La Pérouse s'embarque donc pour un tour du monde à la tête de deux navires. Il sera en 1786 le premier Européen à fouler le sol de Maui.

L'unification de l'archipel

Au moment où Cook découvre Hawaii, les îles sont aux mains de chefs ennemis guerroyant pour affirmer leur puissance. Sur Big Island, un homme, dont l'histoire se mêle aujourd'hui à la légende, va s'imposer: Kamehameha. D'abord opposé à ses deux cousins, héritiers officiels du trône de l'île, le jeune *ali'i* va livrer, de 1782 à 1791, maintes batailles qui le mèneront, pour la première fois dans l'histoire d'Hawaii, à l'unification de l'archipel.

En 1795, le «Napoléon du Pacifique», comme Kamehameha est parfois surnommé, conquiert les îles les unes après les autres: Maui, Moloka'i, Lana'i, puis O'ahu, où il débarque avec 1 200 canoës et plus de 10 000 hommes, tombent. La dernière résistance est annihilée aux falaises de Nu'uanu, où des centaines de soldats préfèrent se jeter dans le vide plutôt que de se rendre. Plusieurs attaques sont lancées sur Kaua'i et Ni'ihau, sans succès. Finalement, en 1810, sous la pression des marchands européens, le roi de Kaua'i, Kaumuali'i, accepte une solution négociée: à sa mort, qui surviendra en 1824, les deux îles seront incorporées au royaume.

L'âge d'or des aventuriers

Le règne de Kamehameha est marqué par une transition rapide du monde ancien, dominé par les dieux, à un univers influencé par l'Occident et le plus grand de ses préceptes: le commerce. Six ans seulement après la visite de Cook débarque le premier négociant en fourrures, en route vers l'Asie, un Anglais

▲ Kamehameha II. © Bishop Museum

répondant au nom de James Hanna. Dans ses cales: des peaux de loutre destinées au marché chinois. Bien avant la fin du XVIIIe siècle, des dizaines de navires marchands font relâche à Hawaii pour se ravitailler.

La fin des idoles

Avant même la mort de Kamehameha, des missionnaires protestants tahitiens, convertis par la très entreprenante London Missionary Society, débarquent à Hawaii. Ils trouvent une oreille attentive en la personne de Ka'ahumanu, épouse préférée du roi et régente de fait du royaume à la mort de Kamehameha. Sous son influence, Liholiho, son beau-fils, couronné à 23 ans sous le nom de Kamehameha II, accepte, lors d'un déjeuner resté gravé dans l'histoire des îles, de défier le *kapu* interdisant aux hommes et aux femmes de manger ensemble. Les dieux ne daignant pas se manifester, pas plus qu'ils ne l'ont d'ailleurs fait pour aider les Hawaïens dans leur combat contre les abus des étrangers, le couple royal ne rencontre que peu de résistance lorsqu'il annonce la destruction des idoles et des *heiau* (temples). Seule Big Island voit une révolte vite matée. En quelques mois, un système religieux vieux de plus de 1 000 ans disparaît.

KAMEHAMEHA

Kamehameha

La vie et plus encore la naissance du premier grand roi des îles, Kamehameha, « le solitaire », s'entourent d'un mystère savamment entretenu par les légendes. L'une d'elles raconte que durant sa grossesse, sa mère, Kekuiapoiwa, eut une envie furieuse de manger l'œil d'un chef... un symbole interprété par les *kahuna* comme l'annonciation d'un enfant rebelle.

Le roi Alapainui, son beau-père, alerté par ses prêtres et effrayé par leurs prédictions, décida de supprimer l'enfant à sa naissance. Mais, le jour fatidique, par une nuit d'automne orageuse, la jeune mère s'arrangea pour que le nouveau-né soit caché dans un panier. Se basant sur la tradition orale, qui évoque, la nuit précédente, le passage dans le ciel d'un objet céleste (sans doute la comète de Halley), les historiens en concluent que Kamehameha est né en 1758. Mais quelques-uns affirment que le roi vit le jour plus tôt – en 1753 pour certains, dès 1736 pour d'autres.

Demeuré introuvable – les hommes du chef sont lancés sur ses traces dans un épisode aux relents bibliques –, Kamehameha grandit quelques années dans la secrète vallée de Waipi'o. Puis, le passé enterré, il regagna le monde des *ali'i* et apprit à devenir un chef.

Alors qu'il n'était pas encore adulte, Kamehameha, dont la stature et la condition physique ne tenaient pas que des mythes, aurait réussi à faire basculer l'énorme pierre de Naha pesant près de 3,5 tonnes. Cet exploit, disait-on, ne pouvait qu'annoncer celui qui, un jour, présiderait à la destinée de l'archipel.

Lorsque Cook visita Big Island, Kamehameha avait déjà acquis un pouvoir indéniable. Le futur monarque aurait participé au lynchage de l'explorateur et peut-être même conservé son scalp – symbole de prestige.

Marié à de nombreuses reprises (on parle de 21 épouses), le roi garda toute sa vie le même amour pour l'une d'elles, Ka'ahumanu, qui, à la mort de Kamehameha, est devenue régente de fait.

Disparu le 8 mai 1819 après avoir réussi à assurer une transition sans trop de heurts entre passé hawaïen et monde moderne – ne reniant pas le premier et ne cédant que le nécessaire au second –, Kamehameha reste pour les insulaires leur plus grand roi, héros et vainqueur, mais aussi un homme attentionné aux désirs de son peuple.

◂ La statue de Kamehameha à Honolulu. © *Dreamstime.com/Vasen*

C'est à ce moment qu'arrivent de Nouvelle-Angleterre les premiers missionnaires nord-américains: le 19 avril 1820, à bord du *Thaddeus*, se trouvent 23 membres de l'Église congrégationaliste, avec à leur tête le pasteur Hiram Bingham. Leur voyage, long de six mois, les a menés de Boston à Hawaii par le cap Horn. Convaincus de leur supériorité morale et de leur rôle civilisateur, considérant avec suspicion et parfois horreur les mœurs des Hawaïens, les missionnaires fondent la première mission à Honolulu. Ils inventent un alphabet hawaïen pour pouvoir traduire la Bible, créent des écoles pour diffuser leurs enseignements, construisent des églises à toit de palmes, interdisent à leurs fidèles toutes sortes d'activités: la boisson, le jeu, l'adultère, mais aussi le surf, le *hula*, les chants, le port de *lei* (colliers de fleurs), les tenues «indécentes» et... les mariages interraciaux. Il faut tout le poids de l'exemple fourni par Ka'ahumanu, l'une des premières à se convertir, pour convaincre les Hawaïens de se soumettre à ces coutumes barbares. Il est difficile de savoir si la reine agit par calcul politique ou par gratitude envers les missionnaires qui l'ont soignée d'une grave maladie.

La chasse à la baleine

Au moment même où arrivent les missionnaires de nouveaux acteurs font leur apparition sur la scène hawaïenne: les baleiniers. Amorcée dès 1789 dans l'océan Pacifique, la chasse prend une ampleur considérable de 1825 à 1860 avec la création de flottes importantes. À Maui, Lahaina, capitale du royaume depuis 1802, devient leur principale escale.

L'industrie atteint son apogée dans les années 1840: il entre alors plus d'un bateau par jour dans le port. Entre 1851 et 1860, la «récolte» se chiffre à près de 6,5 millions de tonnes de fanons et 66 millions de litres d'huile de baleine! Kamehameha IV crée même sa propre flotte, avec 19 navires naviguant sous pavillon hawaïen en 1854. Parallèlement, de nombreux colons s'établissent dans les îles comme éleveurs et fermiers pour ravitailler à la fois les marins et les chercheurs d'or en Californie.

Au fur et à mesure que s'écoulent les années, les prises se font de moins en moins faciles et la concurrence de plus en plus rude. Vers 1860, la guerre de Sécession, puis la baisse des cours de l'huile de baleine, concurrencée par le pétrole, provoquent un coup dur pour l'industrie. Les derniers capitaines baleiniers finiront par se décourager face à la quasi-disparition de leurs proies et au désastre survenu dans l'Arctique durant l'automne 1871 – un hiver précoce détruit la totalité de la flotte baleinière.

L'épisode anglais

En 1822, le navire promis près de 30 ans plus tôt par George Vancouver à Kamehameha arrive à Hawaii. Kamehameha II, qui fait de la protection anglaise un rempart contre les appétits russes d'abord, puis américains, décide d'aller remercier en personne George IV. Le monarque hawaïen arrive à Londres en mai 1824, avec son épouse favorite, Kamamalu, et sa suite. Liholiho n'aura pas le temps de rencontrer le roi: tous tombent malades, victimes de la rougeole, peu après leur arrivée. La reine meurt, suivie quelques jours plus tard de Liholiho. Leurs corps sont rapatriés à Hawaii par Lord Byron, le frère du célèbre poète romantique.

La question des terres

C'est surtout le décret de 1848, connu sous le nom de Grand Mahele (la Grande Division), qui va marquer un tournant dans l'histoire des îles. Révolutionnant la conception hawaïenne de la non-propriété, il prévoit le partage des terres de l'archipel entre la Couronne (25%), le gouvernement (37,5%) et les particuliers – chefs et peuple confondus (37,5%). Deux ans plus tard, le droit à

▲ Kamehameha IV. © Hawai'i State Archives

la propriété est reconnu pour tous, sans réserve de nationalité. Les Hawaïens, pour qui le principe même est absurde, ne se soucient guère de cette disposition. Les colons, qui font pression en ce sens depuis des années, s'empressent d'y souscrire.

Bon nombre d'enfants de missionnaires – ou de missionnaires eux-mêmes –, ainsi que quelques Métis, acquièrent des superficies considérables, privant bientôt tous les Hawaïens de terres cultivables. Les chiffres sont éloquents: bien qu'il n'y ait alors pas plus de 2 000 étrangers dans tout l'archipel, seuls 0,9% d'Hawaïens bénéficient de terres. Ces vastes domaines seront à la base de la puissance économique et politique à venir des *haole* (Blancs).

L'ère sucrière

À la mort de Kamehameha III, en 1854, le royaume hawaïen n'est plus que le fantôme de lui-même. Son successeur et fils adoptif, Alexander Liholiho, monté sur le trône sous le nom de Kamehameha IV, va assister au dépeçage systématique des îles et à la montée de la puissance financière des colons. C'est par une industrie déjà ancienne que celle-ci va s'opérer : le sucre. Nombre des premières plantations de canne ont été fondées dans les années 1820-1830 par des immigrants chinois, puis revendues à partir de 1835-1840 à des sociétés occidentales équipées de machines à vapeur.

Avec le déclin progressif de l'industrie baleinière, le sucre prend une ampleur de plus en plus grande. Des domaines immenses, dirigés par des planteurs anglais, allemands et américains, voient le jour, constitués grâce à l'adoption du Mahele. Le même acte a ouvert la porte à l'immigration : les Hawaïens ayant succombé en masse aux maladies, les planteurs se tournent vers une autre main-d'œuvre. Les Chinois arrivent dès 1852, mais bien peu restent, tant les conditions de travail sont dures et la paie faible. Les Japonais, en particulier les Okinawais, suivent, à partir de 1868, plus nombreux, plus désireux de s'installer. Entre 1885 et 1924, ils seront 180 000 à débarquer à Honolulu. On estime au total à environ 350 000 le nombre de travailleurs du sucre établis dans l'archipel entre 1850 et la Seconde Guerre mondiale.

Pour tenter de contrer l'influence sans cesse accrue des Américains, le roi Kamehameha IV développe des liens diplomatiques avec un grand nombre de pays. Mais il meurt subitement en 1862 à l'âge de 29 ans – peut-être empoisonné. Son frère aîné Lot, qui lui succède sous le nom de Kamehameha V, parvient à faire adopter une nouvelle constitution renforçant le pouvoir royal, mais également celui des étrangers. Il meurt à son tour en 1872 sans laisser d'héritier. Son successeur, Lunalilo, désigné en 1873 par un collège de dignitaires, n'occupe le trône qu'un peu plus d'un an avant de succomber à une phtisie – un an durant lequel les membres blancs de son cabinet tentent de favoriser l'annexion de l'archipel aux États-Unis. Parallèlement, l'immigration redouble d'intensité avec l'arrivée massive de Portugais, beaucoup d'entre eux venus des Açores ou de l'île de Madère.

◄ David Kalakaua. © Hawai'i State Archives

Kalakaua

Kalakaua est « élu » roi en 1874. Son règne, ambigu, va être marqué par un écartèlement entre les traditions hawaïennes, qu'il tente de faire revivre, par son goût marqué pour les fastes des grandes cours et par le nécessaire recours au pouvoir financier, détenu par les industriels étrangers. Peinant à combler le fossé considérable séparant ces trois entités, dénoncé pour sa légèreté, ses trop nombreux voyages et sa vie dissolue, il souffrira de nombreuses critiques de la part de toutes les parties – et même, dès sa nomination par le Cabinet, d'une révolte orchestrée par les partisans de la reine Emma, veuve de Kamehameha IV.

À peine arrivé au pouvoir, le roi se rend à Washington, où il négocie avec le président Grant un traité de réciprocité : en échange de la cession de la baie de Pearl Harbor, le gouvernement américain s'engage à laisser le sucre hawaïen entrer en franchise sur son territoire – une victoire considérable pour les planteurs. L'industrie sucrière et l'économie des îles connaissent un boom sans précédent.

En 1887, Kalakaua, de plus en plus vivement critiqué, tente de fortifier son pouvoir. Plusieurs centaines de propriétaires terriens se regroupent au sein de la Ligue hawaïenne et forcent le roi, décidément trop dépendant des finances, à adopter la constitution dite de la Baïonnette. Kalakaua y perd nombre de ses prérogatives. Le droit de vote est limité aux propriétaires terriens, ce qui revient à en exclure immigrants asiatiques et Hawaïens. Devant cette situation insupportable, un groupe d'insulaires, dirigés par un certain Robert Wilcox, Hawaïen malgré son nom, tente pendant l'été 1889 de renverser le gouvernement et d'obtenir l'annulation de la constitution. La révolte est matée. Kalakaua meurt en 1891 lors d'un séjour à San Francisco.

Lili'uokalani

Lili'uokalani succède à son frère. Déterminée à restaurer le pouvoir royal, elle récuse son cabinet pour en former un nouveau, moins soumis aux influences des grands entrepreneurs et des colons. Puis, soutenue par la population et les membres hawaïens de son cabinet, elle tente, en janvier 1893, de faire promulguer une nouvelle constitution défavorable aux *haole*.

Immédiatement, un comité de salut public, rejoint par certains ministres américains, est formé pour s'opposer au projet. Les troupes du navire de guerre américain *Boston* débarquent sous prétexte de sauvegarder la paix à Honolulu. Le mardi 17 janvier, quelque 500 hommes en armes, membres du comité de salut public, marchent sur le palais royal. Pour éviter le bain de sang, la reine ordonne à ses troupes de ne pas s'interposer. Lili'uokalani est renversée, la monarchie abolie, les bâtiments gouvernementaux saisis et un gouvernement provisoire de quatre membres, colons américains influents, mis en place. Son président, Sanford Dole, est le fils d'un missionnaire et l'ancêtre de la dynastie Dole, bien connue aujourd'hui pour son activité dans le conditionnement des fruits et légumes.

À l'exception de l'Angleterre, toutes les puissances occidentales reconnaissent le nouveau gouvernement. Le lendemain même du renversement de la reine, une commission est dépêchée à Washington pour demander l'annexion de l'archipel aux États-Unis; la loi martiale est proclamée. Pour la presse américaine du temps, nul doute, l'intervention est le fait des tendances autocratiques de Lili'uokalani. Pour les Hawaïens, elle est celle d'industriels et de propriétaires sans vergogne désireux de s'emparer du pouvoir.

Le déclin des Hawaïens

L'héritière du trône, la princesse Ka'iulani, se rend elle aussi à Washington pour demander la restauration de la reine, sa tante. Le président Cleveland l'écoute et refuse l'annexion. En 1894, la république d'Hawaii voit donc le jour, avec Sanford Dole comme président. Les terres de la Couronne sont en partie revendues à des affairistes influents, et des lois nouvelles interdisent la langue et certaines coutumes hawaïennes. En 1895, les partisans de Lili'uokalani, de nouveau dirigés par Robert Wilcox, se révoltent, sans plus de succès que la fois précédente. La plupart sont condamnés à mort. Des armes, dissimulées, sont découvertes dans le jardin de Lili'uokalani. La reine est arrêtée, jugée et condamnée à cinq ans de travaux forcés – une peine commuée en résidence surveillée.

En 1898, les États-Unis, en plein expansionnisme, annexent finalement l'archipel et, la même année, s'emparent, au terme de la guerre hispano-américaine, de Puerto Rico, des Philippines et de Guam. L'accession au statut de territoire américain en 1900 ne change en rien les composantes sociales à Hawaii. Le président McKinley nomme premier gouverneur… Sanford Dole. Une nouvelle vague d'immigration parvient dans les îles: travailleurs espagnols et portoricains, japonais par milliers et philippins à partir des années 1910. L'ananas devient le produit d'exportation le plus important après le sucre.

▸ La princesse Lili'uokalani et la reine Kapi'olani.
© Hawai'i State Archives

Le début du XXe siècle

Peu après l'annexion, l'armée américaine entreprend les travaux de construction de la base de Pearl Harbor – qui deviendra dans les décennies suivantes la plus importante au monde. La Première Guerre mondiale, dans laquelle les États-Unis ne s'engagent qu'en 1917, passe relativement inaperçue à Hawaii, si ce n'est pour la prise du premier navire de guerre allemand, en relâche dans les îles au moment de la déclaration de guerre. Les plus touchés par le conflit sont les immigrants allemands, victimes de la méfiance des autres communautés et surtout de celle du gouvernement.

En 1920 sont créées les Hawaiian Home Lands, pour permettre de rendre aux Hawaïens un peu de la terre perdue lors du Mahele. Mais le programme, manipulé par les grands propriétaires, sera constamment utilisé à leur avantage – et non à celui des Hawaïens. L'entre-deux-guerres est également marqué par la grande crise et la Prohibition, mais Hawaii, devenu le refuge des millionnaires américains, attirés par un tourisme naissant, traverse l'épreuve sans trop en souffrir.

La Seconde Guerre mondiale

Si le premier conflit mondial n'a fait qu'effleurer l'archipel, le second va le percuter de plein fouet. Le 7 décembre 1941, à 6h du matin, une première vague de 183 avions japonais, puis une seconde, composée de 167 autres appareils une heure plus tard, foncent sur les bases aériennes de Wheeler, Hickam et Bellows, et sur «Battleship Row», à Pearl Harbor, où s'abritent de nombreux bâtiments de guerre de la flotte du Pacifique. Avant que les défenses antiaériennes n'aient vraiment eu le temps de réagir, 19 navires sont coulés ou endommagés, 164 avions détruits et 2 346 hommes tués – dont près de la moitié sur le seul USS *Arizona*. De plus, 58 civils trouvent la mort dans l'attaque, la plupart victimes de tirs de missiles antiaériens américains qui n'ont pas explosé en l'air, mais au contact du sol, en retombant... Les Japonais, eux, n'ont perdu que 29 appareils, cinq mini-sous-marins et 64 hommes.

Les États-Unis font leur entrée dans la Seconde Guerre mondiale. Malgré les nombreux dégâts causés, l'attaque du 7 décembre va se retourner contre les Japonais. Non seulement la plupart des navires coulés seront renfloués, mais, en plus, l'opinion publique américaine, jusque-là divisée, va s'engager à fond dans la guerre.

Hawaii aujourd'hui

L'après-guerre est le théâtre des premiers conflits sociaux que connaissent les îles.

En 1949, une grève menée par les dockers paralyse le commerce durant près de six mois. Suivent des actions répétées auprès des grands propriétaires terriens, qui débouchent sur une amélioration notable des conditions de vie des travailleurs agricoles. Mais l'impact de la guerre froide fait rage, et Hawaii, comme le reste des États-Unis, a vite fait de plonger dans la paranoïa anticommuniste du maccarthysme.

De longues années durant, le débat fait rage au Congrès pour savoir s'il faut, ou non, faire d'Hawaii un État à part entière. L'importance stratégique du lieu, démontrée par la Seconde Guerre mondiale, fait plutôt pencher la balance en faveur de l'intégration. Mais l'agitation politique et la composition multiethnique des îles, cas unique dans le pays, font peur aux gouvernants. Finalement, en 1959, Hawaii devient le 50e État de l'Union. Un référendum, réservé aux citoyens américains ayant résidé au moins un an dans les îles (ce qui inclut donc la majorité des militaires et exclut de nombreux immigrants asiatiques), confirme à 90% le nouveau statut.

Depuis l'intégration à l'Union, Hawaii a été le théâtre d'un événement presque inattendu. Dans le bouillonnement intellectuel et politique des années 1960, entre les combats pour l'égalité des droits et la déségrégation dans le sud des États-Unis, on a assisté à la naissance d'une conscience politique hawaïenne, manifestée, entre autres, par une forte renaissance culturelle. Elle débouche aujourd'hui sur la question de la souveraineté.

▾ L'attaque de Pearl Harbor lors de la Seconde Guerre mondiale. *© Official U.S. Navy photograph*

Politique

L'État est divisé en quatre entités administratives: les comtés d'Honolulu (officiellement le City and County of Honolulu, qui comprend aussi le reste de l'île d'O'ahu), de Maui (avec Moloka'i, Lana'i et Kaho'olawe), d'Hawai'i (Big Island) et de Kaua'i (avec Ni'ihau). Comme au niveau national, leurs élus se retrouvent au Sénat et à la Chambre des représentants. Le gouverneur est élu tous les quatre ans; le dernier en date est Neil Abercrombie.

Les Hawaiian Home Lands

En 1920, pour remédier à la grande pauvreté des Hawaïens privés de terres, le prince Kuhio, délégué territorial au Congrès, envisage la création, sur les anciennes terres de la Couronne accaparées par l'État, des *homestead lands*, des concessions louées à la population hawaïenne pour 1$ symbolique. Si l'idée semble généreuse, sa mise en pratique l'est beaucoup moins: fruit d'un compromis taillé pour le seul bénéfice des grands propriétaires (une cinquantaine d'entre eux contrôlent 50% du territoire), tout juste 800 km² de terres, les moins fertiles et les plus inaccessibles, sont cédées à travers l'archipel, surtout sur Big Island. Bien peu, en fin de compte, bénéficieront des *homestead lands*, et les quelques chanceux, confrontés à leur stérilité, se contenteront le plus souvent d'y construire leurs maisons.

Même si l'accession d'Hawaii au statut d'État en 1959 écarte en partie les grandes familles terriennes du pouvoir, elle ne change en rien la politique d'abus du gouvernement, tant local que fédéral. Pour remplir les caisses de l'État, de plus en plus de terres gérées par le Department of Hawaiian Home Lands (DHHL), créé en 1960, sont louées à des investisseurs privés – à l'instar de l'immense ranch Parker, sur Big Island. Des complicités seront mises au jour *a posteriori*, démontrant la convergence d'intérêt des mandataires du DHHL et de certains grands propriétaires terriens. Mais ces derniers ne sont pas les seuls bénéficiaires: au moins 40 décrets signent la cession de terres appartenant aux Hawaiian Home Lands à… l'armée. Bon nombre seront annulés en 1984 par le gouverneur Ariyoshi. Mais plutôt que de chasser les occupants «illégaux», le gouvernement préféra négocier une solution financière, avec des dommages et intérêts négligeables.

Au début du siècle, seuls 5 941 baux avaient été accordés par le DHHL, représentant tout juste 20% de la superficie totale des Hawaiian Home Lands. La situation s'est un peu améliorée depuis, mais beaucoup restent de vagues promesses... La liste d'attente fait état de près de 25 000 demandes non traitées! Ce sont ces abus que dénoncent les groupes souverainistes, qui réclament le droit de gérer eux-mêmes les terres que la loi leur accorde. Sachant que, même une fois la concession obtenue, il reste pour les heureux récipiendaires à obtenir un prêt bancaire pour pouvoir

▲ L'Hawaii State Capitol Building. © iStockphoto.com/jewhyte

construire leurs maisons... L'imbroglio explique que l'on rencontre de très nombreux Hawaïens condamnés à vivre entre leurs voitures et les campings publics.

Vers la souveraineté?

Au fil des ans et des manœuvres politiciennes visant à étouffer les revendications de la minorité hawaïenne, une certaine exaspération a vu le jour, et la thèse d'une forme de souveraineté, longtemps considérée comme une thèse radicale, a été popularisée: soutenue par 12% des sondés en 1996, elle l'était 10 ans plus tard par quelque 48% des habitants de l'archipel – toutes origines confondues.

Cette donnée nouvelle dans la politique hawaïenne découle de plusieurs facteurs. L'un des principaux est sans conteste la célébration en 1993 du centenaire du renversement de la reine Lili'uokalani et les excuses officielles présentées par le gouvernement de Bill Clinton à cette occasion – à l'origine d'une prise de conscience de nombre d'Hawaïens.

Reste à savoir exactement ce que chacun entend par souveraineté. Il existe à travers l'archipel quelque 300 groupes de pression hawaïens, assez mal coordonnés. La majorité semble pencher pour la cession aux Hawaïens de sang de quelque 8 000 km^2 de terres (regroupant les anciennes *ceded lands* et les Hawaiian Home Lands) et la création d'une entité politique inspirée des nations autochtones du sud-ouest des États-Unis et d'Alaska – indépendantes pour les questions d'ordre local, mais qui restent subordonnées au gouvernement fédéral pour les questions de justice, de politique étrangère, etc.

Si même le mouvement continue à s'amplifier, il est bien difficile, à l'heure actuelle, d'imaginer les États-Unis renoncer à leurs droits sur l'archipel. L'aspect juridique des choses penche pourtant en faveur des indépendantistes: jamais, légalement, le royaume d'Hawaii, autrefois reconnu par les pays occidentaux, n'a cessé d'exister. Un appel a d'ailleurs été lancé devant la cour de justice de La Haye sur cette base.

Population

La population d'Hawaii, lors de sa découverte par Cook, est estimée entre 300 000 et 500 000 habitants. Rapidement, les contacts avec les Occidentaux vont s'avérer fatals pour les insulaires. Bien plus que les rares escarmouches, la variole, les oreillons, la coqueluche, la grippe et les maladies vénériennes transmises par les marins vont en 20 ans faire subir aux îles une première chute démographique de 10%. Ce n'est malheureusement qu'un début. Un siècle après les premiers contacts, la population, qui est encore à plus de trois quarts hawaïenne, tombe à 57 000 habitants. Plusieurs facteurs aggravants s'ajoutent aux épidémies: forte mortalité infantile, mauvaises conditions d'hygiène et soins insuffisants, malnutrition, etc.

La très forte immigration accompagnant le boom sucrier voit déferler sur les îles, à la fin du XIXe siècle, une main-d'œuvre étrangère considérable: Portugais, Allemands, Japonais… S'ils sont encore 76% en 1878, les Hawaïens ne représentent plus que 50% de la population six ans plus tard et, au tournant du XXe siècle, un habitant de l'archipel sur cinq! Au XXe siècle, la population va être multipliée par 10, soutenue cette fois par une forte immigration asiatique, sud-européenne et même antillaise: Philippins, Chinois, Coréens, Espagnols, Portoricains.

La population des îles a atteint un million d'habitants au cours des années 1980 et, selon la dernière estimation (2012), se chiffre à plus de 1 300 000 habitants. Avec 75% de la population à elle seule (plus de 975 000 habitants), O'ahu connaît une densité une fois et demie plus élevée que celle de la Belgique, pourtant renommée à cet égard. Big Island compterait plus de 185 000 habitants, Maui 144 000, Kaua'i 66 000, Moloka'i 7 500, Lanai 3 100 et Ni'ihau 170.

Origines ethniques

Selon le type de recensement, on considère que la part hawaïenne de la population des îles est de 9% (qui se désignent eux-mêmes Hawaïens) ou de 20 à 21% (qui ont du sang hawaïen mais dont le groupe ethnique dominant est autre). Le premier chiffre reflétant davantage la réalité vécue, c'est sur cette base que le Bureau du recensement américain effectue ses recherches. Les résultats sont les suivants: Blancs 26,8% (ce taux augmente constamment avec l'installation sans cesse accrue de retraités américains); Asiatiques 41,5%; Hawaïens 9%; personnes déclarant deux origines ou plus 20,1%.

› Les Hawaïens

À la vue de ces chiffres, une première conclusion s'impose: les Hawaïens sont, depuis longtemps, devenus minoritaires sur leur propre territoire. À tel point que, lors du recensement de 1960, ils étaient encore rangés dans la catégorie «Autres»! Une étude de l'OHA (Office of Hawaïan Affairs) a révélé que, de tous ceux qui se déclarent d'origine hawaïenne, plus de la moitié possèdent en fait moins de 50% de sang hawaïen. Un sur trois (soit 48 000 personnes) en possède entre 50 et 99%, et seul un sur 25 descend directement des anciens Hawaïens, sans apport de sang extérieur – c'est-à-dire environ 8 000 personnes, ou moins de 1% de tous les habitants des îles. Ils sont à peine plus nombreux à parler encore la langue de leurs ancêtres.

› Les Blancs

Les Britanniques sont les premiers Européens à s'installer: aventuriers, marins en mal d'escale et commerçants de tous poils débarquent dès la fin du XVIIIe siècle. C'est bien l'Angleterre et non les États-Unis qui imprime la première sa marque sur l'archipel – en témoigne, aujourd'hui encore, le drapeau hawaïen, laissant une large place à l'*Union Jack*. Dès 1820 arrivent les missionnaires protestants venus de Nou-

▲ Le drapeau des États-Unis et le drapeau d'Hawaii. © Dreamstime.com/Americanspirit

velle-Angleterre, à l'origine de plusieurs des grandes dynasties terriennes que les îles comptent encore à ce jour.

Les Portugais (rebaptisés *Pokiki*), venus surtout de l'île de Madère et des Açores dans les années 1870, forment la plus importante communauté européenne à avoir émigré à Hawaii, après les Anglo-Saxons.

› Les Asiatiques

Les Chinois furent les premiers Asiatiques à venir travailler dans les plantations, dès les années 1850; beaucoup repartirent. Ceux qui restèrent, malgré le racisme, ouvrirent des commerces. Une seconde vague d'immigration chinoise, dans les années 1870-1880, fut accompagnée de l'arrivée de très nombreux travailleurs japonais, qui forment aujourd'hui le plus important groupe d'origine asiatique. Les Philippins, qui constituent la deuxième communauté, arrivèrent dans les îles entre 1910 et 1930 pour remplacer dans les plantations les Japonais et les Chinois dont le statut social s'était amélioré.

Malgré les affronts et la suspicion de la Seconde Guerre mondiale (durant laquelle les Japonais sont pourtant pour la plupart restés fidèles aux États-Unis), la communauté nippone a su s'imposer. Ses fils ont pour beaucoup acquis un statut social élevé, tant dans le commerce que dans le tourisme ou l'administration. Les Chinois occupent une place importante dans l'immobilier, la restauration et le tourisme. Ils conservent nombre de leurs traditions, à l'instar du Nouvel An chinois.

› Aux portes du Pacifique

D'autres sont venus plus tard, en plus petit nombre : Coréens, Portoricains, ainsi que de nombreux habitants des îles du Pacifique – Samoans, Tongans, Micronésiens et bien d'autres encore. Leur influence culturelle sur la renaissance hawaïenne est loin d'être négligeable. Très traditionnel, l'archipel de Tonga, qui reste gouverné par un roi, offre ainsi aux partisans de la monarchie hawaïenne un exemple de continuité et de sagesse dont certains aimeraient s'inspirer. De nombreux Hawaïens se tournent vers leurs frères de Tonga pour réapprendre l'art du *kapa* (*tapa*), ou vers ceux des Samoa pour retrouver les gestes des tatouages anciens.

› Les mariages

Il reste que, dans ce véritable creuset de cultures, l'appartenance ethnique est souvent difficile à déterminer. Il n'est pas rare qu'une même personne cumule origines hawaïenne, anglaise, allemande, chinoise ou japonaise. Les mariages mixtes sont si communs qu'Hawaii remporte en la matière la palme toutes catégories confondues : ils concernent aujourd'hui près d'une union sur deux. Les Hawaïens, pour leur malheur, sont avec les Chinois les plus exogames des résidents de l'archipel.

▶ Une forêt d'eucalyptus arc-en-ciel.
(double page suivante)
© Shutterstock.com/Shane Myers Photography

Les attraits

O'ahu

Troisième île de l'archipel par sa superficie, O'ahu en est aujourd'hui la première par tous les autres aspects. Représentant tout juste 10% des terres d'Hawaii, elle abrite, pour commencer, les trois quarts de sa population: plus de 950 000 habitants.

C'est à son port, découvert par les marins en route vers la Chine, au début du XIXe siècle, que l'île doit de s'être développée à une vitesse exponentielle. Siège du gouvernement depuis que Kamehameha III y installa sa capitale en 1850, centre économique, universitaire et artistique, principale destination des visiteurs avec Waikiki, elle mérite bien son surnom de «lieu de rencontre».

La géologie et l'histoire ont enfanté une île à deux visages. D'un côté, Honolulu et Waikiki, qui concentrent la majeure partie des infrastructures, baignent dans une atmosphère cosmopolite et touristique. De l'autre, l'arrière-pays cultive, au côté des papayers et des cocotiers, un charme intemporel et des beautés naturelles mettant en scène falaises découpées et plages de sable clair. C'est là, en hiver, que les orages formés dans le nord du Pacifique déversent leur colère: les vagues, rêves de surfeurs, s'arrondissent alors, atteignant par endroits la taille d'un petit immeuble.

L'île ne mesurant que 70 km dans sa partie la plus longue, il est techniquement possible d'en faire le tour dans la journée, mais vous n'en profiteriez pas. Nous vous invitons à l'explorer petit à petit, en douceur, région par région, à commencer par sa capitale.

Océan Pacifique
Kawela Bay
Kuilima Cove
Kaihahulu Beach
Waialee
Kawela
Sunset Beach/7 Mile Miracle
Ehukai Beach Park
Pointe de Ka'ena
Pu'u o Mahuka Heiau State Historic Site
Pupukea Beach Park
Waimea
Kahuku
Waimea Valley
Malaekahana Bay
Malaekahana State Recreation Area
Ka'ena Point State Park
Waialua Bay
La'ie
La'ie Bay
La'ie Point
Mokule'ia
Hale'iwa
Yokohoma Bay
Waialua
Mokuleia Forest Reserve
Waimea Bay Beach Park
La'ie Beach Park/ Pounders Beach
Hauula
Heiau de Kane'aki
Punaluu
Dole Plantation
Makaha Beach Park
Punaluu Beach Park
Mamalu Bay
Makaha
Kukaniloko Birthstones
Kahana Bay
Pokai Bay
Wai'anae
Wahi'awa
Ka'a'awa
Ma'ili
Honouliuli Forest Reserve
Kualoa Regional Park
Ulehawa Beach Park
Waikane
Nanakuli
Kunia Road
Senator Fong's Plantation & Gardens
Waiahole
Zablan Beach
Hawaiian Electric Beach Park
Hawaii's Plantation Village
Kahalu'u
He'eia State Park
Pearl City
Kane'ohe Bay
Kahe Point Park
Byodo-In Temple
Mokapu
'Ewa
Hawaiian Waters Adventure Park
Ko Olina
Pearl Harbor
Kane'ohe
Kapolei
Kailua
Ulupo Heiau State Historic Site
Honolulu International Airport
Queen Emma Summer Palace
Lanikai Bay
Pali Lookout
Ho'omaluhia Botanical Garden
Keehi Lagoon
Honolulu
Bellows Field Beach Park
Sand Island
Waimanalo
Waimanalo Bay
Waikiki
Kaimuki
Kapahulu
Makapu'u Point State Wayside
Kahala
Hawaii Kai
Maunalua Bay
Koko Crater
Koko Head
Hanauma Bay
930
83
93
803
99
801
780
782
750
H1
H3
76
78
61
72
N
0
10
20km
0
5
10mi
©ULYSSE

▲ Honolulu. © iStockphoto.com/tikirob

Honolulu ★★★

Le mot hawaïen Honolulu signifie «baie abritée», un terme tardif pour désigner le Ke awa Kou (port de prospérité ou port de *kou*, un bois rare) des premiers Hawaïens. Seul port naturel de l'archipel, il a été créé par le torrent de Nu'uanu à son embouchure.

En tout juste deux siècles, Honolulu est passée du statut de lande désertique à celui de métropole. Aujourd'hui, l'agglomération compte plus de 400 000 habitants et s'étend sur 40 km d'ouest en est.

L'*alter ego* touristique d'Honolulu, Waikiki, ancre ses plages et ses hôtels à quelques kilomètres seulement vers l'est. Au XIXe siècle déjà, les nobles hawaïens y entretenaient des résidences baignées par la poésie des vagues, sur lesquelles ils surfaient lorsque les choses de ce monde les lassaient.

Le centre historique d'Honolulu ★★

Juste à l'est des gratte-ciel d'Honolulu s'étend le quartier qui a vu naître la capitale hawaïenne. Ici se sont installés les premiers missionnaires en 1820, ici ont vu le jour la première église en dur de la ville et le palais 'Iolani, symbole déchu du pouvoir royal hawaïen.

«L'unique palais royal des États-Unis», l'**'Iolani Palace** ★★★ s'ancre au milieu d'un parc aéré planté de grands arbres. Construit entre 1879 et 1881 pour le roi Kalakaua, qui y résida jusqu'à sa mort en 1891, le palais de «l'oiseau du paradis» connut ensuite le règne de sa sœur, la vénérée Lili'uokalani, dernière souveraine d'Hawaii.

C'est Kamehameha V qui lança le projet de la construction d'un bâtiment regroupant sous le même toit le Parlement, les cabinets ministériels et les cours de justice. Le roi, qui le voulait inspiré d'un

▲ L''Iolani Palace. © Shutterstock.com/kshiota

palais européen, mourut cependant peu de temps après la pose de la première pierre. C'est donc son successeur, Kalakaua, qui, lors de la session législative de 1874, inaugura l'**Ali'iolani Hale** ★, «la maison du chef au paradis», en référence à Kamehameha V. À cet endroit, le 17 janvier 1893, un «comité révolutionnaire», constitué d'hommes d'affaires et d'influence américains, proclama le renversement de la monarchie et la constitution d'un gouvernement provisoire. Depuis cette date, l'Ali'iolani Hale n'abrite plus que la cour de justice de l'État.

Outre les salles d'audience en activité, l'Ali'iolani Hale loge un musée retraçant l'histoire judiciaire de l'archipel, le **King Kamehameha V Judiciary History Center** ★. Bien que le thème puisse paraître un peu rébarbatif, vous y découvrirez une exposition intéressante. La visite commence par une introduction au système de *kapu* (tabous) des anciens Hawaïens, pour se pencher ensuite sur les étonnantes dispositions du premier code pénal introduit en 1827 par Ka'ahumanu, veuve de Kamehameha, sous l'influence des missionnaires. On apprend ainsi que les personnes reconnues coupables de jeux d'argent et d'adultère étaient mises aux fers, tandis que celles qui se livraient à la prostitution et à la vente d'alcool ne recevaient qu'une amende! Sur le chemin de la sortie, on peut voir une salle d'audience telle qu'elle apparaissait en 1913.

Devant le bâtiment se dresse une **statue de Kamehameha** ★, majestueux, revêtu d'une cape et d'une coiffe (*mahiole*) dorées. Commandé au sculpteur anglais Thomas Gould, fondu en France et expédié par bateau, l'original sombra corps et biens aux abords des îles Malouines. Il fut par la suite repêché, mais, dans l'intervalle, une copie avait été fondue et placée ici par Kalakaua en 1883. L'original se trouve aujourd'hui sur Big Island, à Kapa'au, près du lieu de naissance du grand roi.

Honolulu centre-ville

▲ Les armoiries de la Kawaiaha'o Church. © Claude Hervé-Bazin

À l'est de l'Ali'iolani Hale se dresse la **Kawaiaha'o Church** ★★, «l'abbaye de Westminster hawaïenne», la plus ancienne église en pierre d'O'ahu. C'est en ces lieux que les missionnaires, peu après leur arrivée, choisirent d'installer leur première église. Quatre structures en palmes se succédèrent avant que Kamehameha III, sous l'influence de Ka'ahumanu, qui s'était fait baptiser ici même en 1825, n'autorise la construction d'un édifice en dur. Commencé en 1838, il fut achevé durant l'été 1842, un exploit si l'on considère qu'il est constitué de 14 000 blocs de corail d'un poids moyen d'une demi-tonne, découpés à même la barrière, en apnée, entre 3 m et 6 m de profondeur!

Une fois la porte d'entrée franchie, se révèlent, au fond de l'église, les bancs réservés aux descendants de la royauté, signalés par des *kahili*, emblèmes de plumes jaunes et rouges. À l'étage, des portraits représentent les *ali'i* les plus importants d'Hawaii (21 en tout). C'est ici que fut couronné Kamehameha V en 1854, ici également qu'il épousa Emma deux ans plus tard.

C'est à l'endroit où se trouve aujourd'hui le **Mission Houses Museum** ★★ que s'installèrent en 1820 les premières familles missionnaires d'O'ahu originaires de Boston. Trois maisons, construites dans le style de la Nouvelle-Angleterre, ont été conservées et restaurées avec soin. La **Frame House**, envoyée de Boston en pièces détachées et érigée dès 1821, est la plus ancienne habitation occidentale d'Hawaii. Aux premiers temps de la mission, quatre familles y vivaient entassées. La **Chamberlain House**, de 10 ans postérieure, est constituée de 3 000 blocs de corail. La **Printing House** (1841), en fait une annexe de la Frame House, conserve une réplique de la presse utilisée pour imprimer les premières bibles en hawaïen.

De l'autre côté de King Street, dans un style baroque plus mexicain qu'hawaïen, s'ancre l'**Honolulu Hale**, l'hôtel de ville. L'intérieur du bâtiment ne présente pas

HOLY
BIBLE

un grand intérêt, mais on peut parfois y voir des expositions temporaires.

Un chemin piéton vous conduira à l'immense bâtiment du **Capitol** ★, entré en fonction en 1969 en remplacement du palais 'Iolani. La conception du capitole, autour d'une cour centrale ouverte, est censée évoquer un volcan avec son cratère. Les bassins qui le bordent représentent la mer. Devant l'entrée sud s'élève une statue de la reine Lili'uokalani; et face à l'entrée nord, une du **père Damien**, de facture moderne.

Washington Place ★ est une jolie maison coloniale en bois blanc à deux étages, précédée d'un porche et ornée à l'ouest d'une galerie à colonnes. À la hauteur de la porte d'entrée, une plaque commémorative dévoile les paroles de la chanson *Aloha 'Oe*, composée par la reine Lili'uokalani, qui y habita jusqu'à sa mort, en 1917. Ce fut la résidence des gouverneurs jusqu'en 2001, date où on leur fit construire une nouvelle demeure sur le même terrain. Désignée lieu historique national en 2007, Washington Place est aujourd'hui un musée qui relate l'histoire d'Hawaii.

Juste à l'ouest de Washington Place se dresse la grande **Cathedral of Saint Andrew** ★★, édifiée en 1867 dans un style néogothique. Les grands vitraux modernes encadrant l'entrée sont magnifiques.

Non loin se trouve l'**Hawai'i State Art Museum**. Logé dans un magnifique bâtiment de style Mission espagnole, le musée abrite trois galeries qui présentent des expositions d'œuvres d'art liées à Hawaii. Ne manquez pas le petit jardin de sculptures.

L'**Honolulu Museum of Art** ★★ est le principal musée d'art de la capitale hawaïenne. Fondé en 1927, il est renommé pour sa collection de peintures européennes. On trouve sur place le Pavilion Cafe, une salle de projection et une librairie.

Le musée organise parallèlement une visite guidée de **Shangri La** ★★, la résidence de Doris Duke, une riche héritière qui tomba amoureuse d'Hawaii lors de son voyage de noces autour du monde dans les années 1930. La fastueuse demeure, qui occupe 2 ha de terrain en bord de mer juste à l'est de Diamond Head, a été conçue autour d'un patio central, dans un style fortement inspiré de l'architecture orientale – dont Doris Duke s'enticha après une escale au Taj Mahal.

◄ La Cathedral of Saint Andrew.
© iStockphoto.com/SPrada

▼ Shangri La. © Claude Hervé-Bazin

▼ La statue du père Damien.
© Dreamstime.com/ James Crawford

▲ L'Hawaii Theatre Center. © flickr.com/Camerin Castro

Le centre financier et le Chinatown ★★

C'est ici, de part et d'autre des rues Bishop et King, que s'élevèrent au XIXe siècle les premiers immeubles de bureaux d'Honolulu. Si la plupart des anciens édifices ont cédé la place au verre et à l'acier, on peut néanmoins, au hasard de la promenade, découvrir quelques façades d'un certain âge. La plupart des rues du centre financier sont agrémentées de sculptures modernes.

Fermée à la circulation, la rue Fort rebaptisée ici **Fort Street Mall** forme une artère piétonne d'autant plus vivante et agréable qu'elle est fréquentée au nord par un grand nombre d'étudiants de l'Hawaii Pacific University. Certains de ses bâtiments se serrent contre la **Cathedral of Our Lady of Peace**, la plus ancienne cathédrale catholique des États-Unis (1843) restée continuellement en fonction.

Avec ses ors, ses peintures murales et ses colonnes corinthiennes, l'**Hawaii Theatre Center** ★, l'ancien «Carnegie Hall du Pacifique», ajoute une touche de magnificence aux spectacles qu'il présente.

À deux pas du théâtre, les lions de bronze du **Chinatown Gateway Park** signalent le quartier chinois. Ils furent offerts par la Ville de Kaohsiung (Taiwan) pour commémorer le bicentenaire de l'installation dans les îles, à la fin du XVIIIe siècle, des premiers immigrants chinois. Longtemps laissé dans un simili-abandon, le plus ancien **Chinatown** ★ des États-Unis est aujourd'hui bouillonnant d'activité. Très vivant, il donne une touche de couleur aux rues en équerre et aux gratte-ciel du centre voisin. À longueur de journée, on y fait ses courses, butinant d'une échoppe à une autre, d'une fabrique de nouilles à une rôtisserie affichant ses canards laqués en vitrine. Acupuncteurs, herboristes, tatoueurs, écoles de kung-fu, restaurants vietnamiens, chinois ou philippins, toute l'Asie vous est servie sur un plateau. Le samedi matin est le moment où l'animation est à son comble. Le Chinatown est officiellement délimité par Vineyard Boulevard au nord, River Street à l'ouest, le front de mer au sud et Nu'uanu Avenue à l'est.

L'**O'ahu Market** ★ abrite d'un côté le marché aux viandes et de l'autre celui aux poissons. De nombreux chefs de l'île viennent s'y approvisionner. D'ici à River Street, l'artère est flanquée d'une ribambelle de devantures de marchands de fruits et légumes et de petites épiceries. Durians, nashis, caramboles, longans, kakis, choux chinois, okras, gingembre,

▲ Le Kuan Yin Temple. © Claude Hervé-Bazin

tous les fruits exotiques et tous les ingrédients des cuisines asiatiques sont là – sans oublier certains produits insondables pour la plupart des Occidentaux.

À l'entrée de la **Chinese Cultural Plaza** se dresse une **statue de Sun Yat-Sen**, le père de la Chine moderne, élevé à Hawaii.

De l'autre côté de la rivière s'élève le magnifique **temple d'Izumo Taisha** ★★, précédé d'un grand torii – une porte symbolique en forme de pi. Mouvement dissident du shintoïsme, ce courant religieux possède plus de 400 temples au Japon, sa patrie, et s'est installé à Hawaii en 1905. Ne manquez pas d'admirer le portique en bois du temple, décoré d'un extraordinaire et colossal ornement en paille tressée.

Le **Kuan Yin Temple** ★ est le plus ancien temple asiatique d'Honolulu. Paisible malgré la proximité de la route, il abrite de magnifiques autels sculptés couverts d'offrandes, des statues du Bouddha et de la déesse Kuan Yin, ainsi que deux fours à prières – qui s'élèvent en fumée vers le ciel par le feu libérateur.

Derrière le temple se trouve l'entrée du **Foster Botanical Garden** ★★, agréable pour une promenade. On y découvre quelques très beaux arbres, une importante collection de palmiers (dont 20 espèces endémiques), mais peu de fleurs – si ce n'est dans la section consacrée aux orchidées. Pensez à apporter boisson et nourriture afin d'y piqueniquer. Dommage toutefois que la proximité de l'autoroute empiète sur la sérénité des lieux.

C'est dans le parc encadré de palmiers royaux du **Royal Mausoleum** ★, édifié en 1865, que reposent la plupart des souverains hawaïens – à l'exception notable du grand Kamehameha, dont la dépouille a été ensevelie en un endroit inconnu de Big Island.

John Young

Né à Liverpool, John Young est maître d'équipage sur l'*Eleanora* lorsque, en 1790, le navire, chargé de fourrures achetées en Alaska, relâche dans la baie de Kealakekua.

Le jeune homme se rend à terre pour obtenir des vivres, mais il est fait prisonnier par Kamehameha, en pleine guerre avec ses cousins pour la domination de l'île. Young se rapproche rapidement de son ravisseur, qui le rebaptise Olohana et fait de lui un chef hawaïen de droit.

Isaac Davis, unique survivant du *Fair American* (les autres membres de l'équipage furent massacrés lors de l'arrivée du navire à Hawaii en 1790), et Young vont aider à développer la stratégie guerrière de Kamehameha en introduisant à Hawaii des techniques occidentales: ils enseignent en particulier aux troupes du futur roi l'utilisation des mousquets et des canons, gage de leur succès à venir dans la tentative d'unification de l'archipel.

Restant toujours aux côtés de Kamehameha, John Young est par la suite chargé de l'édification du fort d'Honolulu et nommé gouverneur de Big Island.

Il meurt à Honolulu en 1835 à l'âge vénérable de 93 ans.

▲ John Young. *© L. Lobin after Jacques Arago, Hawaii State Archives, Brickwood Collection*

▲ L'Aloha Tower. *© iStockphoto.com/tropicalpixsingapore*

Le front de mer

Découvert dès le début du XIXe siècle par les navires marchands européens et américains faisant route vers l'Orient, le port d'Honolulu prit vite une importance considérable. Dès 1850, Kamehameha III, conscient de l'ampleur économique prise par la cité, décidait d'en faire sa capitale. Dans les années 1910, les grands paquebots inauguraient les liaisons régulières avec le continent et l'Asie, prémices du futur touristique d'Hawaii. Aujourd'hui, si les navires de croisière accostent toujours au même endroit, le port est devenu avant tout le poumon économique de l'archipel: plus de 80% des marchandises qui sont consommées à Hawaii y transitent encore.

Achevée en 1926, l'**Aloha Tower** ★ est une ancienne tour de contrôle qui permettait au capitaine du port de contrôler de haut les mouvements des navires, le débarquement des passagers, le chargement

Honolulu

Honolulu
N
Kapahulu Ave.
Diamond Head
Kapiolani Blvd.
H1
Liliuokalani
Ala Wai Blvd.
Kuhio Ave.
WAIKIKI
Date St.
Dole St.
University of Hawai'i
Manoa Valley/ Manoa Falls/ Harold L. Lyon Arboretum
John Young Museum of Art/ University of Hawai'i Art Gallery
Isenberg St.
Ala Wai Canal
Kalakaua Ave.
University Ave.
Voir Waikiki p. 59
McCully St.
MANOA
Wai'oli Tea Room & Bakery
E. Manoa Rd.
Pu'u 'Ualaka State Park
Wilder Ave.
Punahou St.
Rycroft St.
Kapiolani Blvd.
S. King St.
Ala Moana Center
Magic Island
Ala Moana Park
Makiki St.
Nehoa St.
MAKIKI
Spalding House/ Honolulu Museum of Art
Lunalilo Freeway
Piikoi St.
Ala Moana Beach
Ward Centers
Pensacola Dr.
Kinau St.
S. Beretania St.
Kewalo Basin Park
Tantalus Dr.
Prospect St.
Ward Ave.
KAKAAKO
Ala Moana Blvd.
National Memorial Cemetery of the Pacific/ Punchbowl National Cemetery
Puowaina Dr.
Honolulu Watershed Forest Reserve
Waterfront Plaza/ Restaurant Row
Punchbowl St.
61
Pali Hwy.
Royal Mausoleum
Fort St.
School St.
Queen Emma Gardens
Nuuanu Ave.
Bishop St.
Aloha Tower
Honolulu Harbor
N. Vineyard Blvd.
N. Beretania St.
N. Nimitz Hwy.
Nu'uanu
Liliha St.
Bishop Museum
Honolulu International Airport, Pearl Harbor
Voir centre-ville p. 46
0 0,5 1km
0 1500 3000pi
©ULYSSE

et le déchargement des marchandises. À ses pieds relâchaient les grands paquebots. Le Royal Hawaiian Band accueillait les nouveaux arrivants en musique, et les danseurs de *hula* passaient autour de leur cou un *lei* de bienvenue. Lors des départs, la tradition voulait que le voyageur lance un serpentin à ceux ou à celles qu'il laissait sur le quai et le tienne le plus longtemps possible – jusqu'à ce qu'il se rompe. Longtemps les navires ont réglé leurs horloges de bord sur celle de la tour, la plus grande d'Hawaii et l'une des plus importantes du pays lors de son inauguration.

À l'est du port, le boulevard Ala Moana passe le complexe de magasins et restaurants connu sous le nom de **Waterfront Plaza** ou **Restaurant Row**, puis les **Ward Centers**. Peu avant de parvenir à Waikiki, le boulevard atteint l'immense **Ala Moana Center**, premier centre commercial d'Hawaii par sa superficie.

Ce dernier fait face à un grand parc public de 30 ha, bordé sur toute sa longueur par **Ala Moana Beach** ★★. La plage étend son joli liseré de sable (artificiel) le long du gazon et se prolonge par la longue langue de terre de la péninsule d'**Aina Moana** ★★, aussi baptisée Magic Island. Une promenade doublée d'une piste cyclable en effectue le tour, jusqu'à la pointe qui dissimule une autre plage.

Bishop Museum ★★★

Incontournable, le **Bishop Museum** renferme la mémoire d'Hawaii et du Pacifique. À l'origine consacré aux seules îles hawaïennes, il s'est vite tourné vers le reste du grand océan, amassant au fil des décennies une collection unique au monde par sa diversité et sa richesse – plus d'un million de pièces ethnographiques et quelque... 22 millions de spécimens de la faune et de la flore régionale (insectes et coquillages essentiellement).

Le Bishop regroupe le **Jhamandas Watumull Planetarium** ★, qui abrite un théâtre doté d'un dôme où sont présentées différentes projections en rapport avec l'astronomie; l'**Hawaiian Hall** ★★★, consacré aux différentes cultures de l'archipel où vous découvrirez ce qui est sans doute la plus belle collection d'objets hawaïens au monde; le **Pacific Hall** ★★★, qui se consacre aux arts de tous les ensembles culturels du Pacifique; le **Richard T. Mamiya Science Adventure Center** ★, qui propose des expositions interactives permettant de connaître l'environnement naturel unique d'Hawaii; et le **Castle Memorial Building** ★★, où se tiennent les expositions temporaires.

▲ Le Bishop Museum. © Flickr.com/mandalariangirl

▼ Ala Moana Beach. © Dreamstime.com/Joel Durbridge

▲ La Manoa Valley. © Shutterstock.com/cleanfotos

Le quartier de l'université et les hauteurs d'Honolulu ⋆

Pour oublier l'agitation du littoral et prendre le frais, faites comme les insulaires: grimpez sur les hauteurs. Vous y découvrirez une nature foisonnante, des points de vue imprenables et quelques musées.

L'**University of Hawai'i** compte quelque 20 000 étudiants et plus de 90 programmes d'études. L'université abrite un musée et plusieurs salles d'exposition, qui ne sont toutefois pas toujours ouverts.

Le **John Young Museum of Art** est le premier musée du campus. On peut y découvrir de nombreux objets de la Chine ancienne, de la Corée et, dans une moindre mesure, du Japon et de l'Asie du Sud-Est. Le Pacifique est également à l'honneur avec de belles pièces papoues, maories et mélanésiennes.

L'**University of Hawai'i Art Gallery**, située dans le département d'art, présente des expositions temporaires de qualité. Les sujets sont très variés, de l'histoire à l'art contemporain.

De l'université, on remonte facilement vers la **Manoa Valley** ⋆⋆, surnommée la «vallée des arcs-en-ciel». Ces derniers, très fréquents, sont le résultat d'une différence extrême de précipitations entre la côte à Honolulu et le cœur de ce vaste amphithéâtre aux pentes ruisselantes de végétation.

Les anciens Hawaïens, poètes, en avaient fait le refuge de Kahalaopuna, fille des dieux du vent et de la pluie, belle princesse assassinée par un amant jaloux et ressuscitée par le hibou Pueo, *'aumakua* (esprit gardien) de la vallée. Les rois venaient alors s'y retirer. Plus tard, avec l'immigration, une forte population japonaise s'installa, les champs de taro s'étendirent, et les fabriques de *poi* (pâte de taro) apparurent. Au tournant du XXe siècle, les premières résidences étaient déjà sorties de terre et, au fil des ans, Manoa est devenu l'un des quartiers résidentiels les plus prisés d'Honolulu. Aujourd'hui les maisons occupent tout le fond de la vallée; seul le haut conserve sa virginité.

Du bout de la route, dans un superbe cadre de forêt tropicale ruisselante d'hu-

▲ Les Manoa Falls. © Dreamstime.com/Eric Hinson

▲ L'Harold L. Lyon Arboretum. © Shutterstock.com/Lisa Strachan

▲ Le mémorial du Punchbowl National Cemetery. © Dreamstime.com/Cathy Locklear

midité, un sentier remonte le long du torrent de Manoa en direction des jolies **Manoa Falls** ★★.

L'**Harold L. Lyon Arboretum** ★ est une dépendance de l'University of Hawai'i renommée pour ses expériences d'hybridation. Depuis sa fondation, quelque 2 000 plantes ont été introduites ici. Dans ce grand fouillis végétal, on distingue plusieurs parties: jardin d'herbes, fougères, broméliacées, jardin de palmes et sections hawaïenne et «économique» (arbres fruitiers).

Avant de quitter la Manoa Valley, vous pouvez éventuellement prendre un en-cas ou le thé à la **Wai'oli Tea Room & Bakery** ★, un salon classé datant de 1922.

Round Top Drive, une vaste boucle parcourant les hauteurs d'Honolulu, offre de superbes **points de vue** sur la côte.

Au **Pu'u 'Ualaka State Park** ★, vous obtiendrez un panorama imprenable sur l'agglomération d'Honolulu.

Alors même que le soleil brille sur Waikiki, bien souvent les nuages et la pluie baignent les pentes de l'**Honolulu Watershed Forest Reserve** ★, recouverte d'une forêt logiquement luxuriante.

La **Spalding House** ★, qui fait partie de l'**Honolulu Museum of Art**, abrite une petite collection d'art moderne des années 1940 à nos jours présentée aux côtés d'œuvres en prêt lors d'expositions temporaires saisonnières. Le plus agréable est sans doute le grand jardin tropical agrémenté de sculptures. Du terre-plein, une jolie vue s'étend sur Honolulu et Waikiki.

Dominant le centre-ville d'Honolulu, le **National Memorial Cemetery of the Pacific** ★, aussi connu sous le nom de **Punchbowl National Cemetery**, occupe le creux du cratère de Puowaina (Punchbowl). Les tombes de 33 143 femmes et hommes morts durant les guerres du Pacifique et de Corée, aux croix toutes simples plantées en rang sur un gazon verdoyant, s'étalent au pied d'un mémorial. Élevé en leur honneur, celui-ci arbore aussi les noms de plus de 26 000 disparus. À l'entrée, un petit centre d'orientation abrite une exposition de photos de la Seconde Guerre mondiale.

▲ Waikiki. © Claude Hervé-Bazin

Waikiki ★★★

C'est tout contre Honolulu que s'ancre la «plage la plus célèbre du Pacifique». Le quartier de Waikiki, hérissé d'immeubles et de palmiers, mesure en tout et pour tout 1,8 km²! Sur ce petit espace s'entassent annuellement plus de 5 millions de touristes, des centaines d'hôtels, restaurants et boutiques et près de 33 000 employés – pour 5 milliards de dollars américains de revenus.

C'est à **Kahanamoku Beach** ★★ que le célèbre Duke apprit à surfer sur ses premières vagues. La plage, veillée par un fin liseré de cocotiers, est bordée sur toute sa longueur par une promenade qui se termine à l'ouest en vue du port de plaisance d'Ala Wai.

Fort DeRussy Beach ★★ est des plus propices à la baignade. La plage s'adosse à un agréable petit parc ombragé et au vieux fort qui lui a donné son nom.

Située sur le site du fort DeRussy, l'ancienne Battery Randolph abrite l'**Hawaii Army Museum Society** ★, qui présente l'histoire militaire de l'archipel, de son unification à aujourd'hui.

Waikiki
Honolulu Zoo
Kapi'olani Park/ Waikiki Shell
Sans Souci Beach/ Saturday Farmer's Market/ Diamond Head
Waikiki Aquarium
Queen's Surf
Kapiolani Beach
Kuhio Beach
Mamala Bay
Central Waikiki Beach
Statue de Duke Kahanamoku
Halekulani Beach
Hawaii Army Museum Society
Fort DeRussy Beach
Fort DeRussy Beach Park
Kahanamoku Beach
DFS Galleria
Leahi Ave.
Paki Ave.
Monsarrat Ave.
Kapahulu Ave.
Ainakea Way
Wainani Way
Pualani
Paoakalani St.
Cartwright
Lemon
'Ohua St.
Kuhio Ave.
Kalakaua Ave.
Kealohilani
Liliuokalani St.
Uluniu
Prince Edward
Koa Ave.
Kaiulani St.
Kanekapolei St.
Kaiulani
Walina St.
Nahua St.
Duke St.
Nohonani St.
Seaside Ave.
Royal Haw'n Ave.
Lewers St.
Helumoa St.
Kalia Rd.
Kai'olu St.
Beachwalk
Launiu St.
Saratoga Rd.
Kalaimoku St.
'Olohana St.
Namahana St.
Kuamoo St.
Keoniana St.
Paoa St.
Pau St.
Niu St.
Ala Moana Blvd.
McCully St.
92
Ena St.
Ala Wai Blvd.
Hobron Ln.
Ala Wai Canal
Kapi'olani Blvd.
0
200
400m
0
600
1200pi
©ULYSSE

▲ La statue de Duke Kahanamoku.
© Dreamstime.com/Daveismay

▲ Le Waikiki Aquarium. © Dreamstime.com/Rico Leffanta

La plus belle section de plage de la station balnéaire, simplement connue sous le nom de **Central Waikiki Beach** ★★ est très large et s'étend au pied des deux «grands»: le Royal Hawaiian tout rose et le Moana Surfrider. Idéale pour la baignade, elle est fréquentée par de nombreux *longboarders*, tandis que des groupes en canoë s'amusent à glisser sur les vagues.

Le matin, les nouveaux arrivés découvrent, veillée par les cocotiers, la **statue de Duke Kahanamoku** ★. Presque toujours, un ou plusieurs *lei* délicats auront été glissés autour de son cou ou de ses bras.

Grâce à un muret qui protège le sable de l'érosion, **Kuhio Beach** ★★ est l'une des plages les plus agréables de Waikiki pour se baigner. Vous aurez peut-être la chance d'assister à une cérémonie d'allumage de torche ou encore à une performance de *hula*, qui ont lieu de deux à sept soirs par semaine, selon la température et la période de l'année.

Si la plage qui la délimite à l'est est officiellement connue sous le nom de **Queen's Surf** ★, les *boarders* la nomment Graveyards (cimetières) à cause de la jetée qu'il vaut mieux réussir à éviter… L'une des plus larges de Waikiki, longée par une promenade, elle s'adosse au Kapi'olani Beach Park, une aire de pique-nique très agréable.

▲ Central Waikiki Beach. © Dreamstime.com/Sgoodwin4813

Animaux africains, lions, alligators, oiseaux forestiers hawaïens, *nene* (l'oie nationale) et même varan de Komodo: la faune de l'**Honolulu Zoo** est variée et bien soignée. Les 17 ha du zoo ont été arrangés de manière à restituer autant que possible un semblant de cadre naturel (en particulier en ce qui concerne la savane africaine).

Juste en face de vous s'étend le vaste **Kapi'olani Park**, inauguré en juin 1877 par le roi Kalakaua en l'honneur de son épouse Kapi'olani. On y trouve le **Waikiki Shell**, où se tiennent plusieurs concerts en plein air.

Le **Waikiki Aquarium** ★ est très renommé pour ses programmes d'études marines. Sa «ferme» est capable de cultiver de nombreuses variétés de corail à partir de branches recueillies dans la nature. L'aquarium est aussi engagé dans la reproduction du nautile – un mollusque très rare à la coquille en spirale qui remonte à l'ère primaire et vit à de grandes profondeurs. À l'extérieur, on peut voir deux phoques moines barbotant dans un bassin.

La petite **Sans Souci Beach** ★★, bien nommée, est relativement moins fréquentée que les plages centrales de Waikiki. Robert Louis Stevenson, l'incontournable auteur de *L'Île au trésor*, s'y reposa pendant plusieurs semaines lors d'une escale dans l'île à la fin du XIXe siècle.

▲ Diamond Head. © Dreamstime.com/Windwardskies

Si vous vous rendez à Diamond Head un samedi matin, ne manquez pas de vous arrêter au **Saturday Farmer's Market** ★ du Kapi'olani Community College. Vous pourrez y faire quelques achats intéressants et prendre une bouchée avec les gens du coin.

Le profil caractéristique de **Diamond Head** ★★★, qui domine Waikiki par l'est, est indéniablement le plus célèbre d'Hawaii. Désigné monument d'État en 1962, le cratère, d'un diamètre de 1 km, est le résultat d'une éruption explosive résiduelle survenue il y a environ 300 000 ans, un temps géologique très court au regard des trois millions d'années de l'île d'O'ahu. Il est essentiellement constitué de tuf – des cendres volcaniques et des particules cimentées par la pluie et le vent. Au fil des âges, l'érosion lui a déjà fait perdre une tren-

taine de mètres. Diamond Head doit son nom à des marins anglais qui, à la fin du XVIIIe siècle, crurent y avoir découvert des diamants, qui n'étaient en fait que de simples cristaux de calcite. Les Hawaïens, eux, dénommaient le volcan *Le'ahi*, ce qui peut être traduit par «couronne de feu», en référence aux flammes brillant à son sommet pour guider les canoës à l'approche des côtes ou, alternativement, par «sourcil du thon» – sa forme supposée telle qu'on le voit depuis Waikiki.

Autrefois occupé par un lac et par des champs, Diamond Head n'est plus qu'une vaste cuvette desséchée envahie par les broussailles. Près d'un million de visiteurs viennent admirer de son sommet le panorama imprenable de Waikiki.

Pearl Harbor

▲ Le USS *Missouri*. © Dreamstime.com/Bweath

▲ Le site historique de Pearl Harbor. © iStockphoto.com/kcastagnola

Pearl Harbor ★★

C'est bien pour ses perles que la plus célèbre baie d'Hawaii fut dénommée **Pearl Harbor** ★★. Hawaii n'était encore qu'un royaume, en 1887, lorsque les États-Unis, en échange de la levée de leurs barrières douanières sur le sucre hawaïen, obtinrent la libre disposition de la baie. Aucun port à travers le vaste Pacifique n'offrait de meilleur abri. En 1906, après l'annexion de l'archipel, la marine des États Unis entreprit d'y construire ce qui allait devenir au fil du temps la plus grande base militaire du monde, quartier général des forces américaines du Pacifique.

Les visites du USS Arizona Memorial durent environ 75 min. La première a lieu à 7h45 et la dernière à 15h. Tout commence par la diffusion d'un film, suivie de la traversée en bateau jusqu'au mémorial. Les billets qui vous sont remis au centre d'accueil des visiteurs portent un numéro: présentez-vous à l'entrée de la salle de projection (*Theatre*) lorsqu'il est appelé. En attendant, vous pouvez visiter les deux galeries d'exposition du petit musée, la librairie, ou acheter quelque chose au casse-croûte.

Outre de nombreuses maquettes de bateaux et photos anciennes, les **Exhibit Galleries** ★ abritent différents objets ayant appartenu aux deux armées ennemies et à certains de leurs hommes. Devant le musée, côté mer, un monument commémoratif en demi-cercle établit la liste de toutes les victimes de l'attaque de Pearl Harbor, classées par corps d'armée. Les civils ne sont pas oubliés.

D'une durée de 23 min, le **film** ★★ projeté au début de la visite présente le contexte historique ayant mené à l'attaque de Pearl Harbor.

L'attaque de Pearl Harbor

Il est 6h du matin, le 7 décembre 1941, lorsque, à 350 km au nord-ouest d'O'ahu, une première vague de bombardiers japonais prend son envol. La flotte de six porte-avions et 26 bâtiments d'escorte est partie du Japon le 26 novembre. Une demi-heure plus tard, un second escadron décolle, composé cette fois essentiellement d'avions torpilleurs. Presque au même moment, un petit sous-marin japonais est repéré et coulé à l'approche du port, mais personne ne semble en faire grand cas. Ils sont cinq en tout à avoir été dépêchés au sein même de Pearl Harbor pour tenter d'infliger le plus de pertes à l'ennemi au moment de l'attaque aérienne.

Aucune bombe n'est encore tombée lorsque, juste avant 7h, une station de radar de la côte nord détecte l'approche de nombreux appareils. La découverte est signalée à l'état-major, qui, confiant, déclare, malgré la position des plus improbables, qu'il s'agit d'une escadrille de B-17 venus de Californie. Moins d'une heure plus tard, à 7h55, au cri de guerre du commandant Mitsuo Fuchida, *« Tora, tora, tora »* (tigre, tigre, tigre), Battleship Row et les sept navires de guerre qui y sont amarrés s'enflamment. La surprise est totale. Seuls 14 avions américains parviennent à décoller, les autres sont détruits au sol; 45 min plus tard, la seconde vague d'attaque parvient à son tour au-dessus de Pearl Harbor. Lorsque les derniers appareils japonais se retirent à 10h, 21 vaisseaux américains ont été coulés ou endommagés, 164 avions détruits, et les pertes humaines avoisinent les 2 400 morts et 1 200 blessés, comparativement à une soixantaine de morts du côté des Japonais. Cette attaque poussa les États-Unis à entrer dans la Seconde Guerre mondiale.

▸ Reconstitution de l'attaque de Pearl Harbor.

▲ Timbre-poste commémorant l'attaque de Pearl Harbor.
© iStockphoto.com/traveler1116

▲ Le sommet d'une tourelle du USS *Arizona*.
© iStockphoto.com/pinggr

▲ La plaque du USS Arizona Memorial. © iStockphoto.com/JackValley

Après le film, une navette maritime, qui traverse le port de Pearl Harbor, conduit les visiteurs au **USS Arizona Memorial** ★★, ce grand monument blanc ajouré évoquant la forme d'un bateau. C'est étonnamment à Elvis Presley qu'il doit d'avoir été construit… Le chanteur, constatant les difficultés à financer le projet, donna tous les bénéfices de l'un de ses concerts, un geste qui poussa les autorités à débloquer la somme manquante… Finalement ouvert au public en 1980, le mémorial a été posé sur des pylônes ancrés de part et d'autre de l'épave du navire – et non construit dessus. Le **USS *Arizona*** gît par 12 m de fond et est enfoncé dans le limon de la baie de 6 m de plus, laissant tout juste dépasser à la surface le sommet d'une tourelle. Au fond du mémorial, un grand mur porte les noms de tous les hommes morts à bord: 1 177 très exactement, dont les corps reposent encore pour la plupart à l'intérieur de l'épave. Les cendres de 14 survivants sont depuis venues les rejoindre.

Un autre musée, le **USS Bowfin Submarine Museum & Park** ★, se penche sur d'autres pages de l'histoire navale. On y trouve un mémorial dédié aux 3 500 sous-mariniers et 52 bâtiments américains perdus durant la Seconde Guerre mondiale. Le musée, plus intéressant qu'on ne pourrait le supposer, bien qu'incontestablement militaire, se penche sur l'histoire des sous-marins. Remarquez le scaphandre utilisé dans les années 1960 pour les plongées en eaux profondes. L'équipement complet pèse 135 kg!

Après la visite du musée, dirigez-vous vers le **USS *Bowfin*** ★, un sous-marin mis en service un an pile après l'attaque de Pearl Harbor. En forme de tube, long de 95 m et d'un diamètre de moins de 5 m, il pèse 18 000 tonnes. Il est composé de huit compartiments isolés par des portes étanches. Un audioguide explique le fonctionnement du bâtiment et la vie au quotidien, ainsi que les détails de l'Opération Barney, conduite dans les eaux japonaises en mai 1945.

Outre la visite du musée et du sous-marin, il est possible de monter à bord du *Mighty Mo*, de son vrai nom le **USS *Missouri***. C'est sur son pont que le général MacArthur reçut la reddition de l'armée japonaise le 2 septembre 1945.

Le **Pacific Aviation Museum**, sur Ford Island, expose différents avions de combat, parmi lesquels un Zéro japonais identique à ceux qui menèrent l'attaque de Pearl Harbor en 1941. Des simulateurs de vol vous permettront de tester vos capacités de pilote!

▸ Le USS *Missouri* et le USS Arizona Memorial.
© iStockphoto.com/RobertCravens

La pointe orientale de l'île ★★

L'itinéraire proposé effectue le tour de la pointe orientale de l'île et permet de découvrir une succession de lieux de baignade et de côtes sauvages, auxquels viennent s'adjoindre un cratère et un parc d'attractions.

Peu à peu se dessine, côté mer, la masse de **Koko Head**, qui ferme la baie de Maunalua à l'est, tandis que sur la gauche se profile le cône du **Koko Crater**, aux pentes ravinées par l'érosion. Le seul accès au Koko Crater est situé sur son flanc nord, du côté éventré du cratère.

L'un des sites les plus visités d'O'ahu, **Hanauma Bay** ★★★, est souligné d'une plage superbe à l'approche de laquelle se sont développés des fonds coralliens plus beaux encore. La baie est fréquentée par un grand nombre de poissons tropicaux très peu farouches – dont l'imprononçable *humuhumunukunukuapua'a*. Il est même parfois possible de rencontrer de rares tortues vertes hawaïennes.

Deux sites recueillent l'unanimité des plongeurs les plus expérimentés : la Witch's Brew, une petite anse formée par une courte pointe rocheuse s'avançant sur le littoral ouest de la baie, ainsi que la Toilet Bowl, une crique plus éloignée, creusée sur le versant opposé. L'entrée de la baie, balayée par des courants violents, est réservée aux plongeurs avec bouteilles confirmés.

La petite **Halona Beach Cove** est célèbre depuis qu'on y a tourné une scène torride de *From Here to Eternity* (1953), mais l'endroit demeure toutefois assez tranquille. La baignade y est cependant difficile, car les rouleaux s'écrasent avec force sur les rochers fermant l'anse. Traversez l'aire goudronnée pour bénéficier d'un joli point de vue sur Sandy Beach au nord et sur le **Halona Blowhole** ★, un trou souffleur des plus expressifs. Propulsée par les vagues, l'eau a creusé un orifice dans le plateau de roche volcanique par lequel elle s'infiltre en une explosion d'écume.

▲ Hanauma Bay. © iStockphoto.com/powerofforever

Le **Sandy Beach Park** ★ englobe un terrain herbeux, fréquenté par les cerfs-volistes, et une grande plage de sable doré, très populaire auprès des amateurs de *boogie board*. La baignade y est pratiquée, mais c'est à vos risques et périls. À marée basse, il est possible de discerner des pétroglyphes dans la lave du littoral.

Toutes les espèces qui poussent au **Koko Crater Botanical Garden** ★ sont xérophiles et adaptées au microclimat sec du Koko Crater. Pour un rapide aperçu du cratère et des parois érodées formant

▶ Fonds coralliens d'Hanauma Bay.
© Claude Hervé-Bazin

▲ Le Makapu'u Point State Wayside. © Dreamstime.com/Jerryway

comme une grande marmite, la section africaine est la mieux située. Le tour complet fait 4 km. À noter qu'il n'y a aucune installation pour les visiteurs.

La piste d'accès au **Makapu'u Point State Wayside** ★ a été fermée à la circulation, mais il est possible de garer sa voiture le long de la chaussée pour une balade d'environ 3,2 km aller-retour sur Makapu'u Point. En chemin, vous découvrirez des points de vue plongeants sur la côte et un phare; mais attention, le trajet grimpe et s'effectue sans aucune ombre. La pointe est populaire auprès des amateurs de deltaplane.

Le **Makapu'u Beach Park** ★, qui abrite une jolie plage, attire de nombreux pratiquants de *boogie board*. Si une envie de baignade vous prend en hiver, essayez de vous contenir, car la force des vagues et des courants est connue pour sa dangerosité.

Face à la plage se trouve l'entrée du **Sea Life Park**. À mi-chemin entre un parc marin et un parc d'attractions, cet incontournable des circuits organisés propose entre autres un spectacle de dauphins, un autre de lions de mer, un aquarium du récif hawaïen, un refuge d'oiseaux de mer et des programmes interactifs, comme une baignade avec les dauphins ou une plongée pour nourrir les raies de l'aquarium.

Première agglomération de la côte nord, **Waimanalo** s'étend tout en longueur, de part et d'autre de la route, au pied de la chaîne de Ko'olau. La bourgade est habitée par une population en majorité hawaïenne.

Le **Waimanalo Beach Park** ★★ est, par temps calme, un excellent site de plongée en surface.

Les samedis et dimanches, l'accès au **Bellows Field Beach Park** ★ est ouvert à tous. Bon nombre de résidents de la côte nord débarquent alors, *boogie board* sous le bras.

Hawai'i State Seabird Sanctuary

Tous les îlots et îles au large du littoral au vent d'O'ahu sont protégés dans le cadre de l'Hawai'i State Seabird Sanctuary. Simples rochers érodés, vestiges de falaises autrefois rattachées à la côte, témoins d'éruptions anciennes ou morceaux surélevés de la barrière corallienne, ce mini-archipel dispersé est le refuge d'espèces végétales endémiques menacées et d'une importante population d'oiseaux marins.

▸ L'Hawai'i State Seabird Sanctuary.
© Claude Hervé-Bazin

La côte au vent centrale ★★

Si Kane'ohe et Kailua, aux banlieues tentaculaires, ne possèdent guère d'intérêt en elles-mêmes, les environs, autrefois centre de pouvoir politique et religieux, conservent certains témoignages du passé hawaïen (*heiau*, viviers). Marquée par des pluies généreuses, la région est en outre dotée de nombreux jardins.

Le temps semble s'être arrêté au palais d'été de la reine Emma, petite-fille de Charles Bishop et épouse de Kamehameha IV. Le petit **Queen Emma Summer Palace** ★★, fort de six pièces seulement, s'élève sur le site même où Kamehameha a tenu conseil, en 1795, avant l'assaut final qui lui permit de conquérir l'île et d'unifier l'archipel. Bâtie en 1848, la maison fut acheminée en pièces détachées par bateau depuis la Nouvelle-Angleterre en passant par le cap Horn. Emma en hérita en 1857.

Depuis 1913, le palais et les jardins sont gérés par l'organisation des Daughters of Hawaii, qui ont accompli un impressionnant travail de restauration. De nombreux objets ayant appartenu au couple royal ont été rachetés et sont aujourd'hui exposés. Le style des pièces reproduit le goût de l'époque, versée dans l'ère victorienne. On peut aussi y découvrir de magnifiques insignes royaux: *kahili* et *lei* de plumes, *'ahu'ula* (cape, en plumes elle aussi), vaisselle en bois de *koa* (l'acacia hawaïen, très prisé pour la beauté de son bois), porcelaine, etc. Dans le vestibule trône le stéréoscope offert à Emma par Napoléon III lors de sa visite à Paris en 1865 – un appareil pour voir les photos en relief.

Le **Pali Lookout** ★★ offre un magnifique point de vue sur la côte. Très populaire pour les excursions organisées, il est incontestablement venteux, mais imprenable, révélant la baie de Kane'ohe et les falaises dentelées.

▲ Kailua Beach. © iStockphoto.com/SPrada

L'immense **Ho'omaluhia Botanical Garden** ★, de plus de 160 ha, s'étend au pied même des falaises de Ko'olau, rayées par temps pluvieux de cascades et dominées par le sommet ennuagé du Konahuanui (946 m). Le parc comporte plusieurs sections, desservies par une route et un réseau de sentiers. On peut s'y balader soi-même ou prendre part à l'une des promenades guidées gratuites.

Le grand Ulupo Heiau est un très ancien temple qui domine les marécages de Kawainui, les plus grands d'Hawaii, refuge de nombreuses espèces d'oiseaux. Seule subsiste la plateforme supérieure, large de 42 m et haute de 9 m au maximum et qui fait désormais partie de l'**Ulupo Heiau State Historic Site** ★.

Il y a encore 1 000 ans, à une époque où Kailua était déjà sans doute un important centre religieux et politique, le littoral de la côte nord centrale était bien différent. Les villages se regroupaient alors sur les franges d'une lagune, toujours connectée à la mer, qui, au fil d'un envasement et d'un ensablement progressifs, est devenu marécage. C'est bien plus tard, lorsque l'eau douce eut remplacé l'eau saumâtre, que celui-ci prit le nom de *Kawainui*, «la grande eau». La ville de **Kailua** se dresse aujourd'hui sur les franges de l'ancienne lagune.

C'est cette particularité géographique qui est à l'origine de la belle et large plage soulignant le croissant de la baie de Kailua, longue de près de 8 km. Survolée par des alizés soufflant avec constance

▲ Le Byodo-In Temple. © Dreamstime.com/Jerryway

et l'une des préférées d'O'ahu, **Kailua Beach** ★★★ offre les meilleures conditions de l'île aux véliplanchistes et *kitesurfers* (amateurs de surf cerf-volant), qui s'y retrouvent par dizaines chaque fin de semaine. Les moins sportifs se contenteront d'une baignade bien agréable. Plus à l'est, **Lanikai Beach** ★ est bordée sur toute sa longueur par un quartier résidentiel. L'étroit ruban de sable cède par endroits la place aux rochers. L'endroit est très apprécié des plongeurs.

Le **He'eia State Park** ★ est établi sur une langue de terre connue sous le nom de Kealohi Point. Du centre d'accueil des visiteurs, la vue porte sur toute la baie, sur les récifs chatoyants sous le soleil avec leur gamme de verts. Les 6 ha du parc abritent une petite collection de plantes utilisées par les anciens Hawaïens, certaines endémiques, d'autres introduites.

Au pied même des montagnes a été édifié l'un des plus beaux monuments d'Hawaii, le **Byodo-In Temple** ★★★. Cette copie du temple japonais d'Uji (près de Kyoto), vieux de 950 ans, est superbe. Tout autour, les jardins rafraîchissants ruissellent de mille clapotis, tandis que résonne le gong de trois tonnes, magnifiquement ciselé, fondu au Japon. Le temple abrite une statue du Bouddha Amida (le Bouddha du paradis de l'Ouest), haute de près de 3 m. Il est assis sur des fleurs de lotus et précédé d'un autel d'où s'échappent des fumées d'encens.

▲ Le Chinaman's Hat. © Claude Hervé-Bazin

La côte nord ★★★

Vous découvrirez en chemin un visage plus serein d'O'ahu, partagé entre vergers de papayers, vallées drapées de végétation et plages idylliques. Ces dernières sont baignées en hiver par des vagues d'une telle ampleur qu'elles sont devenues le rendez-vous incontournable de tous les professionnels mondiaux du surf. Lorsqu'une tempête souffle au large, certains rouleaux culminent à près de 15 m!

Le sénateur Fong, premier représentant d'origine asiatique à être nommé au Sénat américain en 1959, a créé avec sa famille un vaste jardin tropical s'étendant sur près de 300 ha, la **Senator Fong's Plantation & Gardens**. Arbres fruitiers tropicaux, fleurs hawaïennes, résineux sur les hauteurs, forêt humide, palmiers en tous genres: la végétation y est très variée – sans oublier l'un des derniers bosquets hawaïens de bois de santal.

Peu à peu, les montagnes se rapprochent du littoral. Là-haut, le Pu'u Ohulehule (690 m) joue à cache-cache avec les nuages, ses pans majestueux se drapant de végétation.

En contrebas, la forêt alterne avec les pâturages, où paissent des vaches. Face à l'îlot de Mokoli'i, mieux connu sous le nom de **Chinaman's Hat** pour sa forme conique, s'étend le vaste **Kualoa Regional Park** ★. Très tranquille en semaine, il résonne les samedis et dimanches des rires des nombreuses familles venues y pique-niquer ou y camper. La plage n'est pas très large, mais elle descend en pente douce. Protégé par le récif, cet endroit est sûr pour la baignade.

Il est possible de parcourir la vallée de Kahana le long du **Nakoa Trail**. Ce sentier en boucle de 4 km, qui progresse dans la forêt humide, traverse à deux reprises le torrent de Kahana, où les plus courageux peuvent se baigner. La randonnée ne présente pas de difficulté majeure, si ce n'est la boue, conséquence logique des précipitations soutenues tout au long de l'année.

▲ Le La'ie Beach Park. © iStockphoto.com/IslandLeigh

Le **Punaluu Beach Park**, bien qu'un peu trop près de la route, abrite une plage plutôt jolie formant un long arc de cercle protégé par le récif.

Sur le côté gauche de la route se dresse une jolie petite église de bois peinte en vert (généralement fermée), la **Kamalamalama O Keao Church**.

Le **La'ie Beach Park**, aussi appelé **Pounders Beach** ⋆, abrite une autre jolie plage, vierge de constructions, frangée de pins et de pandanus. Le récif étant ici absent, elle est, comme son nom le laisse supposer, battue par des batteries de rouleaux rendant la baignade acrobatique. À la pointe ouest de la plage, une section plus calme permet de se tremper les pieds en toute sécurité. Seuls quelques amateurs acharnés de *boogie board* se risquent à se jeter à l'eau.

À l'entrée de **La'ie**, vous ne pourrez manquer les toits de palmes du **Polynesian Cultural Center** ⋆. Géré par l'Église mormone, ce parc d'attractions à vocation culturelle abrite sept «villages» représentant sept archipels polynésiens. L'authenticité se mêle à une dose considérable de kitsch et de spectacle à l'américaine. Si vous venez dans cet esprit, vous ne serez pas déçu, les représentations étant très bien organisées et conduites par de véritables professionnels.

De la route principale, on peut faire un détour par **La'ie Point**, qui s'avance dans la mer imperturbable face à l'assaut des vagues. Les pêcheurs apprécient la solitude du lieu, tout juste troublée de temps à autre par un touriste venu profiter du point de vue sur l'îlot de Mokualai, sur une arche marine et sur l'ensemble de la côte au vent.

Passé La'ie, le grand parc de la **Malaekahana State Recreation Area** ⋆, situé le long d'une grande plage sauvage, invite à un pique-nique face à l'îlot de Mokuauia.

Au pied du **Turtle Bay Resort**, la **Kuilima Cove** ⋆, ourlée de sable, est l'une des rares anses du littoral nord où il soit donné de se baigner été comme hiver. Vers l'est, un chemin conduit à **Kaiha-**

▲ Sunset Beach. © iStockphoto.com/tropicalpixsingapore

hulu Beach, une grande plage bordée de pins et battue par les vagues. Elle se prête d'autant moins à la baignade qu'elle est soulignée sur presque toute sa longueur par des rochers.

Quelques kilomètres plus loin, vous arriverez en vue de la plus célèbre plage du North Shore, **Sunset Beach** ★★★, qui marque la limite nord du «**7 Mile Miracle**», brochette des plus beaux sites de surf de la planète. Cette jolie étendue de sable doré voit chaque hiver débarquer conjointement des rouleaux colossaux et les meilleurs surfeurs du monde. Si vous venez en décembre ou en janvier, vous aurez toutes les chances d'assister à l'une des grandes compétitions comptant pour la prestigieuse Triple Crown. La baignade est impossible en hiver, mais rien n'interdit de profiter du sable moelleux pour une sieste ou un pique-nique.

Un peu plus loin, l'**Ehukai Beach Park** ★★★ attire tous ceux qui ne sont pas à Sunset. Cette plage est elle aussi renommée pour ses vagues hivernales et surtout pour celles de Banzai Pipeline, du côté gauche du parc, dont le nom dit la force et le caractère... À cet endroit, les vagues sont si raides qu'elles forment des rouleaux presque parfaits. Les courants sont violents, comme partout le long de la côte nord, et l'expérience est réservée aux surfeurs chevronnés. Par temps calme,

▲ L'Ehukai Beach Park. © Claude Hervé-Bazin

▲ La chute Waimea de la vallée de Waimea. © Dreamstime.com/Andre Nantel

en été, les *boogie boards* et quelques baigneurs entrent dans la danse.

Encore 1,5 km plus loin s'étend le **Pupukea Beach Park** ★, dont les eaux font partie d'un parc marin. Les courants sont là aussi trop violents en hiver pour risquer de se mettre à l'eau, mais en été vous y verrez de nombreux plongeurs avec tuba ou bouteilles. Les plus belles cavernes de lave sont situées à l'extérieur de l'anse, qui n'est d'ailleurs pas plus fréquentée par des requins que le reste de l'archipel.

Le **Pu'u o Mahuka Heiau State Historic Site** ★ protège un *heiau* perché sur une avancée rocheuse dominant par le nord la baie de Waimea. Sans doute édifié vers l'an 1600, le temple, le plus grand d'O'ahu, fut ultérieurement agrandi et transformé durant une période de guerre en *luakini heiau*, où se déroulaient des sacrifices humains. Un *lele* a été rebâti où sont déposées des offrandes.

Creusée par un torrent s'écoulant depuis les sommets ennuagés de la chaîne de Ko'olau, la **vallée de Waimea** ★★ faisait autrefois partie de l'*ahupua'a* le plus important de la côte nord. Principal centre religieux et politique de la région, le territoire, aux nombreux champs de taro, abritait alors une population de plusieurs milliers d'habitants. Dans la première moitié du XIXe siècle, la vallée se

La Triple Crown of Surfing

De la mi-novembre à la mi-décembre, les meilleurs surfeurs de la planète se retrouvent sur la côte nord de l'île d'O'ahu pour l'épreuve la plus importante de l'année: la Triple Crown *(www.triplecrownofsurfing.com)*. En un mois, trois compétitions d'envergure pour les hommes se succèdent: le Reef Hawaiian Pro au Hale'iwa Beach Park, la Vans World Cup of Surfing à Sunset Beach, puis les Billabong Pipeline Masters à Banzai Pipeline. Deux compétitions pour les femmes se tiennent aussi dans la même période à O'ahu, et une troisième a lieu à Maui.

C'est à Banzai Pipeline que se tient la compétition la plus ancienne (depuis 1971), là aussi que l'on peut le mieux observer les surfeurs en action sur les rouleaux colossaux se formant près du littoral. Si des points sont attribués dans le cadre du championnat du monde, la Triple Crown fait aussi l'enjeu d'un titre séparé, avec de gros gains à la clef.

dépeupla sous la pression des marchands de bois de santal, qui avaient besoin d'une main-d'œuvre toujours plus nombreuse. Elle fut abandonnée pour de bon après 1860. Traces d'habitations, tombes et *heiau* demeurent.

La vallée est aujourd'hui occupée par l'organisme **Waimea Valley** ⋆⋆, qui gère un hybride de jardin botanique et de parc culturel, où l'on peut contempler quelque 5 000 espèces de plantes tropicales et subtropicales.

À l'orée de la vallée s'étend le **Waimea Bay Beach Park** ⋆⋆. Sa grande plage de sable doré s'étale à l'embouchure du torrent de Waimea. Le site est très apprécié des surfeurs expérimentés, qui défient les vagues à la pointe nord. Les *boogie boarders* préfèrent la sécurité relative de la proximité de la plage, la seule du North Shore qui leur soit accessible. En été, les rouleaux s'évanouissent; baignade et plongée-tuba deviennent alors possibles.

Sur le versant oriental de la baie de Waialua, le **Hale'iwa Beach Park** ⋆ comporte une plage protégée par l'avancée d'un récif et de Puaena Point, ce qui en fait l'une des rares de la côte nord où il soit possible de se baigner.

Aux temps anciens, les *ali'i* se retiraient à **Hale'iwa** ⋆⋆ en été pour profiter des alizés rafraîchissants. La reine Lili'uokalani

▲ La Triple Crown of Surfing . © iStockphoto.com/tropicalpixsingapore

y avait elle-même une résidence. Avec le déclin de la canne à sucre, la bourgade a pris un visage nouveau, abandonnant les fumées blanches des raffineries pour le sable et l'huile à bronzer des surfeurs et des *beachboys*. Ce nouveau rôle de capitale officieuse de la glisse a fait de Hale'iwa une ville nouvelle, où se regroupent boutiques débordant de planches et de t-shirts, cafés bon enfant, magasins bios, écoles de yoga et galeries d'art.

La **Lili'uokalani Church** est une église protestante fondée en 1832 où la reine suivait la messe lors de ses retraites à Hale'iwa. L'intérieur de l'édifice est assez moderne.

Un peu en décalé, de l'autre côté de la route, **Matsumoto's Shave Ice** propose la *shave ice* (glace pilée arrosée de sirop) la plus prisée d'Hawaii.

Le **Hale'iwa Ali'i Beach Park** est apprécié des surfeurs de niveau intermédiaire. La baignade y est déconseillée.

Le **Waialua Sugar Mill** ⋆ accueille désormais plusieurs boutiques qui proposent de vous faire découvrir les produits de la région. On peut y faire le plein de café, de fruits et légumes, de savons et d'huiles, et même acheter une planche de surf. Le samedi matin, les habitants se ruent littéralement vers le Waialua Sugar Mill pour parcourir les différents kiosques des fermes environnantes.

Le plateau central ⋆

C'est ici que s'étendent les dernières plantations d'ananas de l'île. Certains des sites peuvent tout aussi bien être visités sur le chemin de la côte sous le vent, et d'autres en route vers le North Shore.

Située au nord-ouest de la baie de Pearl Harbor, la banlieue de Waipahu offre un cadre inattendu à l'un des musées les plus intéressants de l'île: l'**Hawaii's Plantation Village** ⋆⋆. En vue d'une grande usine sucrière désaffectée a été reconstitué un village de plantation tel qu'on pouvait en voir au début du XXe siècle. Une visite guidée permet d'en découvrir tous les secrets.

Kunia Road ⋆ offre une balade plus tranquille que la H2 pour se diriger vers le North Shore. Après quelques kilomètres apparaissent les anciennes plantations d'ananas de la compagnie Del Monte, qui a abandonné la culture de l'ananas à Hawaii en 2008.

La **Honouliuli Forest Reserve** est l'un des derniers pans de nature vierge d'O'ahu (1 450 ha), accroché aux pentes méridionales de la chaîne de Wai'anae. On y trouve 35 espèces rares ou menacées de plantes et d'animaux, dont plus d'une dizaine sont endémiques. Les escargots, aux couleurs vives, partagent l'espace avec les oiseaux forestiers (*'elepaio*, *'i'iwi*, *'apapane* et *'amakihi*) et le *pueo* (hibou). Malheureusement, il n'est pas possible de faire de randonnée à cet endroit désigné réserve d'État protégée.

À Wahi'awa, le **Wahi'awa Botanical Garden** ⋆, un agréable parc tropical (11 ha), parenthèse de verdure en pleine ville, est le résultat d'une expérience entreprise dans les années 1920. Pour tenter de déterminer quelles essences conviendraient le mieux au reboisement d'Hawaii, des dizaines d'espèces d'arbres originaires des quatre coins du monde furent plantées ici. De courts sentiers aménagés parcourent le versant du ravin où s'étend le parc. On s'y promène entre bambous, sapotiers, figuiers étrangleurs, eucalyptus arc-en-ciel, jacarandas, camphriers et autres fougères arborescentes.

Plus au nord, les **Kukaniloko Birthstones** ⋆ sont veillées par un bouquet d'eucalyptus et de cocotiers. La légende assure que les enfants de chefs nés en ces lieux étaient promis à une haute destinée. Des offrandes de fruits et

▲ Plantations d'ananas. © iStockphoto.com/tropicalpixsingapore

de cailloux enveloppés dans des feuilles de *ti* sont encore régulièrement déposées sur les rochers, et l'on y voit même parfois un cochon de lait entier! Certaines pierres portent des traces de pétroglyphes.

La **Dole Plantation** est en fait essentiellement un grand magasin de souvenirs, arrêt habituel des groupes organisés, proposant toute une gamme de t-shirts, tasses et peluches sur le thème de l'ananas. Il est possible d'acheter un des excellents sorbets à l'ananas, vendus au casse-croûte. Derrière la boutique s'étend un jardin… d'ananas, accompagné d'un petit historique de ce fruit incontournable et de l'entreprise Dole. Vous pouvez monter à bord du petit train *Pineapple Express* ou parcourir le jardin de plantation voisin.

La côte sous le vent ★

La **côte de Wai'anae**, serrée au pied des sommets de la chaîne du même nom, est la moins visitée de l'île. Rurale, plus hawaïenne et plus décontractée que le reste d'O'ahu, elle offre une enfilade de jolies plages de sable clair ballottées par des vagues de plus en plus remuantes au fur et à mesure de la remontée vers le nord – qui font la joie des surfeurs locaux.

On a longtemps reproché à O'ahu de manquer de parcs d'attractions. Cette lacune a été au moins partiellement comblée par l'**Hawaiian Waters Adventure Park**, dont les nombreuses glissades d'eau, la piscine à vagues et la rivière artificielle font chaque fin de semaine la joie des enfants et des familles de l'île. Vous en aurez déjà conclu qu'il vaut mieux, pour éviter les longues files, venir en semaine.

Le long de la côte s'étend le complexe touristique de **Ko Olina**, qui comprend un golf, une marina, le grand hôtel **JW Marriott Ihilani** et le récent **Aulani, a Disney Resort & Spa**, ouvert en 2011. Tout près, les quatre échancrures sablonneuses d'**Ihilani Beach** ★★, veillées par quelques cocotiers, ont été aménagées à même le littoral rocheux. Larges, en pente douce, ces fausses lagunes à l'allure de vraies anses sont assez grandes pour que la baignade (possible par tous les temps) y soit bien agréable, tant pour les adultes que pour les enfants. Qui plus est, grâce à son éloignement de Waikiki, Ko Olina ne reçoit qu'un nombre restreint de visiteurs.

Le **Kahe Point Park** est populaire auprès des pêcheurs et des plongeurs – qui s'immergent face à la pointe –, mais d'un intérêt limité pour les autres. Au nord de la centrale, l'**Hawaiian Electric Beach Park** (surnommé *Tracks* par les surfeurs) dissimule une jolie plage partagée entre amateurs de *boogie board* au sud et de *longboard* au nord, attirés par des vagues

▲ Ko Olina. © Dreamstime.com/Joseph Esser

régulières même au cœur de l'été. Les baigneurs apprécieront le fond sableux et la pente douce, mais un peu moins le bruit conjoint des générateurs et de la route…

Zablan Beach ★, au large manteau de sable, est propice à la baignade, généralement surveillée. Comme on ne peut ni y surfer ni même y faire du *boogie board*, elle est souvent déserte.

Quant à l'**Ulehawa Beach Park**, sa longue plage de sable clair, avec vue sur la chaîne érodée de Wai'anae, est frangée de quelques cocotiers. Les fins de semaine, des familles hawaïennes viennent y pique-niquer.

Wai'anae est la principale agglomération de la côte ouest. On y trouve plusieurs supermarchés, un choix de grandes chaînes de restauration rapide et le **Pokai Bay Beach Park** ★. À la pointe sud-ouest s'étend le ***heiau* de Kuilioloa**, à trois terrasses basses, offrant un très joli point de vue sur le littoral dominé par les montagnes érodées de la chaîne de Wai'anae. La baie de Pokai, dont l'entrée est en

▲ Le *heiau* de Kane'aki. © Dreamstime.com/Kimberly Greenleaf

partie protégée par une longue jetée, favorite des pêcheurs, est ourlée de l'une des rares plages calmes de la côte ouest.

Le ***heiau* de Kane'aki** ★★ est l'un des plus intéressants d'Hawaii. Fondé entre le milieu du XVe siècle et le XVIIe siècle, le temple semble avoir à l'origine été consacré aux divinités agricoles, avant d'être transformé en *luakini heiau* et dédié à Ku, dieu de la Guerre. La partie centrale du *heiau*, la plus sacrée, veillée par de grands *kukui*, a été entièrement restaurée sur le modèle des temples hawaïens décrits par les premiers explorateurs. On peut voir deux huttes (Hale Mana et Hale Pahu, la maison des esprits et celle des tambours), l'autel où les offrandes étaient déposées (*lele*), situé entre les deux, ainsi que deux *anu'u* (fours cérémoniels) et un *ki'i* (*tiki*) représentant Ku. Il n'est plus possible, à cause des risques d'éboulement des murs, de pénétrer dans l'enceinte du temple; on doit se contenter d'en faire le tour.

Le **Makaha Beach Park** ★★ est l'eldorado des surfeurs de la côte de Wai'anae – et plus particulièrement des amateurs de *longboard*. C'est ici, en 1952, que fut inaugurée la première compétition internationale. À défaut de baignade, vous pourrez les admirer depuis le tapis de sable moelleux. Quelques amateurs de *boogie board* défient également les vagues plus près de la plage.

La plage du **Ka'ena Point State Park**, bordée de rochers, est balayée par de forts courants et chahutée par les vagues. Seuls les surfeurs et amateurs de *boogie board* expérimentés prennent le risque de se jeter à l'eau – parfois aussi quelques nageurs en été après avoir consulté le sauveteur en poste.

Une piste, dont l'accès est autorisé aux seuls piétons et vélos de montagne, longe la côte. La balade à pied jusqu'à la **pointe de Ka'ena** *(4,3 km)*, coiffée par un petit phare automatique, dure de 1h à 3h, selon votre cadence. Le paysage est assez sec et l'ombre quasi inexistante… Le mot Ka'ena ne signifie-t-il pas «chaleur»? On passe les lieux de nidification de fous de Bassan et, avec un peu de chance, le matin, on peut observer des dauphins.

Hawai'i - Big Island

L'île d'Hawai'i a été le théâtre des événements les plus marquants de l'histoire de l'archipel : ici, pense-t-on, abordèrent vers l'an 500 les premiers voyageurs polynésiens; ici naquit Kamehameha, roi parmi les rois, grand unificateur des îles; ici mourut le capitaine Cook, un temps divinisé. Capitale royale, Hawai'i conserve un lien sacré avec le passé, à travers les vestiges de ses nombreux *heiau* (temples), ses champs de pétroglyphes, ses croyances indissociables de Pele, déesse du Feu.

C'est Pele, incarnation de la géologie toute puissante, crainte et respectée, qui, affirment les légendes, a donné naissance à l'île et à ses cinq volcans : le Kohala, au nord-ouest, endormi depuis longtemps; le petit Hualalai, dont la dernière éruption remonte à 1801; le Mauna Kea endormi et le Mauna Loa actif, plus hautes montagnes du monde mesurées depuis leur base océanique; le Kilauea, enfin, aux éruptions constantes – nulle part ailleurs, un volcan ne se laisse approcher ainsi, montrant aux visiteurs médusés sa lave rougeoyante.

Âgée de seulement 800 000 ans, l'île d'Hawai'i est non seulement la plus jeune de l'archipel, mais aussi l'une des plus jeunes terres au monde. Plus communément appelée la Grande Île (Big Island), une référence logique à sa superficie, elle est presque aussi vaste que toutes les autres îles réunies – pour seulement 7,5% de la population totale de l'archipel.

Si, partout, la lave déversée couche après couche a créé des paysages lunaires, le régime des pluies a dicté leur devenir. Stériles à l'ouest à l'approche de la côte de Kona, où brille le soleil sans discontinuer – paradis des touristes –, elles supportent, quelques centaines de mètres plus haut, la célèbre « ceinture de café », où se regroupent la majeure partie des plantations d'Hawaii. Au nord, sur la côte de Hamakua, la lave désolée cède la place à une forêt tropicale exubérante. À Hilo, la capitale, ancrée sur le littoral oriental, plus humide encore, le tableau est similaire. Là, « l'île orchidée », le surnom officiel d'Hawai'i, prend tout son sens. Quant au reste de l'île, les paysages y sont à mi-chemin de ces extrêmes : pâturages verdoyants à Waimea, site de l'un des plus grands ranchs des États-Unis, et forêts de fougères arborescentes baignant dans la brume à l'approche du cratère du Kilauea.

Côte de Hamakua
Hawi
Kapa'au
Mahukona
Makapala
Lapakahi State Historical Park
Niuli'i
Pololu Valley
270
250
Waimanu Valley
Waipi'o Valley
Kawaihae
Waipi'o
Kukuihaele
Pu'ukohola Heiau National Historic Site
Kapulena
Hapuna Beach State Park
Ahulaoa
19
Côte de Kohala
Waimea/ Kamuela
Honoka'a
Puako
Waikoloa Village
Kiholo Bay
19
Pa'auilo
Alenuihaha Channel
Côte nord de Kona
190
Kekaha Kai State Park
Milo Village
Ookala
19
Kona International Airport at Keahole
Laupahoehoe
Papa'aloa
Saddle Road
Mauna Kea
Ninole
Honokohau
Kailua-Kona
Akaka Falls State Park
Hakalau
Holualoa
Hakalau Forest National Wildlife Refuge
Wailea
Honomu
Keauhou
Honalo
Pepe'ekeo
200
Kainaliu
Onomea
Côte orientale
Kealakekua Bay State Historical Park
Kealakekua
Captain Cook
Hilo
Honaunau
Hilo International Airport
Mauna Loa
Keokea
Kea'au
Haena
Côte sud de Kona
Pu'uhonua'o Honaunau National Historical Park
Kurtistown
Mountain View
11
130
137
Volcano
Pahoa
Miloli'i
Hawai'i Volcanoes National Park
Ahalanui County Park
Kau Forest Reserve
11
Kaueleau
Isaac Hale Beach Park
Kehena
Opihikao
Kalapana
Kaimu
Pahala
Pu'u Loa Petroglyphs
Ocean View
Punalu'u
Chain of Craters Road
Wai'ohinu
Na'alehu
OCÉAN PACIFIQUE
OCÉAN PACIFIQUE
0 15 30km
0 10 20mi
South Point
©ULYSSE

▲ Le *heiau* d'Ahu'ena. © Dreamstime.com/Jennifer Gottwald

La côte de Kona ★★

Kailua-Kona ★★

Au départ il n'y avait rien, ou plutôt si: «deux courants» (Kailua) le long d'une côte balayée par un «vent fort» (Kona) – sans oublier la masse menaçante du Hualalai, l'un des cinq volcans formateurs de l'île, né sur les pentes nord-ouest du Mauna Loa.

Il peut être difficile de le croire, mais, jusque dans les années 1970, Kailua ne comptait que quelques centaines d'habitants; ils sont 15 000 aujourd'hui. Malgré son développement touristique extrême ces dernières années, malgré la spéculation immobilière, la capitale touristique de Big Island, baignée par un soleil si souvent radieux, n'a pas réussi à perdre son visage de village. Une balade le long du front de mer, depuis la plus vieille église de l'archipel jusqu'au palais Hulihe'e, vous le confirmera.

C'est à **Kamakahonu** (l'œil de la tortue), au nord du front de mer, là où s'élève aujourd'hui l'hôtel portant son nom, que Kamehameha passa ses dernières années. Sa «résidence» de fortune, une simple hutte construite sur un *paepae*, dont on peut voir une reconstitution sur la plage, se nommait Hale Nana Mahina'ai, «la maison d'où surveiller les terres agricoles». C'est en ces lieux, pense-t-on, que le roi mourut et que sa dépouille fut préparée pour son inhumation – en un lieu demeuré secret.

Occupant un *paepae* en pierre de basalte fermant presque la plage de Kamakahonu, le ***heiau* d'Ahu'ena** ★★ fut reconstruit en 1812-1813 par Kamehameha et reconsacré à Lono, dieu de l'Agriculture et de la Paix.

Ourlé de sable, le petit **Kamakahonu Lagoon** ★★ est idéal pour les enfants, car l'eau y est à la fois calme et peu profonde. On peut y prendre des cours de surf, louer des kayaks, des canoës et du matériel de plongée-tuba, mais les tarifs sont assez élevés. À l'arrière-plan, le **King Kamehameha's Kona Beach Hotel** mérite une visite pour plusieurs raisons. D'une part, on peut y assister le matin à la «mise en terre» du cochon dans l'*imu* (four) les jours de *lu'au*, mais on peut aussi s'inscrire aux visites historiques, gratuites même si l'on n'est pas un client de l'établissement. Une balade dans les couloirs vous révèlera des vitrines avec des instruments de musique hawaïens, jeux, *kahili*, vêtements en plumes, ainsi que des trophées de pêche.

À deux pas de l'hôtel, le **Kailua Pier** est le point de départ de la plupart des excursions maritimes (pêche au gros exceptée). C'est là, tout contre la minuscule plage de Kaiakeakua, que commence et se termine

▲ Le Hulihe'e Palace. © Claude Hervé-Bazin

▲ La Mokuaikaua Church. © Dreamstime.com/Demerzel21

chaque année l'Ironman, le plus célèbre triathlon du monde (voir l'encadré).

Plus loin sur le front de mer, le **Hulihe'e Palace** ⋆⋆⋆ fut édifié dès 1838 par des marins étrangers pour Kuakini, l'un des premiers chefs à adopter certaines coutumes occidentales. Construit sur deux étages en bois, en pierre de corail et de lave, il compte seulement six pièces. Il est devenu par la suite résidence de la princesse Ruth, mais cette traditionaliste qui préférait sa maison en paille, et refusa toujours d'apprendre l'anglais, n'y habita jamais vraiment. Kalakaua redécora le palais lorsqu'il en fit sa résidence d'été en 1884, puis le bâtiment passa ensuite entre les mains du prince Kuhio. Restauré, il fut transformé en musée dès 1927 et abrite une extraordinaire collection de meubles anciens et d'objets d'art hawaïens.

Même sans avoir payé l'entrée du palais, on peut se promener librement dans le petit parc, d'où se révèle un joli point de vue sur le front de mer. Profitez-en pour jeter un coup d'œil sur le vivier situé derrière la boutique.

Face au palais se dresse la **Mokuaikaua Church** ⋆⋆, une grande église en pierre de lave coiffée d'un clocher en bois blanc – la plus ancienne d'Hawai'i. Majestueux, le bâtiment est à la fois sobre et aéré, aux piliers en bois d'*'ohi'a* (petit arbre endémique aux jolies fleurs rouges à plumet), avec le chœur encadré de *kahili* rouges et jaunes, insignes de la royauté. Au fond, une petite exposition retrace l'histoire de la mission.

Ironman

Organisé chaque année au mois d'octobre depuis 1980 sur la côte de Kona, l'Ironman *(www.ironman.com/worldchampionship)* est réputé le plus difficile des triathlons au monde. Au programme : 3,8 km à la nage, 180 km en vélo jusqu'à Hawi et retour à travers les vastes étendues de lave de la côte de Kohala et, pour finir, 42 km de course à pied (un vrai marathon). Départ à 7h précises.

Le vainqueur, dont le temps record est établi à un peu plus de 8h, empoche 120 000$. Les autres participants (ils sont chaque fois environ 2 000), pour espérer être classés, doivent arriver dans la limite de temps fixée à... 17h!

▲ White Sands Beach. © Dreamstime.com/Vacclav

La côte sud de Kona ★★

À environ 3 km en retrait du littoral de la côte de Kona, sur les pentes des volcans Hualalai et Mauna Loa, les villages de plantation s'alignent: Holualoa, Honalo, Kainaliu, Kealakekua, Captain Cook, Honaunau, tous enfouis dans une dense végétation alternant avec des plantations de fruits tropicaux et de café. S'étendant sur environ 30 km, la «ceinture de café», où se regroupent toutes les exploitations de l'île, s'étage entre 250 m et 500 m d'altitude.

Ancrée sur les pentes inférieures du Hualalai, à mille lieues de l'animation de Kona, la bourgade de **Holualoa** ★★ cultive conjointement son caractère de ville de plantation et ses champs de caféiers. La fraîcheur et les précipitations, plus abondantes à cette altitude, entretiennent une flore généreuse. Dans le centre, de nombreuses maisons affichent encore des devantures en bois, accueillant pour beaucoup des galeries d'art et d'artisanat. Le vieux Kona Hotel, fondé en 1926, est resté inchangé et arbore toujours sa devanture rose. On ne peut pas dire que Holualoa possède vraiment d'attractions, mais il serait dommage de ne pas venir respirer l'air de nostalgie qui y flotte et de ne pas visiter la **Kimura Lauhala Shop**, qui propose une vaste gamme d'objets en feuilles de pandamus (chapeaux, paniers, nattres, corbeilles).

Sur la route de Keauhou, le littoral est, pour une bonne part, investi par des complexes touristiques et des immeubles locatifs. Passé l'église de Hale Halawai o Holualoa (1855), la route atteint la bien nommée **White Sands Beach** ★★, au magnifique manteau de sable blanc. Cette plage est aussi connue sous les noms de Magic Sands et Disappearing Sands, car en hiver une bonne partie de l'arène est emportée, pour réapparaître au printemps. Très populaire, l'anse se serre au pied de quelques cocotiers. On y trouve un terrain de volley-ball de plage et bon nombre d'amateurs de *boogie board* expérimentés.

Le **Kahalu'u Beach Park** ★★, avec sa plage de sable noir et blanc composé de basalte et de corail, est très fréquenté

▲ La Saint Peter's Church. © Claude Hervé-Bazin

malgré sa petite taille. Mais c'est avant tout la plongée-tuba qui a rendu Kahalu'u célèbre; c'est l'un des meilleurs sites de l'île pour la pratiquer.

Tout contre le parc se dresse la petite **Saint Peter's Church** ★★, une adorable chapelle catholique en bois blanche et bleu turquoise. Nichée entre les palmiers, elle est très populaire pour les mariages.

Dans un certain esprit de continuité, l'église s'élève tout contre le **Kuemanu Heiau**, signalé par un *paepae* reconstitué. Sur la plateforme, un *lele* porte quelques offrandes: noix de coco, colliers de fleurs desséchés ou de coquillages. Le temple aurait été utilisé pour obtenir des dieux de bonnes conditions de surf!

Tout au bout de la pointe, contre la piscine, s'étendent discrètement les ruines du **Kapuanoni Heiau**, signalées par plusieurs vieux *tiki*. Plus au sud, toujours face à la mer, on peut voir ce qui n'était, il y a quelques années encore, que les maigres vestiges du **Hapaiali'i Heiau**, un temple datant du XVe siècle. Aujourd'hui reconstruit, le temple aurait servi de calendrier solaire : selon le solstice d'été ou d'hiver, les rayons du soleil arrivent sur l'un des coins du temple.

Petite mais profonde et protégée, la **Keauhou Bay** ★ abrite toujours quelques voiliers et yachts à l'ancre. Dans le parc situé sur son rivage, quelques tables tranquilles offrent une aire de pique-nique agréable au pied des cocotiers.

Pour une vue générale de la baie, poussez jusqu'au **Sheraton Kona Resort & Spa at Keauhou Bay**. Le soir, les raies mantas sont attirées ici par des projecteurs.

Les villages de plantation se succèdent, accolés les uns aux autres, sans que l'on sache vraiment où se termine l'un et où commence l'autre. Juste après Honalo, voici **Kainaliu**, dont le vieil **Aloha Theatre** abrite un cinéma remis en état. Peu après, vous pénétrerez dans **Kealakekua**, célèbre pour sa baie, lieu du décès du capitaine Cook. Le matin, à l'aurore, de nombreux habitants et touristes s'amusent à nager avec les dauphins qui y viennent presque quotidiennement.

▲ La plaque qui indique l'endroit où Cook fut retrouvé mort.
© Claude Hervé-Bazin

▲ Réplique du bateau du capitaine Cook.
© Claude Hervé-Bazin

À la sortie de Kealakekua, le petit **H.N. Greenwell Store Museum** ⋆ occupe le vieux Greenwell Store, fondé en 1873 par un colon anglais. Arrivé dans les îles plus de 20 ans auparavant, Henry Nicholas Greenwell avait établi une exploitation prospère, basée sur le commerce et l'élevage. L'époque était aussi à la culture du café, et Greenwell en exportait vers l'Europe. Le musée restitue à l'identique l'ambiance de l'époque.

Juste en retrait du musée s'étendent les installations des **Greenwell Farms** ⋆ qui produisent du café depuis 1850. Une visite d'une vingtaine de minutes permet de découvrir les procédés de traitement du café. À la fin de la visite, vous serez invité à goûter le café maison et à faire des provisions.

Située non loin dans la communauté de **Captain Cook**, la **Kona Coffee Living History Farm** est gérée, comme le musée, par la Kona Historical Society. On y fait la démonstration de la vie quotidienne des immigrants japonais entre les années 1920 et 1945.

L'**Amy B.H. Greenwell Ethnobotanical Garden** ⋆ renferme une zone recréée pour évoquer un jardin hawaïen avant l'arrivée des Occidentaux, avec ses plantes endémiques et celles introduites par les Polynésiens: calebassier, arbre à pain, *'uala* (patate douce), *ko* (canne à sucre), etc. Dans la partie haute du jardin, on peut encore voir les vestiges des murs dressés par les Hawaïens pour délimiter les parcelles cultivées. Ils étaient bâtis tout en longueur dans le sens de la pente.

Non loin, juste derrière une maison, commence le sentier menant à la **Kealakekua Bay** ⋆⋆, célèbre lieu du décès du capitaine Cook. Descendez tout droit, à travers de hautes herbes qui ont tendance à engloutir le randonneur. Petit à petit, le chemin s'éclaircit. Au bout d'à peu près 30 min, vous atteindrez une ancienne coulée de lave et le premier point de vue sur la mer (mais pas encore sur la baie). Le chemin descend de plus en plus franchement à travers un champ de basalte. Le passage, pierreux, est un peu difficile au retour en pleine chaleur. Par le sentier, vous atteindrez le littoral en 20 min et, juste après, le **monument** élevé à la mémoire de James Cook, *« qui découvrit ces îles le 18 janvier 1778 et tomba près de cet endroit le 14 février 1779 »*.

La baie, qui forme un parc marin où la pêche est interdite, est renommée pour ses fonds d'une grande limpidité, qui en font un excellent site de plongée-tuba – ainsi qu'en témoignent les groupes venus par la mer qui s'y adonnent tous les jours. La jetée est le meilleur lieu où se mettre à l'eau. Poissons-perroquets, poissons-papillons, *awa*, idoles mauresques et autres poissons de récif animent les buissons de corail. À 50 m au nord du monument, une plaque sertie dans la roche,

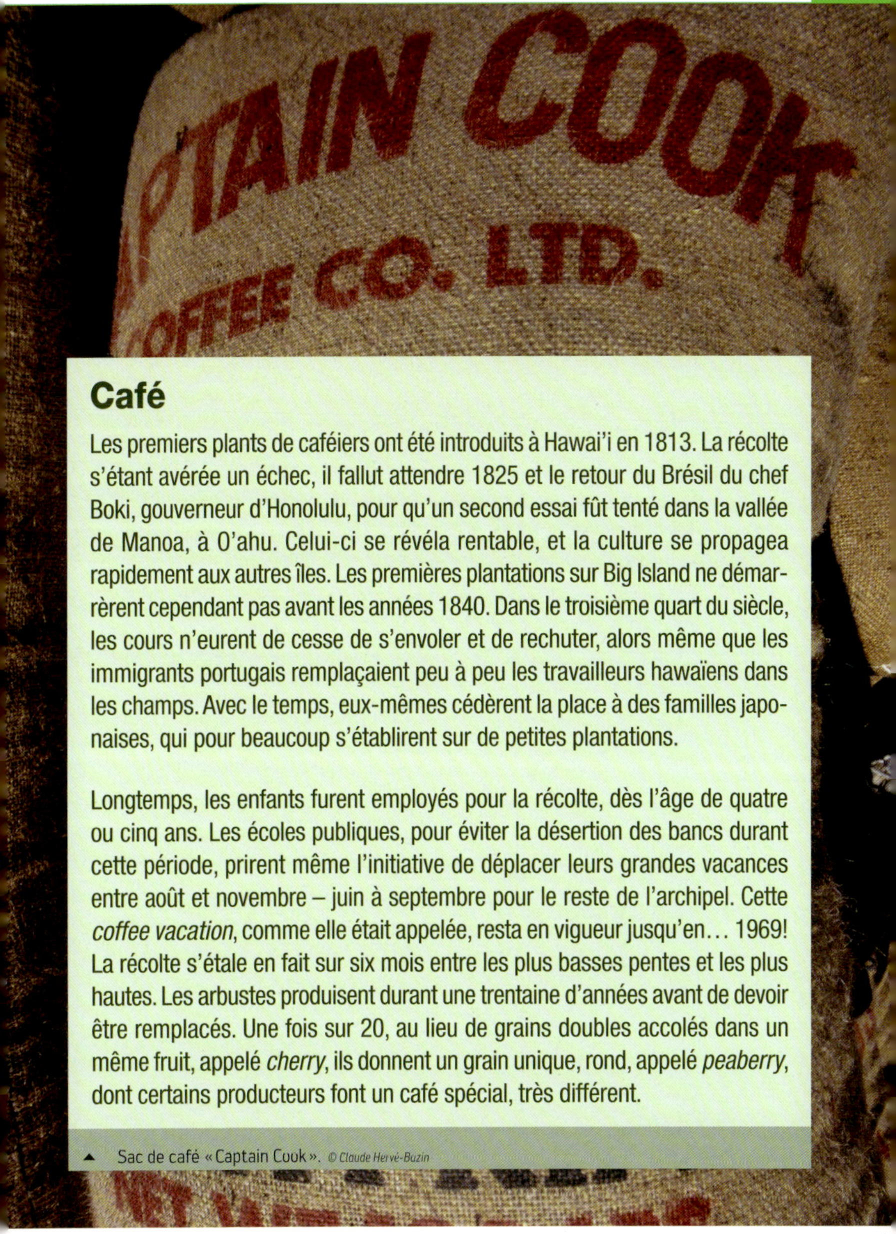

Café

Les premiers plants de caféiers ont été introduits à Hawai'i en 1813. La récolte s'étant avérée un échec, il fallut attendre 1825 et le retour du Brésil du chef Boki, gouverneur d'Honolulu, pour qu'un second essai fût tenté dans la vallée de Manoa, à O'ahu. Celui-ci se révéla rentable, et la culture se propagea rapidement aux autres îles. Les premières plantations sur Big Island ne démarrèrent cependant pas avant les années 1840. Dans le troisième quart du siècle, les cours n'eurent de cesse de s'envoler et de rechuter, alors même que les immigrants portugais remplaçaient peu à peu les travailleurs hawaïens dans les champs. Avec le temps, eux-mêmes cédèrent la place à des familles japonaises, qui pour beaucoup s'établirent sur de petites plantations.

Longtemps, les enfants furent employés pour la récolte, dès l'âge de quatre ou cinq ans. Les écoles publiques, pour éviter la désertion des bancs durant cette période, prirent même l'initiative de déplacer leurs grandes vacances entre août et novembre – juin à septembre pour le reste de l'archipel. Cette *coffee vacation*, comme elle était appelée, resta en vigueur jusqu'en... 1969! La récolte s'étale en fait sur six mois entre les plus basses pentes et les plus hautes. Les arbustes produisent durant une trentaine d'années avant de devoir être remplacés. Une fois sur 20, au lieu de grains doubles accolés dans un même fruit, appelé *cherry*, ils donnent un grain unique, rond, appelé *peaberry*, dont certains producteurs font un café spécial, très différent.

▲ Sac de café « Captain Cook ». © Claude Hervé-Bazin

recouverte par les eaux, marque l'endroit précis où Cook fut retrouvé mort.

Du bas du sentier, les amateurs de solitude peuvent longer la côte dans la direction opposée au monument. Le long du littoral, la mer a creusé dans l'ancienne coulée de *pahoehoe* de nombreux bassins naturels. **Cook Point**, battue par des vagues capricieuses marquant l'entrée de la baie, se présente rapidement. Un peu plus loin s'élève un sémaphore.

Afin d'éviter de devoir faire de la randonnée pour atteindre la Kealakekua Bay, certains louent des kayaks qu'ils mettent à l'eau à Napo'opo'o. Pour vous rendre dans la baie, il vous faudra par contre demander un permis du **Department of Land and Natural Resources** de Hilo.

▲ Le Pu'uhonua o Honaunau National Historical Park. © Claude Hervé-Bazin

La traversée de la baie dure de 20 à 30 min (1,9 km aller). Il est souvent possible d'observer en chemin des dauphins à long bec (*spinner dolphins*). La partie basse et sablonneuse de la baie sert en effet de nurserie aux mères dauphins.

Si vous désirez faire une pause nature, prenez sur la gauche à l'embranchement de la Painted Church Road. Quelques kilomètres plus loin, vous arriverez au **Paleaku Garden Peace Sanctuary** ⋆, un magnifique jardin où vous pourrez observer de nombreuses plantes et fleurs, en plus d'admirer quelques œuvres créées par l'artiste paysagiste, par exemple le système solaire représenté par différentes espèces d'arbres.

Le **Kealakekua Bay State Historical Park** ⋆ abrite le grand *heiau* restauré de Hikiau et une plaque commémorative rappelant qu'en ces lieux fut célébrée, le 28 janvier 1779, l'oraison funèbre de William Whatman, un marin de l'expédition Cook mort d'une crise cardiaque. C'était le premier service chrétien de l'histoire des îles et le premier signe, pour les Hawaïens, du caractère mortel des Anglais.

Pour rêver au passé glorieux de Big Island, rien de mieux que de se rendre au **Pu'uhonua o Honaunau National Historical Park** ⋆⋆⋆. Entaillant la côte rocheuse, la petite plage de la baie de Honaunau (Keone'ele) était toute désignée pour accueillir la résidence des *ali'i* de la côte de Kona. Plusieurs maisons ont été reconstituées, ainsi qu'un modèle de temple. Sur place, vous découvrirez au pied d'une cocoteraie florissante le sanctuaire rebâti, entouré d'images des dieux. Lorsque vous longez le littoral, regardez si vous ne voyez pas de tortues vertes. Elles viennent fréquemment se chauffer au soleil sur les pierres de lave.

L'anse de la **Honaunau Bay** ⋆⋆, située immédiatement au nord du parc historique, est très populaire pour la plongée-tuba, particulièrement contre les rochers qui en protègent l'entrée. L'eau y est particulièrement claire, mais attention, ne vous baignez pas par mer houleuse. Les rochers de lave chauffés par le soleil sont le plus souvent occupés par des bronzeurs.

Ne manquez pas de faire un court détour par la **Painted Church** ⋆⋆, située sur la route du même nom. L'intérieur de cette petite église catholique en bois blanc est

Macadamia

Les noix de macadamia constituent l'un des plus importants produits agricoles d'Hawaii avec les ananas et la canne à sucre. Un arbre produit des noix constamment, ce qui signifie qu'on peut observer sur un même spécimen fleurs, inflorescences, fruits verts et à maturité. Une fois mûres, les noix tombent d'elles-mêmes, ce qui explique pourquoi le sol est toujours bien balayé dans les plantations. Un arbre produit entre 3,5 kg et 9 kg de noix par an à l'âge de six ans, et il voit sa production culminer vers l'âge de 20 ans avec une moyenne annuelle de 40 kg à 65 kg.

▲ Une noix de macadamia.
© Dreamstime.com/Marcel Lüttmann

▼ La Painted Church. © Dreamstime.com/Andrew Bosworth

entièrement peint de scènes bibliques naïves reflétant les influences locales, œuvres du père Velghe, un prêtre belge, réalisées entre 1899 et 1904.

Quelques maisons isolées s'éparpillent à travers le **Ho'okena Beach Park** ★. Sa plage de sable gris est adossée à une petite falaise trouée de grottes où furent autrefois placées les dépouilles d'*ali'i* de rang inférieur. La mer n'est pas toujours très bonne, mais, si elle l'est, la plongée-tuba ne manque pas d'intérêt. À défaut, on peut se tremper dans les cuvettes de marée.

Une petite route sinueuse, qui traverse d'abord des plantations de macadamias, puis des broussailles, conduit en une longue série de virages à **Miloli'i**, réputé pour être le village le plus traditionnel d'Hawai'i. Miloli'i n'est pas une destination touristique: il n'y a rien à y voir, rien à y faire. Les premières maisons s'ancrent à même la surface désolée de la lave, belle illustration de la mauvaise qualité des terres distribuées dans le cadre du programme des Hawaiian Home Lands; les autres s'éparpillent le long du littoral, dans un cadre plutôt austère, à peine égayé par quelques bouquets de palmiers et de pins.

▲ La côte nord de Kona. © Claude Hervé-Bazin

La côte nord de Kona ⋆

À peine Kailua-Kona quitté, la lave reprend ses droits, tapissant le sol de son manteau noirâtre. Hostile a priori, le paysage révèle sur la côte quelques bijoux: des plages souvent solitaires, parfois difficiles d'accès, aux manteaux de sable clair ourlant des anses baignées par des eaux transparentes. Çà et là, quelques bouquets de cocotiers se dressent. Dans ce paysage à mi-chemin de l'idylle et du chaos, les premiers grands complexes touristiques de la côte de Kona ont élu domicile.

Première escale depuis Kona, la marina de **Honokohau** est le point de départ de nombreux bateaux touristiques et de pêche au gros. On peut assister à leur retour vers 11h30 ou 15h30, lorsqu'ils viennent peser leurs prises. Au sud du port se creuse une toute petite anse dotée d'une plage adaptée à la baignade.

La plupart des adorateurs du soleil préfèrent cependant la plage solitaire, longue et étroite, soulignée de lave *pahoehoe*, située du côté nord, à la limite sud du **Kaloko-Honokohau National Historical Park** ⋆. S'étendant en direction de l'aéroport, ce parc historique abrite plusieurs viviers fréquentés par les oiseaux migrateurs, des tortues, d'anciens sites

▲ © iStockphoto.com/tropicalpixsingapore

Graffitis

Tout au long de la route reliant Kona aux complexes touristiques de la côte de Kohala, des messages en pierres de corail blanches sont disposés sur le fond noir des coulées de lave : déclarations d'amour, messages de bienvenue aux abords de l'aéroport, encouragements pour l'Ironman et même... publicité, ces graffitis naturels sont de plus en plus nombreux. La tradition est plutôt réservée aux habitants, et il est très mal vu d'emprunter les pierres d'un ancien message.

hawaïens et une piscine naturelle connue sous le nom de Queen's Bath. Il est possible que ce soit ici, près du vivier de Koloko, qu'aient été inhumés les restes du grand Kamehameha.

On peut aussi rendre une petite visite à **Ocean Rider**, la plus grande ferme d'élevage d'hippocampes au monde! Les plus petits ne dépassent pas 2 cm, les plus grands 10 fois plus. Si vous êtes aquariophile, vous pourrez en rapporter chez vous, mais les prix sont élevés...

Le **Wawaloli Beach Park** s'étend peu avant, à l'endroit où la route rejoint le littoral. La plage est ici soulignée sur toute sa longueur par une barrière de lave protégeant un bassin naturel au fond sableux où il est possible de patauger à marée haute. L'eau, chauffée par le soleil, est alors bien agréable. On peut aussi piqueniquer dans le parc.

Ceux qui s'intéressent à la conquête de l'espace peuvent visiter l'**Astronaut Ellison S. Onizuka Space Center**, dédié à la mémoire du héros du pays, né à Kona et mort en 1986 dans l'explosion de la navette *Challenger*. Le musée couvre les grandes étapes de la conquête spatiale, de la marche sur la Lune à la mission

Pathfinder sur Mars. Il illustre également le rôle d'Hawai'i dans ce grand mouvement, de l'importance des télescopes du Mauna Kea au retour sur Terre (ou plutôt dans les eaux hawaïennes) de la mission Apollo, en passant par l'entraînement des astronautes sur les pentes désolées du Mauna Kea.

Une piste chaotique part sur la gauche vers le **Kekaha Kai State Park**. Elle traverse une ancienne coulée de lave *pahoehoe* sur 2,5 km avant de parvenir à deux aires de stationnement successives. Durant la journée, un casse-croûte permet de se rafraîchir au pied des cocotiers. La baignade y cède la priorité au bronzage, mais si vous recherchez la tranquillité, vous préférerez **Mahai'ula** ★★, l'une des plus belles de l'île avec son sable épais, ou **Makalawena** ★★, pour beaucoup la plus jolie de l'île. Ces deux plages sont situées vers le nord.

▾ Sur la côte touristique de Kohala. © iStockphoto.com/ejs9

▲ Le Kekaha Kai State Park. © Shutterstock.com/Sylvio Michel

La côte de Kohala ★★

La côte touristique ★★

Noire et désolée, volcanique et stérile, la côte sud de Kohala est tout cela. Mais elle est aussi ourlée par endroits de fins manteaux de sable clair, dans lesquels des promoteurs éclairés virent dès le milieu des années 1960 un futur prometteur. Ajoutez à cela un soleil quasi constant et, quelques centaines de palmiers et de millions de dollars plus tard, les mégacomplexes touristiques de la Gold Coast (Waikoloa, Mauna Lani et Mauna Kea), qui accueillent chaque année le gros des touristes de Big Island.

Waikoloa ★★ est le principal centre touristique de la côte. Ne confondez pas le Waikoloa Beach Resort, sur la côte, où se regroupent les infrastructures touristiques, et le Waikoloa Village, une ville moderne créée sur les hauteurs, en plein désert de lave, pour héberger les travailleurs. On y trouve aussi des appartements locatifs nettement plus abordables que sur le littoral.

De l'entrée des Kings' Shops, un sentier longe le terrain de golf et conduit en 500 m environ à la **Waikoloa Petroglyph Preserve** ★, qui regroupe près de 9 000 dessins gravés sur la roche basaltique par les anciens Hawaïens. Un plan affiché sur le site indique les emplacements les plus significatifs, sans doute réalisés à la mémoire d'un passage à 'Anaeho'omalu ou bien en l'honneur d'une naissance pour assurer à l'enfant une longue vie. Les pétroglyphes de Puako, plus au nord, sont plus faciles à distinguer.

Face aux Kings' Shops, une route conduit rapidement, plein sud, vers le superbe **'Anaeho'omalu Beach Park** ★★, terrain de jeu des complexes hôteliers. Frangé d'une longue plage incurvée veillée par des cocotiers altiers, il est très fréquenté durant la journée par les baigneurs, les adeptes des bains de soleil, les plongeurs et autres candidats aux promenades en bateau. Le parc, où viennent mouiller des voiliers, se révèle idéal pour regarder le soleil se coucher.

La plage s'adosse en partie au vivier de **Ku'ulali'i**, prolongé au nord par celui de

▲ La Puako Petroglyph Archaeological Preserve.
© Dreamstime.com/Andre Nantel

Kahapapa. Reliés l'un à l'autre, ces viviers furent aménagés en ces lieux car la résurgence d'une rivière souterraine y rencontrait les eaux marines.

De l'aire de stationnement du **Kalahuipua'a Historic Park & Trails** ★★, un sentier goudronné traverse une coulée nue en passant près de deux tunnels de lave. Le second, qui fut habité au XVIe siècle, est en meilleur état. La fraîcheur intérieure procure un contraste inattendu avec l'extérieur écrasé de soleil. Après environ 500 m, le chemin croise une route et atteint les étangs de Kalahuipua'a, bordés par les villas du Mauna Lani Bay Hotel. Nourris par des sources, ils forment une véritable oasis de verdure aux nombreux cocotiers et arbres à pain. Les anciens Hawaïens les avaient aménagés en viviers, y élevant mulets, barracudas, anguilles, crevettes, etc. C'est l'un des rares viviers de l'île qui soit encore productif. La balade entre les étangs se poursuit jusqu'au Shoreline Trail, qui longe la côte.

Juste avant l'entrée du complexe hôtelier **Fairmont Orchid**, une route mène sur la droite vers Holoholokai Beach et la **Puako Petroglyph Archaeological Preserve** ★★, qui regroupe le plus grand ensemble de gravures rupestres de Big Island. Leur datation n'est pas très précise, mais elles auraient été réalisées entre les

▲ Le Hapuna Beach State Park. © iStockphoto.com/tropicalpixsingapore

années 1000 et 1800. Vous découvrirez depuis une plateforme un carré de *pahoehoe* ciselé de quelque 3 000 formes humaines stylisées.

Le dernier complexe touristique du sud de Kohala est aussi le plus ancien. C'est ici, en 1965, à l'instigation d'un investisseur du nom de Rockefeller, que vit le jour le **Mauna Kea Beach Hotel**, rejoint en 1994 par le **Hapuna Beach Prince Hotel**. Les deux établissements, voisins, dominent leur propre étendue de plage, superbe: Hapuna Beach, au sud, et **Kauna'oa Beach** ★★, au nord. Cette dernière, aussi appelée **Mauna Kea Beach**, est très populaire auprès des touristes et des habitants de l'île. On y vient très nombreux pour la qualité du sable et de la baignade. La loi hawaïenne prévoyant l'accès aux plages pour tous, il est possible d'en profiter sans résider sur place.

On peut aussi prendre la route du **Hapuna Beach State Park** ★★★. Sa plage, la plus belle de l'île, au sable presque blanc, est baignée par des eaux turquoise. La baignade est généralement possible par mer calme, à condition de rester près du rivage. Le *bodysurfing* prend le relais lorsque les vagues grossissent (attention alors aux courants).

Le **Pu'ukohola Heiau National Historic Site** ★★ occupe le sommet d'une éminence devenue parc historique. Ici s'élève le *heiau* le plus important de l'île, plus grand projet de Kamehameha et dernier grand temple d'Hawaii à avoir été construit. Un centre d'accueil des visiteurs comprenant un musée et une boutique de livres sur la botanique et l'histoire d'Hawaii se trouve aussi sur le site.

Tout contre le parc historique, au sud, le **Spencer Beach Park** ★★ déroule son manteau de sable doré au pied de grands arbres ramifiés. La plage forme une anse superbe où la baignade est très agréable. On peut aussi y camper.

▼ Le Pu'ukohola Heiau National Historic Site. © iStockphoto.com/GeorgeBurba

King's Trail

De longue date, un sentier hawaïen connu sous le nom de Forerunner Trail (sentier de l'avant-coureur) permettait d'unir entre eux les villages établis le long de la côte de Kona. Vers le milieu du XIXe siècle, sous l'influence des colons, il fut aménagé et renommé King's Trail pour permettre de relier en toute sécurité Kailua-Kona et Puako, une distance de quelque 50 km. Une force mixte d'Hawaïens payant leurs impôts en travail et de prisonniers édifia, sur toute la longueur du sentier, des bordures d'environ un demi-mètre de haut pour éviter que, la nuit, les chevaux s'écartent du chemin, au risque de se briser une patte sur la lave. Le sentier est aussi connu sous le nom de Mamalahoa, en référence à un célèbre édit de Kamehameha garantissant le droit de passage à tous les voyageurs.

Aujourd'hui le sentier est encore bien visible, mais pas complètement intact en raison de nouveaux projets de développement et de sa détérioration causée par les problèmes d'environnement. Le sentier original est facilement accessible puisqu'il est parallèle à la très passante Queen Kaahumanu Highway. Mais le meilleur endroit où le suivre est le Kaloko-Honokohau National Historical Park, juste au nord de Kailua-Kona et du port de Honokohau. Il s'étend sur plus de 2 km à l'intérieur du parc, qui l'a balisé et l'entretient.

La péninsule de Kohala ⋆⋆

Sèche, venteuse, balayée par des vagues fortes et des courants violents, dominée par le vieux volcan de Kohala, silencieux depuis 60 000 ans, la côte occidentale de la péninsule ne se prête guère à la rêverie. Des hommes, pourtant de simples pêcheurs, y avaient élu domicile. Des chefs aussi: Kamehameha y naquit, face à l'île de Maui. Tout au nord, sous les alizés, le littoral plonge brusquement dans la rêverie des tropiques.

Pua Mau Place, un jardin de près de 5 ha, est un endroit agréable pour se balader. Vous y verrez plus de 200 variétés d'hibiscus et de nombreuses autres espèces d'arbres et de fleurs, en plus de pouvoir nourrir les paons qui viendront manger dans votre main.

Le **Lapakahi State Historical Park** ⋆ abrite les ruines partiellement restaurées d'un village de pêcheurs hawaïens fondé au XVe siècle. Lapakahi était l'un des rares lieux où les canoës pouvaient aborder le long de cette côte passablement hostile.

À la pointe nord-ouest de l'île, sur un site solitaire se dresse le **Mo'okini Heiau** ⋆, associé au grand Kamehameha. L'un des plus anciens d'Hawaii, bâti par les premiers colons marquisiens, aux environs de l'an 480 si l'on en croit la tradition orale, il est entretenu par un descendant direct des grands prêtres qui y officiaient. Le temple forme un enclos rectangulaire de la longueur d'un terrain de football, à l'intérieur duquel étaient pratiqués des sacrifices humains. Hors de l'enclos, une hutte a été reconstituée et, tout autour, comme des îlots boisés dans la lande parcourue par les vaches, on devine d'autres structures oubliées.

Non loin, un double enclos de pierres marque le **lieu de naissance de Kamehameha** en 1758. Sur le muret intérieur, des offrandes sont encore faites au vieux roi et aux dieux: quelques pièces de monnaie, un pendentif portant les mots de paix et d'amour, un galet enveloppé dans des feuilles de *ti* (plante sacrée), des pommes de pin, des coquillages…

▲ La statue de Kamehameha au centre-ville de Kapa'au.
© iStockphoto.com/compassandcamera

Hawi ⋆ (prononcé Hévi) est une petite bourgade très agréable, ne serait-ce que pour ses boutiques et ses restaurants. Profitez donc de votre passage pour vous rassasier avant de vous rendre dans la **Pololu Valley**.

Née de sa plantation, **Kapa'au** fut peuplée entre 1905 et 1920 par une vague d'immigrants venus travailler dans les champs de canne à sucre. La sucrerie arrêta son activité en 1975 et, jusqu'au développement du tourisme, Kapa'au connut une période difficile.

Au centre-ville se dresse une **statue de Kamehameha** ⋆⋆ polychrome. Le roi, vêtu d'une cape et d'un casque en plumes, tend la main droite tandis qu'il tient une lance de la gauche. La statue, qui a connu une histoire mouvementée, fut placée en 1883 à Ainakea (Kohala), puis déménagée sur son site actuel en 1912.

À la sortie de Kapa'au, un panneau du Visitors Bureau indique l'emplacement de la **Kamehameha Rock**. La légende raconte que le futur roi souleva cette pierre dans sa jeunesse pour démontrer sa force légendaire.

Ne manquez pas de jeter un coup d'œil sur le joli bâtiment en bois rouge et vert de la **Tong Wo Society** ★, situé en retrait de la route. À l'époque des plantations, on y trouvait, le jour, une école chinoise et, le soir, une confrérie où se retrouvaient les employés des environs. Le bâtiment est fermé à la visite. Plus bas, sur le bord de la route, le vieux **Wo On Store**, un ancien magasin de plantation, a été transformé en galerie d'art.

Peu après, la route traverse le hameau de **Makapala**, avec ses quelques maisons en bois serrées au pied d'une petite église. Le nom du village signifie «yeux bridés»: la tradition hawaïenne raconte que les Chinois seraient venus ici avant même les Européens.

La route atteint son terme où un belvédère surplombe superbement la grande **Pololu Valley** ★★ et les falaises homériques de la côte de Hamakua. Longtemps habitée, malgré des tsunamis réguliers, la vallée de Pololu a été progressivement abandonnée.

Accessible uniquement à pied, la vallée n'est pas aussi inabordable qu'elle peut le paraître. Passé les 300 premiers mètres, les plus pentus, le sentier, bien que boueux par temps pluvieux et caillouteux par endroits, n'est ni long ni difficile. Selon votre condition physique, vous atteindrez le bas du sentier en 15 min ou 20 min – la remontée prend à peine plus de temps. Munissez-vous d'un chapeau si le soleil brille, car une partie du chemin est à découvert. À son terme, le sentier débouche en bord de mer sur la rive gauche du torrent de Pololu.

Le nord de l'île ★

Waimea/Kamuela ★

S'il est une ville de Big Island qui affiche une personnalité originale, c'est bien **Waimea**, née sous le signe du ranch Parker. Située à près de 700 m d'altitude sur le plateau séparant le Kohala du Mauna Kea, Waimea s'est développée autour d'une seule activité: l'élevage. Entre le climat, souvent pluvieux et venteux, les vastes étendues de pâturages, les barrières blanches et les derniers vrais *paniolos* (cowboys hawaïens) en bottes, on se croirait par instants sous les cieux du Montana ou du Wyoming.

Officiellement baptisée Waimea («eaux rouges»), la ville est connue de ses habitants comme **Kamuela**, ce qui permet de la distinguer des Waimea d'O'ahu et de Kaua'i. Si le temps où tout appartenait à la famille Parker est révolu, Waimea/Kamuela reste encerclée par les terres du ranch: près de 70 000 ha pour 30 000 têtes de bétail et 250 chevaux.

▲ Les falaises de la côte de Hamakua dans la Pololu Valley. © Dreamstime.com/Maria Luisa Lopez Estivill

▲ John Palmer Parker
© wikipedia.org

John Palmer Parker

En 1809, John Palmer Parker, un jeune marin américain de 19 ans originaire de la Nouvelle-Angleterre, déserte dans la baie de Kealakekua. À cette époque, Big Island est envahie par le bétail retourné à l'état sauvage qui descend des premières cinq vaches offertes par George Vancouver à Kamehameha en 1793. C'est sur la suggestion du capitaine anglais que le roi avait placé un *kapu* sur les troupeaux pour qu'ils puissent prospérer – ce qu'ils firent si bien qu'ils en vinrent à détruire les récoltes.

Apprenant l'hawaïen, Parker convainc en 1815 Kamehameha de l'autoriser à chasser les hordes de bétail sauvage. La viande salée est alors vendue aux navires de passage et aux habitants des îles, un peu à la manière des boucaniers d'Hispaniola, avec la bénédiction des autorités en plus. Les affaires marchent bien. L'année suivante, Parker épouse Kipikane, l'une des petites-filles de Kamehameha.

Plus de 30 ans plus tard, le 14 janvier 1847, Parker et Kipikane se font offrir, pour 10$, un terrain de leur choix équivalant à moins d'un hectare. Ils achètent une parcelle qui se trouve à une vingtaine de kilomètres de l'actuelle ville de Waimea.

Aujourd'hui l'un des plus historiques et des plus grands ranchs privés des États-Unis, le Parker Ranch *(www.parkerranch.com)* couvre quelque 600 km² – il s'étend entre Mauna Kea et les Kohala Mountains – et a célébré son 165e anniversaire en 2012.

▲ Le W.M. Keck Observatory. © iStockphoto.com/tane-mahuta

▲ La Ke Ola Mau Loa Church. © iStockphoto.com/ssharick

À l'est du centre-ville, **Church Row** ⋆ regroupe plusieurs églises voisines et un temple bouddhique *hongwanji*. La Ke Ola Mau Loa Church (église de la vie éternelle) est de couleur vert sapin et coiffée d'un clocher argenté. Tout près se dresse l'Imiola Congregational Church, couleur vanille. D'abord simple hutte consacrée en 1832, rebâtie en bois en 1837, elle fut édifiée en pierre en 1855-1857 sous la conduite du révérend Lorenzo Lyons, venu du Massachusetts, comme l'atteste sa tombe située à gauche de l'entrée. L'intérieur est recouvert de panneaux en bois de *koa* (l'acacia hawaïen, très prisé pour la beauté de son bois).

Saddle Road ⋆

Saddle Road (route 200) traverse Big Island de part en part. Rapidement, les pâturages, où se dressent incongrus de grands cactus, cèdent le pas à une lande de plus en plus solitaire, parcourue de champs de lave et de buissons chevrotant dans le vent d'altitude. À 2 000 m, la « route du col » s'insinue entre la base du Mauna Kea au nord et celle du Mauna Loa au sud, avant de redescendre vers Hilo. De nombreuses agences de location de voitures interdisent à leurs clients d'emprunter Saddle Road – une décision qui ne se justifie pas vraiment par l'état de la route, très correct,

▲ Le Mauna Kea. © Dreamstime.com/David Lloyd

mais plutôt par son isolement et la difficulté à faire intervenir une dépanneuse en cas de besoin. Si vous tenez à effectuer cette excursion, renseignez-vous à l'avance auprès de votre agence de location.

Depuis 5 000 ans, le **Mauna Kea** ★★ n'a pas bronché. Les spécialistes l'affirment cependant: le point culminant de l'archipel, à 4 205 m, n'est sans doute qu'endormi. Les laves accumulées de ce volcan bouclier classique composent à elles seules un bon tiers de l'île. Depuis sa base océanique, il constitue même, à 9 691 m, le plus haut sommet du monde!

Le Mauna Kea est renommé pour ses dispositions astronomiques: à son sommet, on trouve pas moins de 13 télescopes actifs à plein temps. C'est ici, au **W.M. Keck Observatory** et au VLBA (Very Long Baseline Array), le plus grand télescope au monde, qu'ont été faites certaines des découvertes récentes les plus importantes. D'ici 2021, le Mauna Kea accueillera l'ambitieux projet du Thirty Meter Telescope, qui, comme son nom l'indique, consiste en la construction d'un télescope de 30 m de diamètre, soit le plus grand jamais érigé.

À 2 800 m d'altitude, le **Mauna Kea Visitor Information Station** (VIS) marque la fin de la route goudronnée. Il est d'autant plus important d'y faire halte (une heure si possible, au moins 40 min) que cela donne l'occasion de s'acclimater un peu à l'altitude.

Au centre, on découvre un petit musée et on peut assister à la projection d'un film qui retrace l'aventure de l'astronomie au sommet du Mauna Kea, depuis l'installation en 1964 du premier télescope, et qui présente l'état des recherches.

Derrière le centre, un court sentier, l'**Ahinahina Trail**, conduit à quelques plants de sabres d'argent et à un autel hawaïen. Par beau temps, on distingue jusqu'au cratère du Pu'u O'o en train de fumer.

La piste menant du VIS aux observatoires, au sommet du Mauna Kea, n'est véritablement accessible qu'en 4x4. Très pentue, tortueuse, non pavée, elle s'élève jusqu'au ciel en 11 km et 30 min environ par beau temps. Il arrive qu'elle soit fermée après de fortes chutes de neige. Tout en haut, la terre, dénudée en été, est rouge et nue. Les fous de la marche ou ceux qui ne disposent pas d'un véhicule tout-terrain peuvent lui préférer le **Mauna Kea Trail**, qui progresse dans un paysage lunaire (comptez de 6h à 8h aller-retour). Il est impératif de se faire enregistrer au VIS. Celui-ci organise un *summit tour*, avec visite d'un ou deux télescopes.

Le **Hakalau Forest National Wildlife Refuge** demeure aujourd'hui la plus grande réserve faunique de l'archipel. Il couvre près de 133 km^2 sur le flanc oriental du Mauna Kea, entre 800 m et 2 000 m d'altitude, et englobe une part importante de la plus grande forêt de *koa* et d'*'ohi'a* de l'île. À la fin de 2012, le U.S. Fish & Wildlife Service annonçait qu'on allait agrandir la réserve de 121 km^2 pour un grand total de 254 km^2. Les ornithologues amateurs y découvrent huit espèces endémiques très rares: *'akiapola'au*, *'akepa*, grimpeurs, faucon hawaïen, *o'u*, *'elepaio* et *'oma'o*. On y rencontre aussi des *amakihi*, *i'iwi*, *apapane* et *kolea*, de même que la chauve-souris cendrée d'Hawaii, elle aussi menacée de disparition.

Laves

On distingue deux types de lave: *'a'a* et *pahoehoe*. D'ailleurs, ces deux noms hawaïens sont aujourd'hui employés par les volcanologues dans le monde entier.

Le premier, *'a'a*, à l'apparence chaotique, prend la forme de scories métalliques. Cette lave a été formée par de la roche en fusion en bout de course, sans gaz ou presque; en refroidissant, elle a laissé une surface brute, rugueuse.

Le second, *pahoehoe*, typique des éruptions plus longues, s'est écoulé de manière plus fluide. Comme une vague de caramel, cette lave a emprisonné les obstacles qui se présentaient à elle, créant une surface plus lisse, à l'aspect rutilant, formant par endroits des ondulations.

La composition chimique des deux laves est identique. Il est même habituel que le *pahoehoe* devienne *'a'a*.

◂ Coulée de lave *pahoehoe*. © Claude Hervé-Bazin

La côte de Hamakua ⋆⋆

Face aux alizés, la côte de Hamakua est la région la plus arrosée de la Grande Île. Sur les hauteurs, les pentes du Mauna Kea s'entaillent de torrents s'écoulant en vallées successives, envahies par une végétation profuse. Profitant de cette manne, des plantations de canne à sucre ont élu domicile sur la côte dès la fin du XIXe siècle. Abandonnées au fur et à mesure du déclin de l'industrie sucrière, désertées pour un emploi en ville, les bourgades de Hamakua connaissent une seconde jeunesse, timide mais incontestable, grâce au tourisme. La côte est longée sans interruption, mais de plus ou moins près, de Honoka'a à Hilo, par la Mamalahoa Highway (route 19).

L'**Old Mamalahoa Highway** ⋆ est une agréable solution de rechange à la route 19. Le ruban de goudron serpente entre les pâturages, les pans de forêt et les hameaux.

Escale sur la route de la Waipi'o Valley, la ville de plantation de **Honoka'a** ⋆ fut un temps la troisième agglomération de l'archipel malgré son isolement. C'est le sucre qui fit sa force et son destin. Un temps oublié après l'abandon progressif des raffineries, la bourgade a connu dans les dernières années un certain regain de vitalité. Dans le centre, les bâtiments en bois qui ont vu sa jeunesse resplendissante ont été restaurés et accueillent restaurants et boutiques. Le vieux **People's Theater** (1930) a lui aussi été rénové, et des films y sont de nouveau présentés. Ne manquez pas le **Katsu Goto Memorial**, qui rappelle la mort de Katsu Goto, un des premiers immigrants japonais arrivés à Honoka'a.

De la fin du ruban de goudron, où se trouve une grande aire de stationnement, une vue plongeante se révèle sur un des endroits les plus sacrés d'Hawai'i, la **Waipi'o Valley** ⋆⋆. On y trouvait aux temps anciens la résidence royale et la «capitale» de l'île. Kamehameha aurait grandi et appris à surfer ici. Autrefois l'une des vallées les plus peuplées de l'île, Waipi'o abrite aujourd'hui les maisons et les champs de taro de quelques familles seulement. Un belvédère avec tables de pique-nique permet de jouir de la vue, tout simplement époustouflante.

Il est impossible, à moins d'avoir un véhicule tout-terrain, de descendre en voiture. La route qui mène dans la vallée est goudronnée, mais elle est si raide (25%) qu'une voiture ordinaire ne peut remonter. Il ne vous reste donc qu'à choisir entre la marche et l'excursion en charrette, en véhicule tout-terrain ou à cheval. Si vous êtes à pied, comptez de 15 à 20 min de descente pour un peu moins du double dans le sens inverse. Il est préférable de faire la balade par temps nuageux plutôt que sous le soleil, ou tôt le matin.

Si, en bas de la route d'accès, on poursuit son chemin vers la gauche, on pénètre dans le «corps» de la vallée, découvrant peu après un point de vue théâtral sur deux chutes: **Waiulili**, sur la gauche, et **Kaluahine**, sur la droite, la plus importante, qui a creusé au fil des siècles une vallée tributaire.

Du bas de la route d'accès, une autre branche du chemin (généralement boueux) conduit sur la droite jusqu'à la **plage** de sable noir ourlant la vallée (10 min).

Du bout de la plage, un sentier échevelé, qui grimpe d'abord ferme, puis longe le flanc des falaises, de vallée en vallée, permet de rejoindre en une journée la **Waimanu Valley** ⋆⋆. L'une des plus sauvages d'Hawai'i, aux pentes striées de sept ou huit cascades, elle est essentiellement fréquentée par des chasseurs et des randonneurs aguerris.

La **Kalopa State Recreation Area** ⋆ abrite un rare pan de forêt aux espèces (essentiellement) endémiques couvrant les pentes inférieures du Mauna Kea. Un court sentier en boucle (1,1 km) permet d'en avoir un bon aperçu.

À mi-distance de Honoka'a et de Hilo, une petite route descend en 2 km jusqu'au **Laupahoehoe Point Beach Park** ⋆. Du parc, adossé à une rampe de mise à l'eau chahutée par la houle, se dégage un joli point de vue sur les falaises drapées de végétation de la côte de Hamakua. Un monument s'élève à la mémoire des 24 victimes du tsunami du 1er avril 1946, enfants et professeurs de l'école du village. Sur la pointe, aux rochers de lave acérés, des bosquets de pins font un cadre idéal pour un pique-nique.

En «ville», le **Laupahoehoe Train Museum** intéressera les férus de vieilles locomotives. Occupant l'ancienne résidence du chef de gare de Laupahoehoe, le musée se consacre à la brève histoire ferroviaire

▲ La Waimanu Valley. © Dreamstime.com/Robert Fullerton

de la côte de Hamakua et de Big Island – brève car les lignes furent endommagées lors du tsunami de 1946 et abandonnées. À l'extérieur subsistent quelques pans de voie ferrée et deux vieux wagons.

Juste après l'église de Pohakupuka, une petite route *mauka* conduit en direction des **World Botanical Gardens and Waterfalls**, qui abritent le plus large éventail d'espèces végétales de tout l'archipel d'Hawaii. On peut y voir une jolie succession de trois petites chutes s'écoulant de bassin en bassin, appelées **Umauma Falls**, ainsi qu'un mur d'orchidées, et se promener le long de sentiers fleuris dominant de haut la côte de Hamakua.

Honomu, une bourgade agricole située au cœur des plantations de canne à sucre, connut des jours meilleurs au début du XXe siècle. De cette époque

▲ Une fleur de frangipanier, à l'Hawai'i Tropical Botanical Garden. © Dreamstime.com/Alohaisland

▲ L''Akaka Falls State Park. © Christine Beaudet

▲ La Pepe'ekeo Scenic Drive. © Claude Hervé-Bazin

faste demeurent le vieil **Honomu Theater** (1931) et quelques autres bâtiments en bois.

Un peu moins de 5 km plus loin, voici l'**'Akaka Falls State Park** ★★★, qui abrite la plus haute cascade de l'île d'Hawai'i. Un sentier en boucle d'environ 800 m conduit d'abord (sur la droite) à la chute de Kahuna, qui dégringole de 135 m de haut en un panache blanc en pleine jungle. Le long du chemin, bambouseraies, végétation luxuriante typique de la forêt tropicale humide et plantes à fleurs forment un vrai jardin botanique. Par une série de marches, on atteint la grande chute d''Akaka, l'une des plus représentées sur les cartes postales. Particulièrement gonflée par les pluies hivernales (en été, le spectacle peut être un peu décevant), elle a creusé au fil du temps une vaste «marmite» cerclée de falaises moussues.

◀ La grande chute d''Akaka.
© iStockphoto.com/ToddSm66

Sur 6 km, la **Pepe'ekeo Scenic Drive** ★★ serpente doucement au cœur de la végétation tropicale, entre bananiers, palmiers et tulipiers entremêlés. Traversant plusieurs petites vallées sur des ponts à voie unique, elle offre de jolis points de vue sur la côte rocheuse, matelassée de végétation et battue par les vagues.

L'**Hawai'i Tropical Botanical Garden** ★★, rencontre de la forêt tropicale et d'une flore débridée (plus de 2 000 espèces), est sans doute le plus beau jardin d'Hawaii. Y foisonnent les héliconias, orchidées graciles, hibiscus tombant en pluie sur le sol, fruits de la passion à l'odeur capiteuse, banians majestueux et arbres à pain. Après la visite (comptez de 60 min à 90 min), vous pourrez jeter un coup d'œil aux vitrines du petit musée du centre d'accueil, qui abrite des objets de toutes sortes découverts dans la vallée et une petite collection d'art oriental.

▲ Système de surveillance et d'alerte de tsunamis. © iStockphoto.com/Damon_Moss

Tsunamis

Les tremblements de terre sous-marins forment parfois de gigantesques vagues, connues dans le Pacifique sous le nom de «tsunami». Au large, le raz-de-marée ne se remarque pas ostensiblement, mais il enfle à l'approche des côtes. Ce n'est pas tant leur hauteur (jusqu'à 10 m en général) mais leur vitesse (jusqu'à 800 km/h) qui les rend aussi destructives.

Depuis 1819, une quarantaine a été répertoriée, et trois, au siècle dernier, ont causé une destruction restée dans toutes les mémoires.

Le premier a eu lieu le 1er avril 1946. Frappant de plein fouet Hilo et la côte de Hamakua, il tua 159 personnes. Moins de 15 ans plus tard, le 23 mai 1960, la même région était touchée par un deuxième tsunami majeur, provoqué cette fois par un séisme sous-marin de magnitude 8,5 dont l'épicentre était situé au large du Chili.

Le 29 novembre 1975, le plus gros tsunami à se produire sur les côtes d'Hawaii au XXe siècle eut lieu à la suite d'un tremblement de terre de magnitude 7,2. D'une hauteur de 6 m à 14 m au-dessus du niveau de la mer, les vagues frappèrent la côte sud-est de Big Island. Le tsunami emporta dans la mort deux personnes et fit des dommages de 1,4 million de dollars.

Plus récemment, à la suite du tremblement de terre qui a frappé le Japon le 11 mars 2011, un tsunami se forma et fonça tout droit sur Hawai'i. Heureusement il n'y eut aucun décès, mais on compta une dizaine de millions de dollars de dommages sur la côte de Kona.

Il existe depuis 1948 un système perfectionné de surveillance et d'alerte. Si vous entendez sonner les sirènes ou sentez que la terre tremble, quittez immédiatement le littoral pour un abri en terrain plus élevé.

▲ Hilo. © iStockphoto.com/Daniel Stein

La côte orientale ★★★

Hilo ★

Au confluent de la côte de Hamakua et de la région de Puna, en chemin vers l'Hawai'i Volcanoes National Park, Hilo est stratégiquement placée au fond d'une large baie entaillant la côte nord-est de l'île. Moins fréquentée que la côte de Kona à cause de son climat, la ville en est d'autant plus intéressante. Cela explique peut-être pourquoi elle semble avoir conservé une certaine authenticité, dont le paroxysme est atteint lors du concours de *hula* annuel du Merrie Monarch. Ces dernières années, le développement de l'industrie des croisières a favorisé l'économie de Hilo.

Relocalisé en 2013 afin d'augmenter sa superficie, le **Mokupapapa Discovery Center** a été créé pour sensibiliser le public à la protection des récifs coralliens en général et de ceux des îles du Nord-Ouest en particulier. C'est même le seul centre du genre à se consacrer à l'environnement de ces atolls isolés, éparpillés sur 2 500 km au nord-ouest de l'archipel hawaïen. On y trouve un grand aquarium, de même qu'une reproduction d'un batiscaphe utlisé par les océanographes. Le centre est géré par le **Papahanaumokuakea Marine National Monument**, qui protège plus de 360 000 km^2 de territoire marin comprenant 10 îles et atolls à l'ouest de l'archipel d'Hawaii.

À l'angle de Kalakaua Street, le vieux bâtiment de l'ancienne First Hawaiian Bank (1930) loge le **Pacific Tsunami Museum** ★. Ce musée se consacre aux catastrophes naturelles, éruptions d'une part et raz-de-marée dévastateurs d'autre part, qui ont, par deux fois au XXe siècle, frappé Hilo. On peut y voir de vieilles photos et une vidéo avec des images d'époque, le tout mis en lumière par des témoignages de survivants.

Haili Street est surnommée Church Row pour ses églises: une catholique, la **St. Joseph Church**, toute rose et de style très mexicain, et la **Haili Congregational Church**, fondée au début du XIXe siècle par les premiers missionnaires protestants.

À l'angle de Laimana se trouve le **Lyman Museum** ★. On peut y découvrir des collections d'outils et d'objets hawaïens, replacés dans leur contexte par des explications sur les différents aspects du quotidien, sports, jeux, croyances, etc. Le musée abrite aussi une petite section d'art chinois et une exposition consacrée aux différentes communautés venues s'installer dans les îles.

Hilo

Hilo Bay
N
Waiakea Pond
Wailoa River State Park
19
Bayfront Hwy.
Kamehameha Ave.
Aupuni St.
Kilauea Ave.
Hoku St.
Hualalai St.
Kinoole St.
Farmers Market
Mamo St.
Keawe St.
Kilauea Ave.
Kinoole St.
Mamalahoa Hwy.
Ululani St.
Kukuau St.
Puueo St.
Ohai St.
Kapiolani St.
Ponahawai St.
200
Wailuku Dr.
Wainaku St.
Haili St.
Alae St.
Waikapu River
Waianuenue Ave.
Kaiulani St.
Wailuku River
Amauulu Rd.
Komohana St.
Punahele St.
Carvalho Park
0
200
400m
0
750
1500pi
©ULYSSE

Voisine du musée, la **Lyman Mission House** ⋆ plonge le visiteur dans le quotidien de cette famille de missionnaires débarquée à Hilo en 1832. Après avoir vécu dans une hutte quelques années, ils firent construire cette maison en 1839. Moins d'un siècle plus tard, elle était restaurée et transformée en musée par leur propre fille, Emma.

L'ouest du centre-ville est délimité par la rivière Wailuku. Au **Kalakaua Park**, on trouve un vieux bassin, une statue assise du «roi joyeux» et une plaque commémorant l'éclipse solaire complète du 11 juillet 1991. Sous la dalle ont été enterrés des messages à l'intention de nos descendants, à ouvrir le... 3 mai 2106, date de la prochaine éclipse solaire totale à Hilo!

Les **Rainbow Falls** ⋆⋆, cette très jolie chute haute de 24 m, se jettent dans un grand bassin circulaire encadré d'une riche végétation. Au-dessus s'arrondissent fréquemment de vibrants arcs-en-ciel, formés par la réfraction de la lumière sur les particules d'eau (on les voit particulièrement bien par les matinées ensoleillées). La chute fait partie du **Wailuku River State Park**, tout comme les **Boiling Pots** ⋆, situés 1,6 km plus loin.

Au-delà du parc et de l'embouchure de la rivière Wailoa, la péninsule de Wai'akea délimite à l'est la baie de Hilo. Du lundi au samedi, à sa base, grossistes et restaurateurs des environs viennent enchérir sur la pêche du jour à la **Suisan Fish Auction** ⋆⋆. Le comble de l'activité a lieu tôt, mais si l'on rate la criée, on peut toujours acheter un filet de thon au magasin voisin.

Sur le flanc ouest de la péninsule s'étendent les **Lili'uokalani Gardens**. Ce grand parc public commémore la signature en 1962 d'un traité d'amitié entre Hilo et l'île japonaise d'Oshima, avec un monument en marbre, un jardin japonais organisé autour de plusieurs plans d'eau et une jolie maison de thé.

▲ Suisan Fish Auction. © Claude Hervé-Bazin

Plus populaire pour un pique-nique, ou pour taquiner l'*ulua*, la minuscule **Coconut Island** ⋆, Mokulua de son nom hawaïen, est reliée à la terre ferme par un pont face au **Hilo Hawaiian Hotel**. Elle est plantée d'un gros bouquet de cocotiers et couverte de gazon. Par le passé, on y trouvait un *pu'uhonua*. Les Anciens croyaient que les sources qui sourdent autour de l'îlot étaient bénéfiques pour la santé.

En poursuivant la balade vers l'est par Kalaniana'ole Avenue, on découvre la brochette des **Keaukaha Beaches** ⋆, terrain de jeu, les fins de semaine, des habitants de Hilo. Passé les installations portuaires, voici d'abord l'**Onekahakaha Beach Park**, populaire pour son vaste bassin naturel rocheux aménagé pour la baignade; puis le **James Kealoha Beach Park**, rendez-vous des pêcheurs et des surfeurs et, le soir, de tous ceux venus écluser une bière entre copains. Le **Leleiwi Beach Park** précède de peu le **Richardson Ocean Park** tout au bout de la route, populaire pour la plongée-tuba. Par un sentier partant vers la droite, le long de la côte, on atteint une petite plage tranquille où l'on peut nager à condition de ne pas trop s'éloigner du rivage.

Au sud de la ville, l'**'Imiloa Astronomy Center** aborde l'astronomie sous un angle original: les croyances et traditions hawaïennes, comme le Kumulipo, mythe de création, y sont explorées et comparées aux connaissances actuelles. Au programme: expositions interactives, planétarium, film consacré au Mauna Kea, à ses observatoires et au caractère sacré de la montagne pour les Hawaïens, navigation traditionnelle à l'aide des étoiles, etc.

Si vous avez des enfants, ils pourront rencontrer au **Pana'ewa Rainforest Zoo** une ménagerie plutôt modeste issue de régions tropicales: lémuriens, tigre du Bengale blanc, colobes, tortues, buffles d'eau et oiseaux en nombre – dont quelques espèces hawaïennes comme la *nene* et la buse *i'o*. Les enfants apprécieront tout particulièrement le mini-zoo.

Merrie Monarch Festival

Fondé en 1963, le Merrie Monarch Festival *(www.merriemonarch-festival.org)*, le plus célèbre festival de *hula* d'Hawai'i, porte le surnom du roi David Kalakaua, le « monarque joyeux », sans qui la danse hawaïenne aurait peut-être disparu à jamais. Chaque année, à Hilo, durant la semaine commençant le dimanche de Pâques, une vingtaine de *halau* (écoles de *hula*) venues de tout l'archipel et du continent (voire du Japon), triées sur le volet, prennent part à une compétition dont il existe deux divisions: celles des hommes (*kane*) et celle des femmes (*wahine*). Chacune des *halau* dispose d'environ sept minutes pour faire valoir ses talents, et elle est notée sur chacune des figures suivantes: l'entrée en scène (*ka'i*), le chant (*'oli*), la danse (*hula*) et la sortie de scène (*ho'i*).

▼ Le Merrie Monarch Festival. © Claude Hervé-Bazin

▲ L'Isaac Hale Beach Park. © iStockphoto.com/photo75

La région de Puna ★★

Souvent ignorée des visiteurs, la région de Puna s'étend à la proue orientale de l'île, juste au nord de l'Hawai'i Volcanoes National Park. La région a beaucoup souffert de la fureur des volcans, jusqu'à la merveilleuse plage de sable noir de Kalapana et du village, partis en fumée en 1990. Pour peu que l'on s'attarde, on découvrira l'une des côtes les plus authentiques de l'archipel, aux oasis de végétation dissimulant des sources chaudes pour une baignade mémorable.

Née en 1908 autour d'une scierie, **Pahoa** ★ s'est développée au cœur des champs de canne à sucre. Entourée aujourd'hui par les serres horticoles et les plantations de papayers, la bourgade conserve un certain charme passé. Retapées, les boutiques sont devenues restaurants, magasins d'antiquités ou galeries. Lui aussi restauré, l'Akebono Theater, fondé en 1919, est le plus ancien cinéma en activité d'Hawai'i.

Traversé par un sentier en boucle d'environ 1 km, le **Lava Tree State Monument** ★ protège, au cœur d'une grande et belle forêt, un ensemble de troncs d'*'ohi'a* fossilisés évoquant d'étranges termitières noirâtres. Ces «arbres de lave» (*lava trees*) sont le résultat du passage rapide d'une coulée très fluide, en 1790, qui n'eut pas le temps de brûler tous les troncs sur le coup, ce qui explique la formation de ces «moulages».

Situées non loin dans la Kapoho Bay, les **Kapoho Tide Pools** sont très appréciées pour la plongée-tuba. Les courants étant plutôt faibles, c'est l'endroit idéal pour ceux qui voudraient s'initier à cette activité.

La stérilité du paysage est vite démentie lorsqu'on atteint l'**Ahalanui County Park** ★★, un secret bien gardé. Ce parc abrite, au cœur des palmiers, une grande piscine naturelle aménagée, formée par des sources chaudes.

Un peu plus loin, l'**Isaac Hale Beach Park** ★ est situé sur le bord de la jolie baie de Pohoiki, fréquentée par un grand nombre de surfeurs, amateurs de *boogie board* et plongeurs. Dissimulée sous les arbres, légèrement en retrait du bord de mer, se trouve une incroyable «baignoire» d'eau douce idéale pour un bain entre amoureux comme en solitaire.

▲ Kalapana. © iStockphoto.com/kumakuma1216

Kehena Beach ★★, très populaire, est une magnifique plage de sable noir adossée à un liseré de cocotiers.

En avril 1990, l'éruption du Pu'u 'O'o a rayé de la carte la majeure partie du village de **Kalapana** ★, autrefois célèbre pour sa superbe plage de sable noir. La route s'arrête là, face à quelques maisons, coupée par un champ de lave sans fin, duquel dépassent quelques vestiges calcinés de la ville engloutie. Du stationnement, un sentier mal tracé traverse la coulée solidifiée (20 min de marche) jusqu'à une **plage**, au sable noir de jais splendide. Des dizaines de cocotiers ont été plantés dans l'espoir de redonner vie à une plage aussi belle que jadis. C'est d'ici qu'on peut observer la **coulée active** (voir p. 124).

Né de l'exploitation du bois au début du XXe siècle, **Volcano** est devenu peu à peu un centre de villégiature apprécié des artistes. N'ayant à peine que quelques rues, le village compte près d'une dizaine de lieux d'hébergement, des restaurants et quelques boutiques. À noter qu'il est aussi possible de loger à l'Hawai'i Volcanoes National Park. En effet, le **Volcano House Hotel** propose plusieurs types d'hébergement en plus d'un restaurant.

Hawai'i Volcanoes National Park ★★★

Dans un paysage de coulées stériles et d'îlots de végétation, de cratères et de forêts de fougères arborescentes, l'Hawai'i Volcanoes National Park englobe deux champions de l'activité volcanique: le **Mauna Loa**, le plus gros volcan du monde, qui culmine à 4 170 m, et le **Kilauea**, né sur ses pentes. Ce dernier porte le titre de «volcan le plus actif au monde». Inhabituel, il ne forme pas de cône, mais une vaste caldeira et une série d'évents le long d'une zone de faille prolongée de 80 km en mer.

Ils sont des centaines de milliers à venir assister chaque année à l'éruption du Kilauea, quasi continue depuis 1983. Rien ne permet de prédire lorsqu'elle s'arrêtera et, dans l'intervalle, l'occasion est unique de pouvoir observer de près son activité. À condition de respecter quelques simples consignes de sécurité, nulle crainte à avoir: le Kilauea est si

▲ L'Hawai'i Volcanoes National Park. © Julien Lebreton

inoffensif qu'il est le seul volcan *drive-in* du monde! Depuis quelques années, la section de la Crater Rim Drive entre le **Thomas A. Jaggar Museum** (voir p. 122) et la jonction de la Chain of Craters Road est fermée à cause du haut taux de soufre circulant dans l'air.

Avant de commencer la visite, arrêtez-vous au **Kilauea Visitor Center**. Vous pourrez y obtenir des renseignements utiles sur les sentiers de randonnée, dont des cartes, et les dernières nouvelles de l'activité volcanique, pour savoir s'il est ou non possible d'observer la coulée. Une petite exposition présente le milieu naturel, et un film est présenté aux heures entre 9h et 16h.

Tout proche, le **Volcano Art Center (VAC)**, une galerie d'art et d'artisanat, a investi un vieux bâtiment en bois construit en 1877, site du premier véritable hôtel du parc.

Des abords du Volcano Art Center, un sentier mène en 500 m environ aux **Sulphur Banks** ★, dont les évents sulfureux composent un tableau de taches jaunes. Les fumerolles (*steam vents*) apparaissent aux endroits de fissures, créées par les glissements de terrain en direction du cratère. L'eau de pluie s'infiltre dans les crevasses et se transforme en vapeur au contact de la roche encore chaude en profondeur. Les fumerolles sont plus visibles en fin de journée, lorsque la température se rafraîchit.

L'immense **caldeira du Kilauea** ★★ possède un diamètre de plus de 3 km. En contrebas (120 m) se révèle une surface désolée, trouée ici et là d'autres fumerolles. La dernière période d'activité intense a débuté avec une nouvelle explosion survenue en 1790, qui forma sur le plancher de la caldeira le cratère du Halema'uma'u – et causa la mort, dans le désert de Ka'u, d'une partie des troupes de Keoua, cousin et ennemi de Kamehameha.

Voisin de l'**Hawaiian Volcano Observatory**, le **Thomas A. Jaggar Museum** ⋆⋆ présente une intéressante exposition consacrée à la géologie de l'archipel et du parc, avec une introduction aux différents types de laves et émissions volcaniques. La dernière éruption, commencée en janvier 1983, y est détaillée, et des informations quasi quotidiennes sur sa progression sont fournies. On peut en outre voir un petit film montrant des images du volcan, et observer en temps réel le travail de sept sismographes mesurant l'activité des différentes zones du parc.

Du parvis, le regard plonge sur le **Halema'uma'u Crater** ⋆⋆, demeure légendaire de Pele. Un peu moins de deux siècles durant, l'activité s'y est concentrée, provoquant une douzaine d'éruptions sur des périodes de quelques heures à plusieurs mois. En 1823 y apparaissait un

Éruption

L'éruption en cours a débuté en janvier 1983 par des fontaines de lave dans une zone isolée du flanc oriental du Kilauea. Peu à peu, elles ont fortifié le cône du Pu'u 'O'o, auquel est aujourd'hui associée l'éruption – même si son site précis n'a eu de cesse de se déplacer.

▲ Éruption. © iStockphoto.com/nopow

À la fin des années 1980, quelque 10 km de la Chain of Craters Road et la magnifique plage de sable noir de Kalapana furent ensevelis par la lave, et 181 maisons détruites. L'activité redoubla d'intensité au début des années 1990 et, à la fin du mois de janvier 1997, le cône du Pu'u 'O'o s'effondra après l'infiltration de son lac de lave à l'intérieur du cratère. Il marqua alors une pause de 23 jours, la plus longue enregistrée depuis 1983.

Le mois suivant, l'éruption proclama sa vigueur retrouvée par de nouvelles fontaines de lave d'une trentaine de mètres, qui engloutirent le très sacré *heiau* de Waha'ula. Le lac se reconstitua, mais menace de s'effondrer à nouveau, alors que la lave s'écoule par un réseau de tunnels en direction de la côte.

Chaque jour, le Pu'u 'O'o produit environ 2 000 tonnes de dioxyde de soufre et déverse 296 000 m^3 de lave. Du début de l'éruption jusqu'à la fin du siècle dernier, plus de 1,6 milliard de mètres cubes de lave ont ainsi été crachés – assez pour paver une route faisant 50 fois le tour de la Terre! Big Island s'est agrandie alors de quelque 230 ha.

Début 2007, l'éruption se poursuit au Kilauea. L'activité est alors localisée au niveau du Pu'u 'O'o, où plusieurs cratères sont encore incandescents. La lave provenant du Pu'u 'O'o rejoint alors les champs de coulées provenant d'autres cratères. Depuis 2010, la lave active s'écoule à l'extérieur du parc.

lac de lave. Sa disparition subite dans les profondeurs en 1924, à la suite d'une explosion qui doubla la taille du cratère, mit fin aux habitudes romanesques des pique-niqueurs en crinolines sur ses rives. Durant 50 ans, le cratère connut une succession rapprochée d'éruptions, dont le paroxysme s'incarna par les fontaines de lave, hautes de dizaines de mètres, qui se manifestèrent en 1952 (136 jours durant), et de nouveau en 1967, pendant pas moins de huit mois. Le premier de ces deux épisodes suffit à combler presque entièrement le cratère qui, de 390 m de profondeur, passa à tout juste 30 m, sa mesure actuelle. En 1974, des «rideaux de feu», créés le long de lignes de faille par une succession de petites fontaines de lave, apparurent dans la caldeira. Une petite éruption eut lieu en 1982, durant 19 heures seulement. En 2008, plusieurs éruptions significatives survinrent, ce qui éveilla la curiosité des scientifiques. Depuis, les volcanologues recueillent des données quotidiennement afin de noter tout changement. Durant le jour, on peut voir de la vapeur s'échapper du cratère. Le spectacle est déjà impressionnant, mais encore plus lorsque la nuit tombe et que l'on peut voir le cratère devenir orangé puis rouge. De nombreux touristes profitent d'ailleurs de leur billet d'entrée qui dure sept jours pour revenir en soirée lorsque bon leur semble.

Le **Devastation Trail** ★★ traverse une zone dévastée par l'éruption du Kilauea Iki, un cratère adjacent à la caldeira du Kilauea, où l'activité se concentra en 1959. De grandes fontaines de lave, bouillonnant durant 36 jours, y bâtirent un cône de cendres de 50 m de haut et recouvrirent une partie de la Crater Rim Drive. La plus haute atteignit 579 m! Tout au long du sentier se révèlent des troncs blanchis, anéantis par une pluie de pierres ponces et de cendres mêlées. Les environs sont habités par la *nene*, l'oie nationale hawaïenne, aujourd'hui sauvée de l'extinction.

Traversant une belle forêt d'*'ohi'a* et de fougères arborescentes, souvent plongée

▲ Le Devastation Trail. © Catherine Gilbert

▲ Le Thurston Lava Tube. © iStockphoto.com/cotesebastien

dans une brume nourricière, la Crater Rim Drive rejoint l'un des sites les plus visités du parc, le **Thurston Lava Tube** ★. Ce tunnel de lave désaffecté, créé il y a 350 à 500 ans, se forma lorsque l'éruption, perdant de son intensité, ne permit plus à la lave de s'écouler au contact de l'air refroidissant, la poussant à emprunter ce chemin souterrain. Plus de 2 m de précipitations annuelles entretiennent ici un cadre d'une verdeur resplendissante, aux magnifiques fougères *hapu'u*.

De l'aire de stationnement, de l'autre côté de la route, part le **Kilauea Iki Trail** ★, un sentier en boucle (6,4 km; environ 2h30) qui traverse le cratère avant de rejoindre le Byron Ledge Trail (à 3,9 km) et de revenir.

▲ La Chain of Craters Road. © Julien Lebreton

▲ La coulée active a coupé la route. © Julien Lebreton

On peut aussi gagner le **Volcano House Hotel**, par le Crater Rim Trail, qui passe à l'endroit où se trouvait jadis la Crater Rim Drive avant qu'elle ne s'effondre en partie dans la caldeira en 1983. Du côté gauche, un point de vue permet de cerner le dénivelé à descendre.

La première partie de la **Chain of Craters Road** ⋆⋆ double le chapelet de cratères qui lui a valu son nom: Lua Manu; Puhimau, impressionnant; Ko'oko'olau, reconquis par la végétation.

Vous passerez des coulées plus ou moins récentes et le cratère de Pauahi. Peu après, de l'aire de stationnement de Mauna Ulu part le **Napau Trail** ⋆, qui longe la zone de faille orientale du Kilauea.

Tout au long de la descente vers la mer, la route traverse un paysage de plus en plus lunaire, à la lave omniprésente. Régulièrement, des aires de stationnement livrent des points de vue sur la côte, qui s'étale dorénavant en contrebas, détaillant chaque fois quelques points de l'histoire géologique du parc. Un point de vue distant, mais dominant, se révèle sur la coulée active là où elle entre en contact avec les vagues, formant de colossales volutes de vapeur blanches chargées d'acide chlorhydrique.

Un sentier long de 1 km (aller) mène à travers une ancienne coulée aux **Pu'u Loa Petroglyphs** ⋆⋆. Plusieurs milliers de dessins ont été gravés ici à même la roche, dont seules quelques dizaines sont vraiment lisibles, la plupart représentant des formes géométriques, humaines ou animales, telle une tortue. À cet endroit, des trous étaient creusés dans la lave, où les pères plaçaient une partie du cordon ombilical des nouveau-nés pour leur assurer une longue vie.

Une fois la côte rejointe, la route remonte en direction nord le long des falaises battues par les vagues. Un peu plus loin, soudain, tout s'arrête. Le ruban de goudron, qui permettait autrefois de rejoindre Hilo, est coupé sur plus de 10 km par les coulées de lave les plus récentes.

Aux dernières nouvelles, la **coulée active** ⋆⋆⋆ était située juste au-delà de la frontière est du parc, soit à près de 20 km du sommet de la caldera du Kilauea. Un point de vue a été aménagé au bout de la route 130. L'utilisation de jumelles est nécessaire pour pouvoir observer la lave. Et malgré cela, il n'est pas assuré que vous voyiez grand-chose. Certains n'hésitent pas à parcourir la distance à pied pour s'approcher de la lave en fusion. C'est loin d'être impossible, mais il convient de prendre certaines précautions, rappelées sur place. Si vous espériez contempler de grandes fontaines de lave, la vision peut être un peu décevante. Mais il se pourrait bien que, lors de votre visite, le scénario ait encore changé! Il est aussi possible de s'y rendre avec un guide privé ou, encore mieux, de survoler le tout en hélicoptère, ce qui vous garantit de voir la lave en action.

Face aux cahutes, ne manquez pas de jeter un coup d'œil sur la **Holei Sea Arch** ⋆, une jolie arche marine formée par le travail de sape des vagues.

▸ La Holei Sea Arch. © Julien Lebreton

▲ Green Sand Beach. © Christine Beaudet

À l'ouest de l'entrée du parc, la **Volcano Winery** produit des vins pour le moins originaux. Que ce soit l'Hawaiian Guava Wine à base de raisins et de goyaves, ou encore le surprenant Macadamia Nut Honey Wine à base de miel de fleurs de macadamia, ils sont plutôt agréables à boire. Le vignoble produit aussi deux vins blancs et un vin rouge à base de raisins seulement, assez bons eux aussi.

La route passe le refuge d'oiseaux forestiers de **Kipuka Puaulu** ⋆, constitué sur un *kipuka* (îlot de végétation) de 40 ha épargné par une ancienne coulée de lave. Un sentier, long de 1,6 km, traverse la forêt, où résonnent les chants des oiseaux, si petits et rapides qu'ils sont bien difficiles à repérer.

La région de Ka'u ⋆

C'est ici, dans un décor austère de lave et de côtes balayées par les vagues, que la tradition place l'arrivée des premiers Hawaïens. Au sud, quelques vallées fertiles s'enfoncent dans les terres, mais la côte est dans l'ensemble peu peuplée, et les centres d'intérêt sont assez dispersés. Ka'u signifie «vent tiède», allusion au *vog* soufflant constamment depuis le volcan ses particules chargées de soufre et d'acide chlorhydrique.

La **Wood Valley Temple Retreat & Guest House** ⋆, un petit temple en bois safran et rouge, loge depuis 1973 dans le bâtiment d'une vieille mission japonaise, fondée par des immigrants venus travailler à la Wood Valley au début du XXe siècle. Remarquez, à chaque extrémité du portique encadrant les escaliers, les têtes d'éléphant blanc, symbole de pureté et de puissance.

Le **Punalu'u Black Sand Beach Park** ⋆⋆ protège une longue plage de sable volcanique très noir, adossée à un rideau de cocotiers. C'est l'un des endroits de l'archipel où il est le plus facile d'observer les rares tortues vertes hawaïennes.

À **Wai'ohinu**, dans le **Mark Twain Square** se dresse un grand *monkeypod* planté en 1866 par Mark Twain lors d'une visite à cheval. Déraciné par une tempête en 1957, l'arbre a survécu en refaisant de nouvelles racines.

▲ Le Punalu'u Black Sand Beach Park. © Dreamstime.com/John Santos

Ka Lae ★ (également connu sous le nom de «South Point»), le point le plus méridional de l'île et des États-Unis, est sauvage et battu par les vagues et les vents.

Green Sand Beach ★★ est une étonnante plage de sable gris vert, composé pour une bonne part d'olivine.

Le **Manuka State Wayside Park** abrite un ancien arboretum des années 1930 traversé par un sentier en boucle de 3 km. En chemin, entre forêt et coulées de lave, on découvre un cratère dissimulé par un rideau de fougères.

Maui

Maui est la seule île de l'archipel qui tire son nom d'un dieu hawaïen. Un demi-dieu en fait, réputé pour son caractère jovial et bon vivant, qui pêcha avec sa ligne magique les îles du fond des mers et força, du sommet du Hale'a'kala, le soleil à ralentir sa course…

Maui no ka o'i! (Maui est la meilleure!), affirment ses résidents, fiers de sa beauté. Plages de sable clair à l'ouest et au sud, rouleaux ventripotents, paradis des surfeurs et des véliplanchistes, champs d'ananas et de canne à sucre au centre, pentes dénudées du Hale'a'kala, pâturages verdoyants et forêt tropicale de l'est : l'île affiche sa diversité. La deuxième île de l'archipel, avec 1 887 km^2 et environ 145 000 habitants, toujours en tête des ventes (Waikiki excepté), Maui voit défiler chaque année près de 2,5 millions de touristes. Et pourtant, seul le quart de son territoire est habité.

Il y a 1,5 à 2 millions d'années, un volcan donna naissance à West Maui, aujourd'hui usé par l'érosion. Puis, au moins un demi-million d'années plus tard, le Hale'a'kala sortait la tête des eaux, à quelque distance. Éruption après éruption, le cône grimpa vers le ciel, bien plus haut que ses 3 055 m actuels. Les deux volcans n'en firent bientôt plus qu'un, reliés par un isthme qui a valu à Maui son surnom d'« île de la Vallée ». Au hasard de la baisse du niveau des mers, consécutive à une période de glaciation, l'île se vit un temps soudée aux volcans voisins – ceux qui forment Kaho'olawe, Lana'i et Moloka'i. Cette vaste terre, baptisée *Maui Nui*, disparut lors de la remontée des eaux. Peut-être est-ce en souvenir de ce lointain passé géologique que Maui est aujourd'hui encore à la tête du comté qui regroupe toutes ces îles?

Avec plus de 80 plages accessibles, Maui est un lieu de villégiature très populaire. D'une manière générale, les deux côtes touristiques, les mieux protégées des courants, entre Lahaina et Kapalua d'une part, et entre Kihei et Makena d'autre part, sont celles qui s'y prêtent le mieux.

0
5
10km
0
2,5
5mi
N
OCÉAN PACIFIQUE
Honokohau Bay
Honolua Bay
Nakalele Point
Kapalua
Napili Bay
Honolua
Honokohau
Napili
Kahana
Kahakuloa
Honokowai
Ka'anapali
Waihe'e Ridge Trail
Wahikuli Wayside Park
Ioa Valley State Park
Lahaina
Wailuku
Kahului Airport
Launiupoko State Wayside Park
Kahului
Spreckelsville
Pauwela
Paia
Pu'unene
Olowalu
Haiku
Twin Falls
Huelo
Lahaina Pali Trail
Kailu
Ma'alaea
Makawao
Maui Ocean Center
Kealia Pond National Wildlife Refuge
Pukalani
Waikamoi Nature Trail
Kaumahina State Wayside
Papawai Point
Olinda
Puohokamoa Falls
Honomanu Bay
Ma'alaea Bay
Keanae
Kihei
Wailua
Pua'a Ka'a State Wayside
Nahiku
Kula
Halemau'u Trail
Kahanu Garden
Wailea
Keokea
Leleiwi Overlook
Ka'eleku Caverns
Molokini Island
Kalahaku Overlook
Ka'eliku
Makena
Polipoli State Park
Wai'anapanapa State Park
Makena State Park
Ulupalakua
Hale'a'kala National Park
Hana Bay
Kaho'Olawe
Hana
Ahihi-Kina'u Natural Area Reserve
Chute de Waimoku
Wailua Falls
Hoku'ula
La Perouse Bay
Hamoa
Hoapili Trail
'Ohe'o Gulch
Kaki'o
Chute de Makahiku
Ha'o'u
Huakini Bay
Kaupo
Nuu Bay
Mamalu Bay
Mokulau
Kipahulu
Alenuihaha Channel
30
340
330
380
311
360
37
365
310
377
31
378
©ULYSSE

▲ Le Banyan Tree Park. © iStockphoto.com/ejs9

West Maui ★★

Lahaina ★★

Longtemps avant que les premiers Occidentaux ne débarquent à Lahaina, les *ali'i* en avaient fait l'une de leurs résidences principales. Puis, en 1802, Kamehameha consacra la bourgade capitale de l'archipel presque unifié, un rôle qu'elle allait conserver pendant plus de 40 ans. Durant cette période, le port vit débarquer les premiers missionnaires, puis accoster un nombre croissant de navires, de cargos d'abord, de baleiniers ensuite. Le besoin de vivre des marins, après de longs mois en mer, leur goût pour les beautés hawaïennes, pour l'alcool coulant à flots, ne firent pas bon ménage avec le rigorisme religieux des envoyés de Dieu. Des escarmouches éclatèrent, régulières. Puis avec la mort progressive de l'industrie baleinière, dans les années 1860, Lahaina retomba dans une torpeur toute tropicale. Ville de plantation, au cœur des champs de canne à sucre, elle ne se réveilla que dans les années 1970, avec le déferlement du tourisme.

Face à l'île de Lana'i, sur la côte occidentale de West Maui, Lahaina occupe une position de choix. Protégée des alizés charriant la pluie par la masse du Pu'u Kukui, elle connaît des journées radieuses, passées à la plage et surtout dans les stations balnéaires voisines, en direction nord. De son passé, elle conserve l'histoire, mais assez peu de bâtiments. Toutes les anciennes devantures en bois sont aujourd'hui occupées par des galeries, des boutiques de souvenirs et des restaurants.

Commencez donc votre promenade dans le **Banyan Tree Park** ★★, marqué par un vieux banian lançant à l'horizontale, comme des tentacules, ses branches et ses racines aériennes, au bout desquelles de nouveaux troncs ont pris forme. Malgré son incroyable circonférence, de près de 300 m, il ne fut planté qu'en 1873 pour marquer le 50e anniversaire de la fondation de la première mission protestante. À son pied, chaque fin de semaine, peintres et sculpteurs locaux exposent leurs œuvres.

Contre le banian s'élève l'**ancienne Courthouse**, édifiée en 1859 avec les pierres du palais inachevé de Kamehameha III, Hale Piula. Le bâtiment abrita pendant quelque temps le siège du gouvernement de Maui. On y trouve aujourd'hui l'office de tourisme, la galerie de la Lahaina Arts Society

Lahaina
N
Baby Beach
Mala Wharf Rd.
Ala Moana St.
Lahaina Jodo Mission
Front St.
Cannery Mall
Honokowai, Kapalua
Honoapiilani Hwy.
Auau Channel
Kenui St.
Waine'e St.
30
Seamen's Hospital
Baker St.
Hinau St.
Sugar Cane Train Station
Lahaina Center
Papalaua St.
Wo Hing Museum
Crazy Shirts
Sugar Mill
Lahainaluna Rd.
Hale Pa'i
Panaewa St.
Mill St.
Maria Lanakila Church
Dickenson St.
Baldwin Home Museum
Shingon Mission
Pioneer Inn
Hale St.
Port de Lahaina
Banyan Tree Park
Wharf Cinema Center
Lahaina Visitors Center
Luakini St.
Hale Pa'ahao
Prison St.
OCÉAN PACIFIQUE
Lahaina Beach
Front St.
Episcopal Church
30
Malu'Ulu'O'Lele Park
505 Front Street
Shaw St.
Honoapiilani Hwy.
Waine'e St.
Lahaina Recreation Center Park
Kauaula St.
Kahului
0
250
500m
0
750
1500pi
©ULYSSE

et, à l'étage, le petit **Lahaina Heritage Museum**, qui accueille des expositions intéressantes sur l'histoire et la culture de la ville.

Sur le versant nord du Banyan Tree Park s'élève le plus célèbre établissement de Lahaina, le **Pioneer Inn**. Il resta le seul hôtel de la ville jusqu'aux années 1960. Ne manquez pas, devant l'entrée située contre le port, la belle figure de proue d'un capitaine à la jambe de bois.

Face à l'hôtel, le petit **port de Lahaina** est encombré de yachts, de voiliers et des innombrables comptoirs des entreprises de pêche en haute mer et des organisateurs d'excursions d'observation des baleines et autres sorties de plongée-tuba. En fin d'après-midi, on peut voir le retour des bateaux et la pesée des prises. C'est d'ici que partent les ferrys de Lana'i et Moloka'i.

▼ Le Pioneer Inn. © Claude Hervé-Bazin

Le **Baldwin Home Museum** ★★ conserve la mémoire des premiers missionnaires de Lahaina. Construite en 1834 par le révérend Ephraim Spaulding, la maison fut habitée deux ans plus tard, après son départ, par le révérend Dwight Baldwin et sa famille, fraîchement débarqués du Connecticut. Ils y vécurent 35 ans avec leurs huit enfants. Lors de la visite, libre, on découvre la salle à manger, les chambres, le cabinet de toilette et l'étude de Baldwin, qui était aussi médecin. Outre une collection d'instruments médicaux à faire guérir tous les hypocondriaques, ne manquez pas le barème d'honoraires du cher docteur, établi selon le type de pathologie: «maladie très grave» à 50$, «moins que cela» à 40$, «beaucoup moins» à 30$, «petite maladie» à 20$ et «maladie bénigne» à 10$!

Au sud du port s'étend l'étroite bande de sable fin de **Lahaina Beach** ★, coincée entre la mer, quelques arbres et les murets des propriétés privées. De nombreux surfeurs en plein apprentissage y attendent patiemment la bonne vague.

L'**Episcopal Church**, qui ne date que de 1927, vaut le coup d'œil pour les peintures de l'autel représentant une Vierge à l'enfant hawaïenne et trois scènes de la vie quotidienne: récolte d'*ulu* (arbre à pain), de taro et pêche. Des oiseaux hawaïens ont été peints sur la chaire.

La **Hale Pa'ahao** ★, la vieille prison (Old Jail) restaurée, a été édifiée en 1852 sous Kamehameha III. Lorsque le fort fut démantelé, ce sont les prisonniers qui, réutilisant ses pierres, bâtirent de leurs propres mains le mur de leur nouvelle geôle... Au fond, le bâtiment en bois évoquant une chapelle abrite en fait le quartier des cellules. Ne ratez pas, sur le mur de celle qui est ouverte, la liste des raisons des condamnations pour les années 1855-1857 et 1862-1863. On y enfermait surtout les déserteurs des baleiniers, les trouble-fêtes et les témoins qui risquaient de prendre la poudre d'escampette...

Canne à sucre

Les Hawaïens, qui cultivaient plusieurs espèces de canne à sucre, la connaissaient sous le nom générique de *ko*. Sans doute apportée au gré des voyages migratoires, la canne à sucre trouverait son origine en Papouasie, il y a 10 000 ans.

Les premières plantations familiales virent le jour dans l'archipel sous l'impulsion de colons chinois implantés dès la fin du XVIIIe siècle. Puis, en 1835, apparaissait à Koloa, sur l'île de Kaua'i, la première grande exploitation sucrière. La division des terres, puis la guerre civile, qui sevrait le nord des États-Unis en produits du Sud, encouragèrent alors le développement des cultures.

C'est ainsi que les îles commencèrent à se peupler d'immigrants venus de la Terre entière: le métissage hawaïen est un pur produit du sucre. En 1876, le «traité de réciprocité», qui autorisait son importation sur le territoire américain sans droits de douane, en fit le roi d'Hawaii. Une concentration progressive s'opéra, et bientôt cinq grandes compagnies, qui avaient misé sur l'irrigation, émergèrent – les fameuses *Big Five*.

La culture de la canne resta, jusque dans les années 1960 et l'avènement du tourisme, le moteur de l'industrie hawaïenne. Au tournant du XXIe siècle, l'archipel produisait 2,5 tonnes de sucre raffiné à l'hectare et fournissait un tiers du sucre américain et le dixième de la consommation nationale.

▼ Plantations de canne à sucre. © iStockphoto.com/jimkruger

▲ La Lahaina Jodo Mission. © iStockphoto.com/tropicalpixsingapore

▲ Baby Beach. © Dreamstime.com/Andy Jackson

Passé le cimetière épiscopal se dresse la **Maria Lanakila Church**, une église catholique fondée sur ce site dès 1846. Le bâtiment actuel est plus tardif (1928). Ce lieu de culte est fréquenté par la communauté hispanophone de Lahaina. Dans le cimetière attenant étaient autrefois enterrés les marins.

Juste à gauche du carrefour se trouve la **Shingon Mission** de Lahaina. Ce petit temple japonais tout simple est peint de couleurs jaune et pistache.

À l'intérieur du magasin **Crazy Shirts**, on peut voir quelques vieux objets dédiés à l'époque de la chasse à la baleine: maquettes, pièces de *scrimshaw*, épingles à linge en ivoire, huile de baleine pour machine à coudre ou savon au spermaceti... Remarquez la figure de proue du brig *Carthaginian*, qui se balançait dans le port il y a encore quelques années et, face à la cabine d'essayage, au fond, celle de la goélette *Loch Loman* (1871-1903), dépeignant un Écossais sabre en bandoulière et couteau dans la chaussette droite! La collection n'est jamais qu'un prétexte pour attirer les clients, mais cela n'empêche pas le coup d'œil.

Presque en face s'élève le joli bâtiment du **Wo Hing Museum** ★★, qui loge la Wo Hing Society, fondée en 1912. Cette association culturelle et d'entraide chinoise, présente dans tout l'archipel, avait vu le jour à Lahaina trois ans plus tôt. Plusieurs centaines de Chinois résidaient alors dans les environs, arrivés dans l'île dès 1828, lors de la fondation du premier moulin à sucre par un de leurs compatriotes. Transformé en petit musée, le monument abrite quelques magnifiques objets: coffres de mariage peints (XIXe siècle), lion utilisé pour les danses du Nouvel An, superbe paravent peint à la feuille d'or (1858), etc.

Au nord du Lahaina Center, une chaîne de télévision locale a élu domicile dans l'ancien **Seamen's Hospital**, bâti en 1833 en pierre de lave et de corail à l'intention de Kamehameha III. Le roi y retrouvait un peu de sa tranquillité, loin des regards inquisiteurs des missionnaires, par trop inquiets de son goût prononcé pour la boisson. Le bâtiment accueillit à partir de 1844 les marins blessés et malades. Devant, on peut voir une baleinière fatiguée et une grande ancre de 4,5 tonnes à «ailes pivotantes», qui permettait aux navires de se balancer dans les forts courants côtiers sans risquer de rompre leurs amarres. Lors de la reconstruction du bâtiment en 1982, les ouvriers découvrirent un squelette sous le pilier nord-ouest: un homme du peuple, mis à mort d'un coup de hache sur la tête selon l'ancienne tradition païenne, pour que son esprit devienne le «gardien permanent» de la résidence royale...

Havre de sérénité sur fond de montagnes, la **Lahaina Jodo Mission** ★★, au nord du centre-ville, regroupe un temple,

Baleines, huiles et parapluies

Au XIXe siècle, la baleine servait à tout. Du cachalot, modèle de *Moby Dick*, l'un des rares représentants de la famille des baleines à dents, on tirait l'huile et le spermaceti (ou blanc de baleine).

L'huile, obtenue par cuisson de la graisse, pouvait représenter jusqu'à 7 500 litres pour un seul animal. Utilisée pour l'éclairage des rues et des maisons dans toute l'Amérique du Nord, elle l'était aussi pour lubrifier les pendules et les montres, et le fut jusque dans les années 1970 pour la mise au point des... modules lunaires! Substance huileuse contenue dans la tête du cachalot (et qui lui sert à compenser la pression lorsqu'il plonge à de grandes profondeurs), le spermaceti servait en priorité à confectionner des bougies, car, contrairement à l'huile, il ne dégageait pas de fumée. Il fut aussi longtemps utilisé par l'industrie des cosmétiques.

Les fanons, quant à eux, formaient les... baleines des corsets et des robes à crinoline, mais devenaient aussi des roues de chariot, des parapluies et autres chausse-pieds.

une superbe pagode à trois niveaux et un grand bouddha, lequel fut offert en 1968 pour commémorer le centenaire de l'arrivée des premiers immigrants nippons dans l'archipel. Au pied du temple s'étend **Baby Beach** ★, une petite plage tranquille fréquentée essentiellement par les gens du quartier, idéale pour les enfants.

Sur le site de la Lahainaluna High School se trouvait autrefois le Lahainaluna Seminary, fondé en 1831. Dans son enceinte, on peut visiter la **Hale Pa'i** ★, dite «House of Printing», où furent imprimés les premières bibles en hawaïen et le premier journal des îles. On peut y voir une réplique de la presse d'origine et des documents d'époque. La cloche située devant l'entrée servait à réguler la vie de l'école: de la prière au repas en passant par les cours.

▲ Ka'anapali. © iStockphoto.com/ejs9

Ka'anapali et la côte touristique ⋆

Les *ali'i* se retiraient autrefois le long de la plage de Ka'anapali, longue de plusieurs kilomètres. Ils y surfaient, s'y baignaient, y naviguaient sur leurs canoës. Oubliée des générations durant, la côte fut redécouverte bien plus tard. Premier grand complexe touristique d'Hawaii, lancé en 1959, Ka'anapali aligne aujourd'hui une brochette d'hôtels de luxe sur le bord du large ruban de sable clair – et un nombre sans cesse croissant d'appartements en copropriété. Palmes, rivières et cascades artificielles, flamants roses et objets d'art asiatiques composent autant de mini-mondes en marge du vrai. Plus au nord se succèdent Honokowai, aux immeubles locatifs plus abordables, Kahana, Napili et Kapalua, plus hauts de gamme. On peut passer ses vacances ici sans jamais connaître Maui, ou l'on peut en faire une base, près des plages, pour mieux découvrir l'ensemble de l'île.

Il est possible de se baigner à la plage de sable gris située au nord du **Wahikuli Wayside Park**, mais la route est bien proche. Après un passage rocheux, juste avant les hôtels de Ka'anapali, le **Hanakao'o Beach Park** se trouve un peu plus en retrait. Sa plage, surveillée, est plus large et plutôt agréable.

C'est à **Ka'anapali** que se regroupent les plus grands hôtels de la côte ouest de Maui. Le premier des complexes touristiques de l'île, le **Hyatt Regency Maui Resort & Spa**, s'organise entre deux terrains de golf et une jolie plage, large et longue, bordée de cocotiers et d'une succession ininterrompue d'établissements hôteliers. Tout du long se déroule la Beach Walk, une promenade aménagée se terminant peu avant les falaises de Pu'u Keka'a, sur lesquelles se perche une partie des installations de l'hôtel **Sheraton Maui Resort & Spa**. Chaque soir, on peut y assister à une cérémonie des torches et à un «plongeon de la mort», en souvenir de celui qu'y effectua le dernier grand chef de Maui, Kahekili. Ici, disait-on alors, les âmes commençaient leur périple vers l'au-delà. La baignade, à ce même endroit, et les sports nautiques sont naturellement à l'honneur.

Perpendiculaire au centre de la plage, le centre commercial du Whalers Village regroupe une collection de boutiques de luxe et plusieurs restaurants. On y trouve aussi et surtout le passionnant **Whalers Village Museum** ⋆⋆, voué à l'ère baleinière. Le musée se consacre à la fois à

Le Whalers Village Museum. © flickr.com/kerotab

l'histoire de la chasse à la baleine et au quotidien des hommes de bord, à travers une superbe collection de vieilles photos, d'outils et de maquettes. Vous apprendrez la meilleure façon de découper une baleine, et tout sur la cérémonie de Neptune, une initiation des jeunes mousses lors de leur première traversée de l'équateur.

L'**Alii Kahekili Beach Park** ★ s'ouvre sur la plage de Ka'anapali à son extrémité nord, et le site est idéal pour la plongée-tuba ou la plongée sous-marine, ou simplement pour bronzer sur le sable chaud.

Non loin de là commence **Honokowai**, une station balnéaire étirée tout en longueur, entre la route et le littoral. Moins élitiste que Ka'anapali, elle regroupe uniquement des immeubles locatifs, de taille modeste pour la plupart, pratiquant des tarifs plus abordables. La plage, certes, est moins présente. Tout juste le **Honokowai Beach Park** ★ forme-t-il une oasis au «centre» de l'agglomération. Une barrière de rochers délimite une sorte de baignoire idéale pour jeunes enfants.

Plus au nord, Honokowai se fond dans Kahana à la hauteur de la toute petite plage du **Pohaku Park**, fréquentée par de nombreux surfeurs locaux après le travail. Juste en face s'étend **Kahana Beach** ★, bordée par quelques grands établissements hôteliers. La baignade n'y est pas très sûre.

Toujours touristique, mais plus discrète, en vertu d'une ordonnance du comté interdisant les constructions de plus de deux étages, plus verdoyante et plus élitiste aussi, **Napili** ★★ s'enorgueillit d'un superbe croissant de sable doré. La baie, interdite aux bateaux à moteur, constitue un excellent site de plongée-tuba, surtout en été, lorsque les eaux sont les plus calmes.

Tout au nord de la côte touristique, Napili s'ouvre sur **Kapalua**, qui marque un repli du littoral formant la vaste baie d'Oneloa, aux longs doigts de lave (Kapalua signifie «bras étreignant la mer»). La région, sacrée aux yeux des anciens Hawaïens, fut d'abord consacrée à l'élevage, puis à la culture des ananas. Ces derniers ont en partie cédé la place aux nouvelles nécessités d'un tourisme haut de gamme. Sur les anciennes terres du ranch de Honolua s'élève à présent le Ritz-Carlton, encadré par trois terrains de golf parmi les plus appréciés de l'île. Le **Ritz-Carlton, Kapalua** organise plusieurs activités culturelles, entre autres des spectacles musicaux.

La longue plage de sable clair de **Kapalua** est partagée entre le Ritz Carlton et le **D.T. Flemming Beach Park** ★★. Adossée à un rideau de pins, elle s'étend même directement contre le 16e trou du Kapalua Golf Club. Ses eaux limpides et son épais manteau de sable lui ont valu d'être élue la plus belle plage des États-Unis de nombreuses fois. Surveillée, elle est très appréciée des amateurs de *boogie board* et des familles qui y viennent nombreuses les fins de semaine, conjuguant les plaisirs du pique-nique et de la baignade (en été surtout).

▲ Nakalele Point. © Dreamstime.com/Ivansabo

▲ Le Waihe'e Ridge Trail. © Dreamstime.com/Martinmark

Le tour de West Maui en dehors de la côte touristique ★

Le cœur de West Maui, où se trouve le premier des volcans qui contribua à former l'île, reste l'un des endroits les plus inaccessibles de Maui. Érodé par les pluies, le Pu'u Kukui se drape dans les nuages. Les landes d'altitude, vierges de présence humaine, abritent la chauve-souris hawaïenne, de rares espèces d'oiseaux et de plantes endémiques, dont une violette rarissime et des *'ohi'a* (petit arbre endémique aux jolies fleurs rouges à plumet) dépassant juste quelques centimètres.

Ici, l'île offre un visage différent: les complexes hôteliers cèdent la place à une côte sauvage, entaillée de baies successives. Puis la Honoapi'ilani Highway fait place à une route côtière très étroite avec des passages à une seule voie. Si vous êtes sensible aux routes de montagne, mieux vaut effectuer le trajet depuis l'ouest vers Wailuku, de façon à être toujours du côté de la montagne. Le retour vers Lahaina se fait par l'excellente route 30 au sud, qui suit le littoral tout du long.

Au nord de Kapalua, le petit carré de sable de **Slaughterhouse Beach** ★ est accessible par un escalier. La plongée-tuba y est possible, mais les vagues sont souvent assez rondes.

Pour plus de sérénité, mieux vaut chausser palmes et masque juste au nord, dans **Honolua Bay** ★. Ne vous formalisez pas, ici comme par la suite, des panneaux *Private Property*; ils sont en quelque sorte la garantie du propriétaire de ne pouvoir être attaqué en cas d'accident. Il est préférable, pour se jeter à l'eau, de disposer de chaussons de plongée. Mais une fois sous la surface, le spectacle vous récompensera.

Les surfeurs qui préfèrent le calme aux bains de foule se dirigent vers le nord, à l'extrémité ouest de **Honokohau Bay**. Les rouleaux déferlant sur la côte sont impressionnants et les amateurs de glisse, des plus adroits, ce qui est préférable pour éviter de s'empaler sur les rochers plantés tout au long de la plage. Plus avant, la route descend vers la grande vallée de Honokohau, dont la luxuriance contraste avec la sécheresse de plus en plus mar-

Ka'ahumanu

Fille d'une chef de Maui et de Keaumoko, chef de Moloka'i et conseiller de Kamehameha, Ka'ahumanu naît à Hana en 1768. Mariée à Kamehameha à l'âge de 13 ans, elle en devient rapidement, sinon la première, du moins l'épouse favorite.

À la mort du roi en 1819, elle endosse le rôle de Kuhina Nui, co-souveraine de Liholiho (Kamehameha II, son beau-fils) – puis régente de son jeune frère, Kamehameha III. Femme de caractère, c'est elle qui convainc Liholiho d'organiser un festin en sa présence, brisant ainsi l'un des *kapu* les plus sacrés de l'ancien temps, qui interdisait aux hommes et aux femmes de manger ensemble.

▲ Ka'ahumanu. © J. J. Williams

Se rapprochant rapidement des premiers missionnaires, elle se fait baptiser, puis œuvre avec énergie pour la propagation du christianisme. La reine s'éteint en 1832, à l'âge de 64 ans.

quée de la côte – bordée ici d'une plage de galets et gardée par des falaises rouges.

Le point le plus au nord de l'île, **Nakalele Point** ⋆, est coiffé d'un sémaphore. De là, un point de vue se révèle sur la ceinture de falaises dénudées de la côte nord. Si le cœur vous en dit, grimpez sur le promontoire rocheux, à l'est, d'où se révèle le **Nakalele Blowhole**, un grand trou souffleur.

Plus loin, un grand virage sur la droite fait découvrir un vaste panorama de la vallée luxuriante et du hameau de **Kahakuloa** ⋆. Ses quelques maisons et ses deux églises se recroquevillent au creux d'une petite baie bordée d'une plage de galets et délimitée par l'imposant promontoire de Kahakuloa Head.

Le **Waihe'e Ridge Trail** ⋆, un sentier agréable de 8 km aller-retour (3h à 4h de marche), progresse entre forêt d'eucalyptus et pâturages. La promenade, agréable quoiqu'un peu boueuse par temps pluvieux, peut être gâchée lorsque les nuages engloutissent la forêt, rendant la succession de points de vue sur la côte et les montagnes nettement moins parlante. Au bas du sentier, une courte piste conduit à une zone herbeuse fréquentée les fins de semaine par les passionnés d'aéromodélisme. Empruntez les escaliers partant vers la gauche jusqu'au **Kukuipuka Heiau** ⋆ restauré, installé face au large sur une colline boisée. Le panorama est superbe.

Le **Papawai Scenic Lookout** domine la pointe du même nom s'avançant face à Kaho'olawe. Le panorama de la baie de Ma'alaea et la masse colossale du Hale'a'kala sont imprenables. Le point de vue est très populaire en hiver: certains touristes y passent des heures à scruter la surface à la recherche des baleines à bosse qui hantent ces eaux l'espace de quelques mois. C'est en janvier et en février que vous aurez le plus de chance d'en apercevoir.

Le **Lahaina Pali Trail** (8 km l'aller) est un sentier qui permettait autrefois aux Hawaïens de franchir la chaîne de Kealaloloa entre Wailuku et Lahaina. Le chemin fut élargi une première fois sous les missionnaires, puis converti en piste carrossable au tournant du XXe siècle par des prisonniers condamnés aux travaux forcés. La route côtière ne fut quant à elle inaugurée qu'en 1951 par le percement d'un tunnel. Le long du sentier, raide, sec et ensoleillé, les randonneurs peuvent découvrir quelques pétroglyphes et murets de pierres hawaïens.

Le **Launiupoko State Wayside Park** est le parc le plus agréable de cette portion de la côte. Face à l'île de Lana'i et légèrement en retrait de la route, il dispose d'une plage et d'un grand carré de gazon ombragé par des palmiers. Une jetée forme un petit bassin protégé, tout désigné pour les jeunes enfants.

Le Lahaina Pali Trail. © Shutterstock.com/Denis Dore

Les Kepaniwai Heritage Gardens. © Dreamstime.com/Palms

La plaine centrale ⋆

La côte centrale de Maui est placée sous le signe de deux seigneurs. Celui du passé, le sucre, survit encore en de vastes champs de canne occupant la plaine qui a donné à l'île son surnom de *Valley Isle*. Mais déjà le nouveau, celui du monde de la glisse, envahit tout. Les bourgades qui se succèdent mêlent intimement passé et présent. Wailuku, le centre politique de l'île, aux vieux bâtiments de bois et aux restaurants familiaux, fait opposition au modernisme de Kahului, centre économique de Maui, qui abrite les principaux port et aéroport de l'île. C'est pourtant bien du sucre, dans les années 1950, que Kahului naquit. Tout comme Spreckelsville et Paia, plus à l'est, qui ne jurent aujourd'hui que par la planche à voile.

Wailuku

Le nom de Wailuku signifie «eaux de destruction», une allusion probable aux nombreuses batailles et inondations qui eurent lieu dans les environs. Centre politique de Maui aux temps anciens, la ville reste aujourd'hui le siège des administrations du comté de Maui. Désertée dès la fermeture des bureaux, elle tente cependant, depuis quelques années, de redonner un peu de vie à son centre, aux magasins et restaurants aux devantures de bois.

La **Maui Tropical Plantation** affiche une entrée libre trompeuse. La visite gratuite se limite à un minuscule jardin, au Tropical Restaurant et à une immense boutique de souvenirs. Si vous voulez traverser les plantations d'arbres fruitiers, il vous faudra acheter un billet pour une balade organisée en petit train baladeur façon Disneyland; elle dure 40 min avec un départ toutes les 45 min de 10h à 16h.

La grande **Ka'ahumanu Church** ⋆, édifiée en 1876, est dominé par un clocher pointu à quatre niveaux. À gauche de l'entrée, remarquez le portrait de la reine par Herb Kawainui Kane, le plus célèbre peintre hawaïen, spécialisé dans les scènes historiques. Un petit cimetière contient les tombes de plusieurs membres de la famille Kahale, parmi les premiers Hawaïens convertis au christianisme. Ce sont eux qui donnèrent la terre sur laquelle s'élève l'église.

▲ La Ka'ahumanu Church. © iStockphoto.com/ajack13

Le **Bailey House Museum** ⋆ loge dans le bâtiment où résidaient les Bailey, une famille d'artistes-missionnaires. On découvre au rez-de-chaussée une collection d'objets hawaïens et, à l'étage, deux pièces meublées et décorées de gravures. Ne ratez pas, à l'extérieur, sous un appentis, le magnifique canoë en bois de *koa* (l'acacia hawaïen, très prisé pour la beauté de son bois) taillé dans un unique tronc autour de 1900. Juste au-dessus est accrochée une planche de surf ayant appartenu à Duke Kahanamoku (1910).

Les **Kepaniwai Heritage Gardens** ⋆ comptent des reconstitutions de maisons typiques de chacune des grandes communautés composant la population de l'archipel: philippine en bambou, portugaise avec une réplique de four à pain, japonaise avec un petit jardin, américaine en bois, *hale* polynésienne érigée sur une plateforme entourée de plantes de *ti*, pagode chinoise avec un buste de Sun Yat-sen et pavillon hexagonal coréen. Un environnement agréable pour pique-niquer.

Wailuku et Kahului

C'est sur ce site qu'en 1790 Kamehameha vainquit le dernier roi de Maui et d'O'ahu, Kalanikupule. La bataille qui eut lieu fut si sanglante qu'elle est connue dans les annales sous le nom de *Kepaniwai*, «l'endiguement des eaux», une allusion aux corps si nombreux qu'ils empêchèrent les eaux rougies de sang du torrent de s'écouler.

L'**'Iao Valley State Monument** ★★ est considéré comme le «Yosemite du Pacifique», ainsi que Mark Twain, très enthousiaste ce jour-là, baptisa les lieux. La vallée tropicale est dominée par de hautes falaises chevelues et par le piton de Kuka'emoku, mieux connu sous le nom d''Iao Needle (686 m). Deux sentiers goudronnés permettent d'effectuer une courte promenade dans la vallée: celui du haut mène à un belvédère s'approchant un peu d''Iao Needle, et celui du bas, à un jardin de plantes hawaïennes. Ne vous laissez pas surprendre par la nuit: à 19h, tous les véhicules présents sont apportés à la fourrière.

Dominant l'embouchure du torrent, deux *heiau* de première importance s'élevaient autrefois ici: **Haleki'i** et **Pihanakalani** ★, dont la légende attribue la construction aux *menehune*. Haleki'i signifie «maison des idoles» et faisait sans doute allusion aux *tiki* placés sur les terrasses du complexe. Le dernier sacrifice humain aurait été conduit au temple de Pihanakalani en 1790 par Kamehameha pour affirmer sa prise de possession de l'île. La majesté du site a souffert de la construction, en contrebas, de la zone industrielle de Wailuku.

Kahului

À Kahului, vous pourrez faire halte au **Maui Arts & Cultural Center**, un grand complexe culturel de plus de 30 millions de dollars comptant un cinéma, des salles de spectacle et une salle d'expositions temporaires. De qualité variable, les expositions sont souvent consacrées à l'art contemporain.

▲ L''Iao Valley State Monument.
© iStockphoto.com/Wildroze

Le **Kanaha Pond State Wildlife Sanctuary** compte plusieurs kilomètres de sentiers pédestres qui permettent d'observer différentes espèces d'oiseaux dont l'*ae'o*, une espèce rare d'Hawaii.

À l'est de Kahului, sur une quinzaine de kilomètres, se regroupent les plages préférées des véliplanchistes, entre autres au **Kanaha Beach Park**, qui est plutôt jolie.

Situé au milieu des champs de canne à sucre, le hameau de Pu'unene a vu le jour autour de la plus grande raffinerie de sucre d'Hawaii, construite en 1900 par Alexander & Baldwin (A&B) et aujourd'hui encore en activité. À son pied, l'**Alexander & Baldwin Sugar Museum** ★★ loge dans l'ancienne résidence du contrôleur. On y apprend tout sur le $C_{12}H_{22}O_{11}$ – en d'autres termes le sucre.

Le musée retrace en particulier l'histoire de la création d'A&B par deux fils de missionnaires, Samuel Alexander et Henry Baldwin. Ils furent à l'origine, en 1878, du premier canal d'irrigation permettant d'apporter l'eau des montagnes dans la plaine centrale, alors sèche et couverte de sable. La première usine d'A&B fut édifiée à Paia en 1880. Des vitrines abordent également la vie des travailleurs des plantations, et une vidéo de 10 min retrace le processus d'extraction du sucre. Prenez le temps de faire le tour, à l'extérieur du musée, des impressionnantes machines utilisées jadis sur les plantations de canne à sucre.

Spreckelsville Beach ★ est une grande plage tranquille bordée de pins. Partiellement protégée par un récif surélevé, elle forme à marée basse un bassin protégé idéal pour la baignade des enfants. Le site, balayé par des vents constants, est apprécié des véliplanchistes.

Un peu plus loin s'étend l'un des parcs les plus populaires de la côte nord centrale, le **Baldwin Beach Park** ★. La très grande plage de sable clair, léchée par de gros rouleaux, est adossée au même rideau de pins que Spreckelsville Beach. La baignade est possible par temps calme, mais le site est plutôt propice au *boogie board* près de la côte et au surf plus au large.

Paia ★★

Née de l'exploitation de la canne à sucre, Paia a vu sa raffinerie (1880), l'une des deux dernières de l'île encore en activité, fermer ses portes au début des années 2000. De ces temps révolus demeurent, à la sortie est de la bourgade, un grand temple bouddhique datant de 1921, le **Mantokuji Soto Mission of Paia**, et un cimetière adjacent aux stèles gravées de *kanji*. Chaque été, les descendants de la communauté nippone y célèbrent le festival d'O-bon. Dans le centre, l'histoire est déjà oubliée. Les restaurants et boutiques, qui investissent les anciens magasins installés dans de vieux bâtiments de bois, se tournent vers le présent de Paia : le surf et la planche à voile. À deux pas des plus beaux rouleaux de l'île, terrain de jeu des meilleurs véliplanchistes au monde, la ville est devenue la capitale officieuse de la glisse. C'est même sans doute aujourd'hui l'une des bourgades les plus cosmopolites d'Hawaii, avec des airs quelque peu hippies nostalgiques.

C'est à l'est de Paia, au **Ho'okipa Beach Park** ★★, dont la plage étroite est soulignée d'une barre rocheuse, que se retrouvent tous les amateurs de glisse (débutants s'abstenir). Ce parc est considéré comme l'un des meilleurs endroits au monde pour pratiquer la planche à voile, et le spectacle est à son comble lorsque s'y tiennent les compétitions mondiales.

▼ L'Ho'okipa Beach Park. © iStockphoto.com/Jouke

Spreckelsville

▲ Spreckelsville.
© Library of Congress Prints and Photographs Division Washington

Si tout l'archipel moderne a été façonné par l'épopée du sucre, rares en sont les témoignages aussi personnels. La bourgade, surtout connue aujourd'hui pour sa plage, doit son nom à un riche homme d'affaires allemand, Claus Spreckels. Lorsque le traité de réciprocité fut signé en 1876, autorisant l'entrée libre du sucre hawaïen sur le marché américain, Spreckels, qui avait de forts intérêts dans la partie, trouva son commerce menacé. Prenant le taureau par les cornes, il partit pour Hawaii, où il acheta, juste avant que son prix ne s'envole, la moitié de la récolte en cours…

Dans les années qui suivirent, Spreckels acquit peu à peu jusqu'à 16 600 ha de champs de canne aux abords de Wailuku. Et il fit édifier sur la côte, à Spreckelsville justement, la plus grande et la plus moderne raffinerie des îles – et du monde –, avec alimentation électrique, wagonnets pour tracter la canne et système d'irrigation perfectionné. Contrôlant aussi le transport du sucre vers le continent, créancier de Kalakaua, qui ne pouvait rien lui refuser, il en vint à prendre une importance considérable dans la politique locale. Il fut même chargé d'imprimer le papier-monnaie du royaume! Les Hawaïens le surnommèrent *Ona Miliona* (Un Million) – il en possédait bien davantage –; et les journaux, «Sa Majesté Spreckels».

▼ Véliplanchistes. © Dreamstime.com/John Lee Orsbun

▲ L'îlot de Molokini. © iStockphoto.com/triggerfishsaul

▲ Ma'alaea. © Dreamstime.com/Mike Brake

▲ Le Maui Ocean Center. © Christine Beaudet

La côte sud ★★

Au sud de l'isthme reliant les deux ailes du papillon Maui, s'arrondit la vaste baie de **Ma'alaea**, terrain de jeu, en été, des surfeurs les plus acharnés, et en hiver, des baleines à bosse. À l'ombre du Hale'a'kala, la côte sud, protégée des incursions des nuages, est la plus ensoleillée de toutes. Une enfilade de stations balnéaires s'organise: Kihei la populaire, Wailea et Makena, aux complexes luxueux. Au large flottent l'îlot de **Molokini**, vestige d'un cratère submergé, Kaho'olawe. Cet îlot constitue le site de plongée le plus prisé à Maui grâce à sa grande diversité d'espèces.

Ouverte face au sud, la baie de Ma'alaea est soulignée en son centre par un long ruban de sable s'étirant sur près de 5 km. Le port ancré sur son rivage, né près d'un ancien village de pêcheurs, est le point de départ favori des excursions en mer, particulièrement vers l'îlot de Molokini.

Le **Maui Ocean Center** ★★★ est l'un des plus grands aquariums tropicaux au monde. La visite, qui mêle divertissement et éducation, est organisée de sorte qu'elle donne l'impression de quitter le littoral pour explorer des eaux de plus en plus lointaines et profondes. Des pans entiers de récifs vivants ont été reconstitués, et s'y nourrissent des myriades de poissons colorés. Les liens à la culture et

à la mythologie hawaïennes sont régulièrement évoqués.

L'Ocean Center abrite aussi le Marine Mammal Discovery Center, qui fournit une bonne introduction à l'écologie des baleines, retraçant leurs migrations depuis l'Alaska vers Hawaii à l'aide d'une série de dispositifs interactifs qui intéresseront autant les adultes que les enfants. On y apprend plein de choses. Toujours dans le même bâtiment, on finit la visite en empruntant un tunnel à travers un grand aquarium à requins, régulièrement nourris par un plongeur, avec lequel on peut même plonger (sur réservation, avec certification de plongeur)!

Vers l'est, la plage de Ma'alaea se fond dans **Kealia Beach** ⋆, site de reproduction des tortues de mer entre juin et novembre. Les courtes palissades ne sont pas là pour interdire l'accès au ruban de sable, mais pour aider les dunes à se reformer, de manière à éviter que les tortues ne remontent jusque sur le goudron. On peut y voir plusieurs adeptes du surf et du *boogie board* venus profiter des rouleaux. De part et d'autre s'étend le **Kealia Pond National Wildlife Refuge**, qui protège la vaste lagune de Kealia et plus de 280 ha de terres marécageuses, refuge d'espèces ailées aquatiques et migratrices.

▲ Immeubles locatifs de Kihei. © iStockphoto.com/ejs9

Kihei

Il y a 40 ans, il n'y avait rien encore, ou presque, le long de cette côte presque toujours sablonneuse, si ce n'est les villages éparpillés sous les *kiawe*. Aujourd'hui, les immeubles locatifs s'y alignent, innombrables, faisant de Kihei la plus populaire des stations balnéaires de Maui. La concurrence entre les établissements et le choix d'une clientèle de classe moyenne ont pour conséquence de maintenir les prix à un niveau relativement inférieur à ceux du reste de l'île.

Vous y verrez la jolie petite structure en bois de la **Keolahou Congregational Hawaiian Church**, peinte en vert et datant de 1920, puis, côté mer, le **Mai Poina Oe Ia'u Beach Park**, apprécié des véliplanchistes. La plage, idéale pour le jogging ou une balade matinale, s'adosse à des dunes recouvertes de *naupaka*.

Un peu plus bas, face à l'**Aston Maui Lu**, deux **totems** polychromes de l'île de Vancouver et un **monument** détérioré commémorent, sur un petit promontoire dominant la mer, la venue de George Vancouver dans la baie de Ma'alaea en 1792. Le monument fut, comme le rappelle une inscription, inauguré en 1969 par le premier ministre canadien d'alors, Pierre Elliott Trudeau.

Dans le **Kalepolepo Park** ★★ s'élevait autrefois un village hawaïen. Ses habitants prenaient soin du vivier royal de Ko'ie'ie, construit, dit-on, avant le Ve siècle, à l'endroit où une source souterraine se mêlait à l'eau de mer. Aujourd'hui partiellement restauré, il forme un bassin idéal pour la baignade et la plongée-tuba. Le parc, quant à lui, est agréable pour le pique-nique.

Contre le Kalepolepo Park se trouve le bureau principal de l'**Hawaiian Islands Humpback Whale National Marine Sanctuary** ★, l'un des 14 parcs marins des États-Unis, créé en 1992 pour protéger les quelque 5 000 à 7 000 baleines à bosse qui migrent chaque hiver dans les eaux hawaïennes. On peut obtenir sur place toutes sortes d'informations sur les baleines à bosse, les autres mammi-

▲ Wailea Beach. © Dreamstime.com/Mike Brake

fères marins et les tortues fréquentant la réserve. Une petite exposition, dans une annexe, présente les différentes espèces protégées.

Le **Kamaole Beach Park** ★★ se divise en trois secteurs répartis le long de la côte entre hôtels et immeubles locatifs. Tous trois abritent une plage surveillée, chacune propice à la baignade et très fréquentée. S'il fallait en préférer une, ce serait sans doute la **Kamaole Park III**, aux grands arbres.

À la sortie sud de Kihei, le **Keawakapu Beach Park** ★★ abrite l'une des plus jolies plages de Maui, large et au sable fin. La baignade est préférable le matin, avant que le vent ne se lève. Par temps calme, les eaux cristallines se prêtent en outre à la plongée-tuba.

Wailea-Makena

Contre Kihei s'étend Wailea. Haut de gamme, à la différence de Kihei, et cernés d'une végétation savamment entretenue, les quelques hôtels, les immeubles locatifs et les résidences secondaires se succèdent le long de trois terrains de golf renommés et de plages.

Adjacent au **Wailea Beach Marriott Resort & Spa**, un petit parc donne accès à deux plages voisines, tout juste séparées par une avancée rocheuse: **Mokapu** ★ au nord et **Ulua** ★ au sud – toutes deux bordées par une promenade. Le site est très prisé des écoles de plongée, mais si vous désirez vous baigner, faites attention aux courants et à la pente raide.

Partagée entre le **Four Seasons Resort Maui at Wailea** et le **Grand Wailea A Waldorf Astoria Resort**, **Wailea Beach** ★★ est fort jolie. On peut la suivre en empruntant l'agréable promenade qui la longe. Un accès public permet à tous de profiter du sable chaud et des eaux tièdes.

Passé Wailea Point, Wailea s'efface peu à peu au profit de Makena, encore en partie épargnée par le développement touristique: on n'y trouve qu'un seul complexe touristique, le **Makena Beach & Golf Resort**, et de plus en plus de maisons. Dans les années 1960, Makena était le paradis des hippies.

Très rapidement se présente la première d'une série de plages de plus en plus tranquilles: **Palauea** ★★, au joli manteau de sable clair, est l'endroit parfait pour paresser au soleil en toute quiétude. Pas étonnant que son nom signifie «paresseux».

Le **Po'olenalena Beach Park**, avec sa large et jolie plage (Chang's Beach) ombragée par des *kiawe*, est très fréquenté par les adeptes de la plongée.

La toute petite **Makena Landing Beach** ★★ est un bon endroit pour s'initier à la plongée-tuba. À cet endroit, au XIXe siècle, se trouvait l'un des principaux ports de l'île, où faisaient relâche voiliers et vapeurs. Sucre, ananas et pommes de terre y étaient chargés, tandis que les marchandises et biens de consommation les plus divers étaient débarqués. Le bétail en partance était attaché par les cornes aux baleinières (*longboats*) pour être transbordé.

La **Keawala'i Congregational Church** ★ a été fondée en 1832. Tranquille, enfouie dans les palmiers, elle est accolée à un petit cimetière aux tombes fleuries par les frangipaniers qui veillent sur elles. La toiture et le clocher sont esthétiquement recouverts de bardeaux et, à l'intérieur, vous remarquerez, le long de chaque banc, de jolis éventails en *lauhala* tressé.

Poursuivez à pied le long de la route sur 200 m jusqu'à la jolie étendue de sable clair de **Malu'aka Beach** ★★, partagée entre un parc public et les chaises longues du **Makena Beach & Golf Resort**, le plus méridional des grands complexes touristiques de la côte sud. Le bâtiment étant construit relativement en retrait du littoral, la plage conserve pour l'essentiel un aspect naturel.

Environ 800 m après le Makena Beach & Golf Resort, un chemin sablonneux, sur

la droite, conduit à **Black Sand Beach** ★, au sable plus gris que noir. La plage, qui appartient au **Makena State Park**, est délimitée au nord par le terrain de golf du complexe touristique et, au sud, par le Pu'u Ola'i, haut de 110 m.

Le Pu'u Ola'i dissimule au regard une plage merveilleuse: longue (1 km) et large, en forme de croissant, **Big Beach** ★★★ s'adosse à un épais mur de végétation. Partie intégrante du Makena State Park, elle est la plus grande plage de Maui restée vierge de tout développement. Cela ne signifie pas pour autant qu'elle n'est pas très fréquentée les fins de semaine, mais rassurez-vous, il y a du sable pour tous... Il est d'ailleurs si fin qu'on a même vu des gens y faire du ski! On peut se baigner et faire de la plongée-tuba par temps calme, à condition de ne pas trop s'éloigner à cause des courants.

En remontant Big Beach jusqu'au bout (tout au nord), un sentier abrupte, invi-

▲ Big Beach, au Makena State Park. © Shutterstock.com/Ivan_Sabo

sible jusqu'au dernier moment, franchit la barrière rocheuse et redescend rapidement à **Little Beach** ⋆⋆. Paradoxalement plus encombrée que Big Beach, elle est la préférée des nudistes, et des gays s'y donnent rendez-vous.

L'**'Ahihi-Kina'u Natural Area Reserve** ⋆, une vaste portion de côte rocheuse, s'étend jusqu'à La Perouse Bay. La route, qui longe la côte à distance, traverse une coulée de lave *'a'a*, la dernière en date de Maui, remontant à 1790. On distingue très nettement l'un des cratères éventrés, duquel s'est échappée la lave, ainsi que le trajet de la coulée délimitée par des broussailles. Malgré ce cadre plutôt hostile, le littoral est apprécié pour ses possibilités de plongée-tuba. On peut la pratiquer dans une petite anse protégée.

La route se termine face à **La Perouse Bay** ⋆, où aborda le 30 mai 1786 le célèbre navigateur français, premier Occidental à mettre le pied sur l'île. Esprit éclairé, opposé à l'appropriation du monde par les pays européens, La Pérouse refusa de revendiquer l'île au nom du roi de France. En arrivant, un mémorial se charge de rappeler son passage en ces lieux. La côte de lave, aux rochers incisifs, abritait autrefois le village hawaïen de Keone'o'io. Les habitants devaient transporter de la terre jusque-là pour pouvoir cultiver des légumes. Les quatre hameaux découverts par La Pérouse furent abandonnés lors de l'éruption de 1790.

Le fond de la baie, très découpée, forme un renfoncement protégé de l'assaut des vagues, très propice à la plongée-tuba. Cette partie du littoral est toutefois privée, et l'on ne peut s'en approcher que depuis l'aire de stationnement, au bout de la route.

Vers l'est, au centre de la baie, débute le **Hoapili Trail**, le sentier royal qui longeait autrefois la côte. Écrasé de soleil, il progresse à travers la lave sur 8 km dans un paysage désolé et inhabité.

L'est de l'île ★★★

L'arrière-pays ★★

Loin des stations balnéaires, les basses pentes du Hale'a'kala se couvrent de pâturages verdoyants piquetés de bosquets d'arbres, d'eucalyptus et de cactus incongrus. Aux abords des quelques bourgades, les champs de fleurs et de légumes s'emparent du paysage: grâce à l'altitude, on cultive ici de nombreux fruits et légumes, entre autres les fameux oignons de Maui. Les fermiers furent si nombreux à s'installer ici au milieu du XIXe siècle, pour nourrir la ruée vers l'or californienne, que la région fut surnommée *Nu Kaliponi* – la Nouvelle-Californie. Aucun grand complexe touristique ici, seulement des *bed and breakfasts* isolés profitant de la sérénité des lieux. Tout du long, la route 37 double l'isthme central en altitude, offrant de jolis points de vue sur la baie de Ma'alaea.

La **Makawao Union Church** ★, une jolie église en pierre (1916), est dotée d'une tour évoquant un bâtiment perdu dans les brumes londoniennes. L'espace intérieur, tel un amphithéâtre, présente de beaux vitraux transférés d'un bâtiment plus ancien.

La route progresse au milieu des plantations d'ananas, parmi les dernières de l'île. Vers l'arrière s'offrent au regard de jolis points de vue sur la mer.

Le **Hui No'eau Visual Arts Center** ★, fondé en 1934, organise des expositions temporaires sur différents thèmes: gravure, sculpture et peinture modernes, art traditionnel japonais du papier plié (origami), etc. On peut aussi y suivre des cours et fouiner dans la galerie d'artisanat.

Très dispersé, le village de **Makawao** ★, ancien bourg *paniolo*, organise toujours chaque dimanche précédant le 4 Juillet un rodéo très prisé. Le village s'est au fil des ans transformé en une communauté favorisant une conscience individuelle et collective, avec son lot d'écoles de yoga et de médecine orientale, de galeries, de boutiques d'aliments naturels et d'artisanat «ethnique» – un vrai petit morceau de Californie sous le soleil des tropiques. Si le verre soufflé vous intéresse, visitez l'atelier de **Hot Island Glass**.

La route s'élève au milieu de pâturages verdoyants, dévalant des collines ondulées parsemées de *kiawe*, de bouquets et de bois d'eucalyptus. Au fur et à mesure, elle offre de jolis points de vue sur la plaine centrale, ses champs en damiers et la mer des deux côtés. Après quelques kilomètres, elle se rapproche de la bourgade de **Kula**, qui s'étage entre 900 m et 1 200 m d'altitude. Grâce à son élévation, elle est devenue un centre de cultures maraîchères et horticoles de première importance. Ici poussent à la fois des légumes de pays tempérés et des champs entiers d'œillets et de protées aux grosses fleurs. Plusieurs fermes des environs sont ouvertes aux visiteurs.

Créée en 2005 et ouverte au public depuis 2013, l'**Ocean Vodka Organic Farm and Distillery** propose des visites guidées de ses installations, lesquelles produisent la seule vodka à base de sucre de canne biologique (c'est aussi le seul spiritueux fait à partir d'eau océanique désalinisée).

Les **Kula Botanical Gardens** ★ offrent un cadre agréable pour une promenade. Le petit jardin paysager, assez ombragé, est traversé par un ruisseau et domine joliment l'isthme central et la mer. Les fleurs n'y sont peut-être pas aussi nombreuses que dans d'autres parcs de l'île, mais on peut y découvrir quelques espèces étonnantes, à l'instar du dragonnier des îles Canaries situé près de l'entrée.

Juste après le jardin, une petite route s'élève à travers les pâturages en direction de la **Polipoli Spring State Recreation Area** ★.

Avant d'arriver, faites un arrêt chez **Alii Kula Lavender** ★ afin de vous balader à

▲ Alii Kula Lavender. © Dreamstime.com/Palms

travers ses jardins, où vous pourrez voir et sentir 45 variétés de lavande. Le domaine est situé à plus de 1 000 m d'altitude et offre de magnifiques points de vue sur la montagne et l'océan. Une boutique sur place vend toutes sortes de produits à base de lavande (thé, chocolat, sucre, lotion pour le corps, etc.)

Le **Sun Yat-Sen Memorial Park**, aux statues de lions chinois, a été créé à la mémoire du «père de la République de Chine», dont on peut aussi voir un buste. Le grand homme passa de nombreuses années à Hawaii et séjourna ici, où s'était établi son frère.

La **Maui's Winery at Ulupalakua Ranch** ★ est un vignoble étonnamment installé sur les terres du grand ranch d'Ulupalakua. Vous aurez droit à un petit cours sur la méthode champenoise et la meilleure façon de faire un bon champagne... d'ananas! Celui-ci arrive prêt à fermenter en barils de jus concentré. Les deux tiers des ventes sont constitués de vin d'ananas, très populaire auprès des touristes malgré un manque certain de qualités vinicoles...

La **Holy Ghost Church** ★★ de Kula, une église catholique édifiée en 1894-1895 pour la communauté portugaise, présente un étonnant plan octogonal. Le maître-autel, principale pièce de l'édifice, d'un style baroque prononcé, fut fabriqué spécialement en Autriche. Remarquez, héritage lusitanien oblige, la couleur rosée de l'église et le chemin de croix en portugais, unique exemple du genre à Hawaii. À droite de l'entrée se trouve une réplique de la couronne d'Isabelle. Dans le cimetière, situé en contrebas, les patronymes sont tous, ou presque, portugais.

Les **Enchanting Floral Gardens** ★ regroupent quelque 1 500 espèces de plantes florales des quatre coins du monde. Vous y découvrirez aussi quelques arbres fruitiers, dont un pomelo aux fruits gigantesques et un étonnant Buddha's Hand Citrus (*Citrus medica*), un agrume aux fruits se présentant comme des bouquets de carottes tordues. Le jardin est agrémenté de plusieurs tonnelles, mais le bruit du trafic en contrebas empiète sur la sérénité des lieux.

▲ Le Hale'a'kala National Park. © Christine Beaudet

▲ Le Hale'a'kala Trail. © Christine Beaudet

▲ Au sommet du Hale'a'kala. © Dreamstime.com/Sarah Fields

Le Hale'a'kala ★★★

Constituant à lui seul les deux tiers de l'île, le Hale'a'kala, la «maison du soleil», sorti des eaux il y a un peu plus de 900 000 ans, culmine à 3 055 m. Le cratère qui entaille son sommet est l'un des plus grands du monde, avec une circonférence de 34 km et une profondeur de 900 m. On a coutume de dire qu'il pourrait abriter toute l'île de Manhattan! Il n'est toutefois pas, comme on pourrait le croire, la seule œuvre du volcanisme. C'est l'érosion pluviale, entaillant le sommet de torrents puis de vallées, qui, durant une longue période d'accalmie, créa cette vaste cuvette par effondrement. Lorsque le volcan se réveilla, la lave envahit tout. Plus récemment, de petites éruptions formèrent, sur le sol de ce gigantesque four à ciel ouvert, des dizaines de cônes résiduels aux formes typiques, certains atteignant jusqu'à 180 m de haut. Lardé de bombes volcaniques, recouvert de cendres, le paysage reste lunaire, déclinant, au hasard des compositions géologiques, des tons de rouge, jaune, gris et brun.

Depuis plus de deux siècles, le volcan ne s'est plus manifesté, à moins qu'il ne s'agisse de trois ou quatre siècles. Longtemps située en 1790, la dernière éruption se serait produite en fait vers le XVIIe siècle, affirment depuis peu les scientifiques, se basant sur une nouvelle datation. Seul le lieu de l'éruption est certain: un évent dominant La Perouse Bay, loin du sommet. Depuis, plus rien. Les volcanologues l'affirment pourtant: en son cœur, le Hale'a'kala n'a pas encore fini de mourir. La plupart annoncent même sa renaissance. Rien d'étonnant pour un pays où l'on a vu un volcan se manifester après une sieste de 3 millions d'années.

▲ Du Visitor Center au sommet. © Claude Hervé-Bazin

▲ Un sabre d'argent. © iStockphoto.com/photo75

À l'origine partie intégrante de l'Hawai'i Volcanoes National Park, qui englobait aussi le Mauna Loa et le Kilauea sur Big Island, le Hale'a'kala est devenu un parc national séparé en 1961. Le **Hale'a'kala National Park** a toutefois été désigné, avec l'Hawai'i Volcanoes National Park, réserve mondiale de la biosphère de l'UNESCO en 1980. Comptant 12 200 ha, le parc est centré sur le cratère du volcan, mais s'étend aussi à l'est jusqu'à la côte humide, englobant la vallée de Kipahulu, refuge d'espèces rares. Aucune route ni aucun sentier ne relient les deux sections.

Juste après l'entrée du parc, une petite route conduit sur la gauche vers le bois de pins et d'eucalyptus de **Hosmer Grove** ⋆.

Le flanc nord du Hale'a'kala, qui n'appartient pas au parc national, est protégé dans le cadre de plusieurs réserves. Hosmer Grove est le point de départ de la balade conduisant à la **Waikamoi Preserve** ⋆⋆. Celle-ci a été constituée en 1983 sur plus de 2 000 ha de terres appartenant au Hale'a'kala Ranch pour sauvegarder un des vestiges de la grande forêt qui s'étendait autrefois sur toutes les pentes du volcan. Gérée par **The Nature Conservancy**, elle est accessible une fois par mois avec cet organisme ou deux fois par semaine avec les *rangers* du parc national.

Le principal **Visitor Center** du parc est situé peu après l'entrée, à 2 134 m d'altitude. C'est également là qu'est situé le quartier général du parc national. On peut y trouver de la documentation sur les randonnées, la faune et la flore, ainsi qu'une sélection de livres. Quelques sabres d'argent ont été plantés juste devant l'entrée : ils fleurissent en juin ou juillet.

▲ Une petite route conduit jusqu'au sommet du Hale'a'kala. © Julien Lebreton

Le **Halemau'u Trail** ⋆⋆ est l'un des deux sentiers pénétrant dans le cratère. Le rebord de la caldeira est à 1 km; et le **Silversword Loop** ⋆⋆, à 8 km, où l'on peut voir un «champ» de sabres d'argent. L'idéal pour une bonne randonnée d'une journée (si l'on dispose de deux voitures) est de partir du Visitor Center (au sommet) en suivant le Sliding Sands Trail et de se faire reprendre ici.

Le **Leleiwi Overlook** ⋆⋆, premier point de vue dominant de haut la caldeira du Hale'a'kala (par le nord), est le meilleur endroit du parc pour observer un phénomène étrange: le spectre de Brocken. Dans l'après-midi, lorsque le soleil frappe une silhouette humaine à un angle précis, il en projette l'ombre, cernée d'un halo aux couleurs irisées de l'arc-en-ciel, sur les nuages ou la brume situés en contrebas. Ce phénomène est dû au pouvoir de réfraction des gouttelettes d'eau et tient son nom du Brocken, point le plus élevé du Harz, massif montagneux en Allemagne, où l'on peut assister à la même manifestation.

Le **Kalahaku Overlook** ⋆⋆ est un autre point de vue sur le cratère. On peut y lire des explications sur la formation de l'île de Maui. En contrebas, on peut apercevoir quelques sabres d'argent (petits pour la plupart).

Le second **Visitor Center** fournit toutes sortes de renseignements sur la randonnée et les activités dans le parc, ainsi que des explications sur la géologie, la flore et la faune. Du belvédère situé tout contre, le regard plonge littéralement dans le **cratère** ⋆⋆⋆ du Hale'a'kala. S'offrent alors aux visiteurs un spectacle de cônes, d'aiguilles de lave érodées en

▲ Le Sliding Sands Trail. © Dreamstime.com/Adayaday

des formes variées et un sol lunaire teinté de rouge, de gris ou de noir.

Des centaines de personnes se lèvent chaque jour en plein nuit pour gagner le sommet à temps pour assister au lever du soleil – une expérience devenue à la longue très touristique. Pour peu que le beau temps soit au rendez-vous (il l'est souvent à l'aube), le paysage baigne dans d'incroyables tons de rose.

Le **Pa Ka'oao Trail** conduit en 800 m environ au sommet d'un cône adventif, révélant à son terme un autre panorama époustouflant.

Le **Sliding Sands Trail** ★★ est le plus populaire des deux chemins descendant dans le cratère. La plupart de ceux qui l'empruntent choisissent de se faire reprendre au bout du Halemau'u Trail, une balade de 18 km, en descente pour une bonne partie du chemin, jusqu'à la dernière remontée sur le plateau supérieur, très raide. Comptez selon votre condition physique entre six et neuf heures de marche. Aux abords du cratère de Halali'i, il vaut la peine de faire un petit détour jusqu'au site de **Pele's Paint Pot** ★★, aux couleurs intenses, fruits des dépôts de minéraux.

Une petite route conduit jusqu'au **sommet** du Hale'a'kala proprement dit, le Pu'u 'Ula'ula (colline rouge), culminant à 3 055 m. Du poste d'observation dominant le cratère, on distingue vers l'est les sommets du Mauna Kea et du Mauna Loa sur Big Island, et dans la direction opposée, West Maui et Lana'i.

▲ La route de Hana. © iStockphoto.com/ironrodart

La route de Hana et le tour de l'est de l'île ★★

Aussi incontournable qu'impressionnante, aussi luxuriante qu'arrosée par les alizés du nord-est, la route de Hana louvoie de vallée en vallée le long de la côte nord. Elle surmonte par endroits des falaises imprenables, battues par des vagues furieuses, et plonge à d'autres au tréfonds de vallées envahies par la jungle et la moiteur. Torrents et chutes d'eau zèbrent le vert profond des paysages de traînées blanches, révélant, au plus près, des baignoires naturelles aux eaux d'une fraîcheur revigorante.

Les virages sont nombreux, très nombreux (617 en tout!), les ponts à une voie aussi (56!), mais il n'y a pas de difficulté particulière. Accordez-vous juste suffisamment de temps, évitez de rouler de nuit, laissez passer les habitués et gardez à l'esprit que l'intérêt de l'excursion réside bien davantage dans les paysages, en chemin, que dans le fait d'atteindre

Hana. Prévoyez entre 2h30 et 3h de route depuis Wailuku.

Un peu après Paia, une vaste aire de stationnement en terre battue, sur le côté droit, signale le début du sentier conduisant (10 à 15 min) aux **Twin Falls**, qui se jettent dans un grand bassin aux eaux fraîches très appréciées pour la baignade.

Plus loin, le **Waikamoi Nature Trail** ★ traverse une jolie forêt mêlant eucalyptus, bambous, pandanus et plantes de *ti*. La balade dure environ 30 min et révèle, en deux endroits, des points de vue partiellement bouchés par la végétation sur la vallée de Waikamoi, au fond de laquelle sinue la route de Hana. Tout en haut, on rejoint une petite aire de pique-nique au cœur d'une clairière encadrée de cyprès.

Au fond de la vallée, la route passe la première d'une longue série de petites **chutes**, celle-ci dégringolant comme presque toutes les autres dans un bassin naturel entouré de végétation.

▲ Le Garden of Eden. © Dreamstime.com/Mike Brake

▲ Bambous du Keanae Arboretum.
© Dreamstime.com/Idreamphotos

Le **Garden of Eden** ★ révèle un grand jardin privé d'un peu plus de 10 ha sillonné de sentiers – que l'on peut aussi traverser en voiture. Il s'agit en fait d'un véritable pan de jungle domestiqué par un paysagiste. Quelque 500 espèces de plantes sont étiquetées et, par beau temps, la vue sur la mer et sur le rocher de Keopuka, qui a fait une apparition dans *Jurassic Park*, est vraiment agréable. Le panorama le plus vanté est cependant celui des **Puohokamoa Falls** ★. Une aire a été aménagée pour les pique-niqueurs. Les jours de grosses pluies, il se peut que le jardin soit fermé.

Le **Kaumahina State Wayside** offre le premier point de vue, encore un peu distant, sur la péninsule de Keanae. De là, la route, plus sinueuse encore, descend doucement vers la grande **Honomanu Bay** ★★, aux falaises drapées de végétation. Soulignée d'une plage de galets, et avec ses parois inondées d'une végétation luxuriante, vierge qui plus est de construction, la baie offre un visage serein d'une Hawaii trop souvent balayée par le développement. En remontant sur son versant oriental, on découvre plusieurs beaux points de vue.

La section suivante est l'une des plus jolies de la côte nord: entre les branches des manguiers et des tulipiers se révèle peu à peu le long doigt de lave de la péninsule de **Keanae** ★★.

Juste avant d'y parvenir, on peut s'offrir une courte promenade dans le **Keanae Arboretum**. Un sentier, de moins en moins aménagé, longe le torrent de Piinaau à travers un parc d'un peu plus de 2 ha, malheureusement assez mal entretenu. Plantes de *ti*, arbres à pain, palmiers, balisiers, bambous, pandanus, eucalyptus et bananiers se succèdent jusqu'à une barrière qui marque la fin de la balade. N'oubliez pas votre répulsif à moustiques.

Une dizaine de maisons s'éparpille de part et d'autre d'une petite **église** en pierre de lave, Ihiihi o Iehowa o na Kaua (1860), surmontée d'un minuscule clocher. La route se termine sous les pandanus, face à la mer.

Ne manquez pas de faire un arrêt au **Keanae Landing Fruit Stand** pour vous acheter du pain aux bananes. Il est particulièrement moelleux et, si vous êtes chanceux, il sera encore chaud.

De retour sur la Hana Highway, la route principale franchit une petite rivière formant en contrebas un bassin naturel très apprécié pour la baignade en famille. Environ 200 m plus loin, le **Keanae Overlook** ★★ offre un point de vue magnifique sur la péninsule de Keanae et sur le damier des champs de taro. On remarque d'ici la petite plage de galets située au fond de la baie.

▶ Keanae. © Claude Hervé-Bazin

▲ Arbres à pain, au Kahanu Garden. © Shutterstock.com/Mike Brake

Adossée à un cimetière très fleuri, se dresse une église catholique toute blanche: **Our Lady of Fatima Shrine** ⋆, coiffée d'un court clocher. Les circonstances de sa construction, en 1860, lui valurent le surnom d'«église du miracle du corail». Alors que les fidèles devaient plonger pour ramasser les morceaux sur le récif, une tempête fit échouer sur la côte plus de matériaux qu'il n'en fallait. Le lendemain, après que les hommes eurent récolté ce don du ciel, un second épisode orageux remporta les derniers blocs encore éparpillés sur la plage.

De retour sur la route de Hana, vous bénéficierez d'un joli point de vue sur la vallée éponyme au **Wailua Valley State Wayside**, *mauka*.

Le **Wailua Overlook** offre un panorama imprenable sur les maisons de Wailua, en contrebas, dispersées entre les champs de taro en damier. On reconnaît la blancheur de l'église Our Lady of Fatima Shrine. Peu après, au niveau d'un pont à voie unique, la route passe à côté d'une jolie **chute**, un peu plus haute que les précédentes.

Les amateurs de baignade rafraîchissante (vraiment rafraîchissante) trouveront plusieurs bassins naturels où s'immerger: d'abord juste sous le pont du Mile 20,9, accès relativement plus aisé qu'ailleurs, puis au **Pua'a Ka'a State Wayside**.

À l'approche de Hana se multiplient les kiosques à fleurs et à fruits, certains en libre-service et dotés d'une boîte de conserve pour déposer l'argent (c'est ce qu'on appelle le *honor system*).

La route conduit rapidement vers l'entrée des **Ka'eleku Caverns** ⋆, un réseau souterrain de tunnels de lave créé par une éruption il y a environ 30 000 ans. Le «plafond» est le plus souvent haut d'une bonne dizaine de mètres, les «corridors» débouchant sur de grandes «salles cathédrales», dont certaines sont éclairées par des puits de lumière. On peut y observer toutes sortes de formations rocheuses, volcaniques ou non, dont de très rares stalagmites de lave. On vous fournira une torche.

Le **Kahanu Garden** ⋆⋆ abrite une belle forêt de pandanus naturelle et une section

▲ Le Wai'anapanapa State Park. © Claude Hervé-Bazin

de plantes endémiques et possède une collection ethnobotanique d'importance: plus de 120 variétés d'arbres à pain et d'autres espèces dispersées par les Polynésiens au fil de leurs voyages ou utilisées par eux. Dans son enceinte se trouvent les vestiges restaurés du **Pi'ilanihale Heiau** ★★, le plus grand *heiau* d'Hawaii toujours intact. Certains le disent avoir été érigé vers le XIVe siècle, d'autres plus tardivement, après l'unification de Maui par le grand chef Pi'ilani. Ce dernier s'y serait retiré régulièrement: le nom du temple signifie d'ailleurs «maison de Pi'ilani». La plateforme, de 103 m sur 126 m, est aménagée en plusieurs terrasses, un peu à la manière des bases des temples précolombiens. La partie la plus haute du *heiau* atteint 15 m.

Le **Wai'anapanapa State Park** ★★ est l'un des plus beaux sites naturels de Maui. Dans la côte rocheuse, les vagues ont creusé une baie profonde, piquetée de gros rochers érodés, découpés en pitons, en arches et autres trous souffleurs. Le littoral est couvert de pandanus et de *naupaka* vert tendre contrastant avec le noir de la lave. Tout au fond de la baie se dessine une superbe petite plage de sable noir – où la baignade est possible à condition de ne pas trop s'éloigner. En y arrivant, vous remarquerez, juste à droite de l'escalier, l'entrée d'un court tunnel de lave. Les résidents de la région viennent y pique-niquer en grand nombre les fins de semaine.

Important foyer de peuplement aux temps anciens, **Hana** ★ n'est plus qu'une bourgade endormie d'un peu plus de 4 000 habitants, veillant sur une petite baie tranquille ourlée d'une plage de sable brun et d'une végétation touffue – signe éloquent de la générosité des pluies. Une première plantation de canne à sucre y vit le jour en 1849. On en comptait déjà six en 1883. La petite ville affichait alors deux fois plus d'habitants, 15 magasins et deux cinémas. Mais la production, déjà menacée par la montée des coûts, connut un arrêt brusque lorsque le tsunami de 1946, emportant 12 personnes, détruisit de nombreuses infrastructures. Hana se tourna alors pour de bon vers l'élevage, qui occupe encore, avec le tourisme, la plupart des habitants. Peut-être est-ce son isolement, ou sa forte population hawaïenne (plus de 40%), mais Hana semble vivre un peu hors du temps.

Juste avant la baie se trouve le **Hana Cultural Center & Museum** ★, fruit d'une initiative locale. On peut y voir une petite collection d'objets hawaïens, des coquillages et de vieilles bouteilles. Des explications sont fournies sur les techniques de pêche, de culture du taro, de fabrication du *kapa* et des *quilts* (courtepointes). Juste à côté du musée s'élève un petit bâtiment en bois: les anciennes prison et cour de justice de Hana de 1871 à… 1978! Le Kauhale o Hana, aux *hale* en palmes et feuilles de *ti* entourées d'un jardin ethnobotanique, reconstitue un village hawaïen d'avant l'arrivée des Occidentaux.

Bien que la baignade n'y soit guère attrayante, **Hana Bay** ★ est soulignée par une longue plage de sable brun, le **Hana Beach Park**. La baie est délimitée à l'est par la masse du **Ka'uiki Head**, vestige d'une éruption tardive. L'érosion a fait disparaître l'ancien cône volcanique, exposant le cœur rouge, riche en fer, du cratère.

De l'autre côté de la pointe se dissimule **Red Sand Beach** ★★. Pour s'y rendre, le plus simple est d'emprunter le sentier partant du Hana Community Center. Soyez toutefois vigilant, car il est plutôt hasardeux. La baignade et la plongée-tuba sont possibles par temps calme, à condition de ne pas sortir de la zone abritée.

Fondée avec des moyens de fortune sur la baie de Hana en 1838, la **Wananalua Congregational Church** a été relocalisée sur son site actuel lorsqu'elle fut élevée en pierre de corail en 1842. Il fallut 22 ans pour l'achever. Entièrement restaurée en 1989, cette église massive ne possède guère de charme.

Peu après, à la sortie sud de la bourgade, se trouve le **Hasegawa General Store**, la plus populaire des épiceries de Hana,

▲ Hasegawa General Store. © Flickr.com/WiseTim

▸ Hana Bay. © Julien Lebreton

▲ Red Sand Beach. © Dreamstime.com/Maria Luisa Lopez Estivill

rendue célèbre en 1964 par une chanson de l'Américain Paul Weston. Fondée au début du XXe siècle par les arrière-grands-parents du propriétaire actuel, elle a été reconstruite à l'identique après un incendie en 1990.

Koki Beach, une plage de sable gris, est dominée au nord par une grande falaise rouge. Les courants, violents, empêchent la baignade, et seuls les surfeurs expérimentés se jettent à l'eau. Un peu plus loin, après un grand virage, la route débouche sur **Hamoa Beach** ★★, où les Polynésiens débarquaient autrefois avec leurs grands canoës. Un escalier descend sur la plage, de sable gris elle aussi, ombragée par de grands *kukui*. Il est possible d'y pratiquer la plongée-tuba par temps calme. En hiver, les amateurs de *bodysurfing* et de *boogie board* débarquent de toute l'île.

Les **Kanahualii Falls** ★★ (ou **Wailua Falls**) dégringolent sur 29 m en un voile fin. Plus jolie des chutes accessibles de Maui, elle est encadrée de plantes tropicales.

La **Kipahulu Valley** a été intégrée au parc national du Hale'a'kala en 1969 pour assurer la protection de zones forestières encore presque vierges, où abondent *'ohi'a* et *loa*. Sur les hauteurs, arrosées par des pluies très abondantes (6 350 mm), survivent les espèces endémiques ailées les plus rares de l'île: *Maui parrotbill* et *nukupu'u*. Pour leur tranquillité, la zone a été interdite d'accès.

En contrebas, l'**'Ohe'o Gulch** ★★, un ravin creusé par les torrents de Palikea et de Pipiwai, forme, peu avant son embouchure, une succession d'une douzaine de mini-chutes communicantes et de bassins plus ou moins grands. Ces derniers ont longtemps été connus sous le nom de «Seven Sacred Pools», mais ils ne sont ni sept ni sacrés. Au fur et à mesure, la force de l'eau se fracassant au pied des cascades a évidé les bassins, le plus important atteignant 12 m de profondeur.

Le **Kuloa Point Trail**, en boucle et long de tout juste 800 m, s'approche d'un torrent à l'endroit où il forme quatre bassins successifs et autant de petites chutes, juste avant de se jeter en mer. Certains n'hésitent pas à se baigner dans l'eau froide, mais il convient de faire très attention, tant aux rochers glissants qu'à la force du courant. Par temps orageux, les crues subites peuvent se révéler très dangereuses, et la baignade y est alors interdite par les *rangers*. Plus sûr, on peut pique-niquer à Kuloa Point, près d'un ancien autel érigé par des pêcheurs hawaïens.

Le **Pipiwai Trail**, une balade de 800 m, mène jusqu'à la **chute de Makahiku** ★, haute de 56 m. Par temps sec, le sentier est plus facilement praticable, mais la cascade s'efface presque complètement. Plus en amont, après avoir traversé la rivière à deux reprises, le chemin remonte le long du torrent de Pipiwai sur 3 km jusqu'à une seconde chute, bien plus haute (122 m), **Waimoku** ★★. Le cadre forestier, avec plantes de *ti*, bambouseraies et manguiers introduits, est tout simplement magnifique, mais attention aux moustiques!

Juste à l'ouest du parc, le village de **Kipahulu** ★, protégé par les frondaisons des grands arbres, abrite les ruines d'une sucrerie et deux églises. Catholique, l'église Saint-Paul est en bois, et l'autre, **Palapala Hoomau**, est protestante et en pierre de lave avec un petit clocher pointu (1864). On l'atteint par une petite route partant sur la gauche au niveau des écuries. Dans le cimetière, une grande tombe toute simple en pierre de lave signale la **sépulture de Charles Lindbergh**, le pionnier de l'Atlantique, mort à Maui en 1974. Le **Kipahulu Point Park** voisin, qui domine de haut le littoral, offre une agréable aire de pique-nique.

▸ Le Pipiwai Trail menant à la chute de Makahiku. © Christine Beaudet

Lana'i

Son nom signifie «bosse» car son profil, depuis Maui, est censé évoquer celui d'une baleine en train de plonger. Formée il y a 1,2 à 1,4 million d'années, Lana'i n'a jamais poussé aussi haut que ses voisines. Culminant au Lana'ihale à 1 026 m, elle est occupée au centre par le Palawai Basin, cratère de son ancien volcan. Le reste de l'île est peu accidenté.

L'île possède une importance considérable dans la mythologie hawaïenne. Les légendes racontent que c'est ici, en un lieu baptisé Kumoku (l'île de Ku), que débarquèrent à Hawaii quatre de ses principaux dieux: Ku et sa femme Hina, puis Kane et Kanaloa. L'île resta longtemps inhabitée. Les Anciens la croyaient investie par les *ka polo*, des esprits malfaisants. Mais un jour, Kaulula'au, le fils d'un chef de Maui, aussi turbulent que courageux, fut exilé sur l'île. Il parvint à bannir les *ka polo* de Lana'i, permettant aux hommes de finalement s'y installer.

Terre d'élevage au XIXe siècle, Lana'i allait devenir, au tournant du XXe siècle, une île unifiée sous une seule bannière. En 1904, Charles Gay commença à acheter des terres sur l'île et, quatre ans plus tard, celle-ci lui appartenait dans sa totalité! Gay instaura l'un des plus grands ranchs d'Hawaii à Ko'ele, sur le plateau central. En 1922, il céda l'île à James Dole, le «roi de l'ananas». L'entrepreneur fonda alors ce qui allait devenir la plus grande plantation d'ananas au monde (7 700 ha!).

L'inconcevable se produisit en 1993 lorsque, victime de la concurrence internationale, la compagnie Dole – rachetée par Castle & Cooke, l'une des *Big Five* hawaïennes – achevait sa dernière grande récolte. Ambitieux, le consortium venait de lancer Lana'i dans une reconversion que beaucoup jugeaient hasardeuse: le tourisme. Au lieu de cultiver l'ananas, Lana'i cultiverait le luxe. Sous la férule de la Lana'i Company, l'île vit naître deux complexes touristiques prestigieux: le Four Seasons Resort Lana'i, The Lodge at Koele, sur les hauteurs, et le Four Seasons Resort Lana'i at Manale Bay, en bord de mer. En 2012, l'île, qui appartenait toujours à 98% à Castle & Cooke, a été rachetée par le milliardaire Larry Ellison. Déjà, on prévoit la construction d'un troisième hôtel luxueux. Lana'i risque assurément de voir son paysage changer encore davantage dans les prochaines années.

0
200
8km
0
2
4mi
N
Polihua Beach
Shipwreck Beach
Po'aiwa
Kaiolohai Bay
Federation Camp
Auau Channel
Kahue Tr.
430
Keomuku Rd.
Garden of the Gods
Kanepu'u Preserve
Kanepulu
Polihua Rd.
Keomuku
Ko'ele
Lana'i City
Kahalepalaoa
Munro Trail
Dole Park
440
Lana'ihale
Lopa Beach
Lopa
Luahiwa Petroglyphs
Kaumalapa'u Hwy.
Lana'i Airport
Palawai Basin
Poka'i
Kaumalapau Harbor
440
Naha
OCÉAN PACIFIQUE
Manele Rd.
440
Hulopo'e Beach Park
Manele Bay
Kaunolu
Kaunolu Bay
Hulopo'e Bay
Puu Pehe Cove
©ULYSSE

▲ La route vers Lana'i City. © Shutterstock.com/Joe West

▲ Le Lana'i Ranch. © Claude Hervé-Bazin

Les hauteurs et la côte sud ★★

Regroupant la quasi-totalité de la population, **Lana'i City** a élu domicile sur le plateau central, profitant de la fraîcheur de ses 520 m d'altitude. Quadrillée de ruelles parallèles, la bourgade révèle des alignements de petites maisons de bois colorées, presque toutes identiques. Elles furent construites dans les années 1920, à deux pas du quartier général du **Lana'i Ranch** à Ko'ele, lorsque Dole installa ici le centre névralgique de sa plantation d'ananas. Destinées aux travailleurs philippins, la plupart, à l'origine, n'avaient ni électricité, ni salle de bain, ni cuisine. Les repas étaient servis dans une cantine, et les sanitaires étaient communs. Malgré de notables améliorations au fil du temps, le problème de logement reste important à Lana'i, dont la population a beaucoup augmenté – la ville compte aujourd'hui plus de 3 100 habitants.

Lana'i City s'organise autour du **Dole Park**, un grand rectangle de pelouse planté de pins. La majorité des commerces et restaurants populaires de l'île, les banques, les églises, la police et la poste sont situés ici, dans les deux rues le délimitant: 7th Street et 8th Street.

Pour en apprendre davantage sur Lana'i, arrêtez-vous au **Lana'i Culture and Heritage Center**, où une exposition de photos et d'artéfacts relate l'histoire de la ville.

Portant le nom du directeur du Lana'i Ranch dans les années 1930, à l'origine de la première tentative de reboisement de l'île, le **Munro Trail** ★ grimpe jusqu'aux plus hautes crêtes du Lana'ihale. Point culminant de Lana'i à 1 026 m, celui-ci, domaine légendaire de Hina, déesse de la Lune, est fréquemment engoncé dans un manteau de nuages. Mieux vaut renoncer à l'excursion s'il ne fait pas beau, car on ne pourra pas profiter de son atout majeur, à savoir les panoramas de l'île même et de ses voisines.

Ananas

Originaire du Paraguay, l'ananas fut découvert par les premiers conquistadors, à l'aube du XVIe siècle, et présenté aux cours européennes. De là, maintes fois croisé, il conquit le monde. À Hawaii, les premiers plants furent introduits dès le début du XIXe siècle.

Les insulaires, qui trouvèrent une ressemblance entre l'ananas et le pandanus (*hala*), le nommèrent *hala kahiki* (*hala* étranger). Malgré le développement de nombreuses exploitations, l'impossibilité d'exporter le fruit sans risque de le voir pourrir lors des longs trajets en bateau limita un temps son expansion.

Au tournant du XXe siècle, James Dole régla le problème en inventant une machine à conditionner l'ananas. À son apogée, entre 1930 et 1950, l'industrie de l'archipel produisait les deux tiers de la récolte mondiale.

© Claude Hervé-Bazin

Gibson

En 1853, un groupe de mormons s'installe dans le bassin de Palawai, à Lana'i, pour fonder sa « cité de Joseph ». Les débuts de cette grande entreprise ne sont malheureusement pas couronnés de succès, et tout empire encore lorsque, quelques années plus tard, débarque un nouveau « président » de la mission d'Hawaii, Walter Murray Gibson. Rapidement, ses agissements vont semer le trouble dans la communauté, dont les membres découvrent qu'il s'est approprié les actes de propriété des terres acquises – établis en son nom propre et non en celui de l'Église. Tout puissant à bord, Gibson fait même un temps ordonner prêtres et prêtresses contre rémunération. Son règne prend fin trois ans plus tard lorsque, en 1864, une mission venue de Salt Lake City débarque et décide de l'excommunier. Les fidèles font leurs bagages pour O'ahu, et Gibson, qui dans la tempête conserve les terres, se lance dans l'élevage. Son succès et son ambition lui vaudront, sous le règne de Kalakaua, de devenir premier ministre du royaume d'Hawaii! C'est même lui qui ordonna la construction de la statue de Kamehameha devant l'Ali'iolani Hale, à Honolulu.

Étroite et raide par endroits, permettant tout juste le passage d'un véhicule, la piste n'est accessible qu'à pied ou en 4x4. Longue de 11,2 km, elle peut constituer un but de randonnée à la journée – à condition de pouvoir se faire récupérer dans le bassin de Palawai. Il arrive de croiser d'autres véhicules en sens inverse, parfois des chevaux ou des vélos, et il convient donc, au volant, de toujours garder l'œil ouvert. Après les pluies, la piste est franchement boueuse et les risques d'enlisement sont réels.

Le chemin serpente d'abord à travers les pins. Au bout d'environ 3 km, une fourche se présente. Prenez le grand virage en montée sur la droite (cul-de-sac à gauche). Au fur et à mesure, la forêt, nourrie par les brumes persistantes, se fait de plus en plus humide. Fougères, *iliau*, *'ohi'a* s'emparent du paysage. La piste suit les crêtes, plantées de pins de Cook dont les silhouettes se détachent sur l'horizon. Lorsque les nuées se dispersent, les hauteurs se révèlent et, avec elles, au loin, Moloka'i, Kaho'olawe et Maui. Les plus beaux points de vue sur les montagnes de Lana'i et les îles voisines s'offrent au bout d'environ 10 km.

Juste après, la piste redescend dans le **Palawai Basin**. Vestige de l'ancien cratère formateur de Lana'i, la cuvette fut longtemps plantée de la quasi-totalité des champs d'ananas de l'île. Depuis la dernière récolte, en 1993, elle n'est plus guère fréquentée que par du bétail. On reconnaît pourtant encore sans peine, du haut du Munro Trail comme à l'atterrissage à l'aéroport, les anciennes délimitations des rectangles cultivés.

Le dédale de pistes s'entrecroisant vous ramènera vers la route de Manele Bay, mais, avant d'y parvenir, ne manquez pas de faire un court détour par le site des **Luahiwa Petroglyphs** ★★. Il est assez difficile de se repérer entre les différentes pistes, mais ce qui compte c'est de toujours garder à sa droite le Lana'ihale. Si vous venez directement de Lana'i City, ce qui peut s'avérer légèrement plus facile, à environ 2,5 km au sud de la ville, prenez une grande piste signalée par un bouquet d'arbres et un *Stop*. Au bout de la ligne droite, elle s'incurve vers la droite et remonte immédiatement vers un croisement. Prenez à gauche. Après 800 m, un panneau en bois indique la direction des pétroglyphes. Là, à la hauteur d'une

▲ Le Hulopo'e Beach Park. © Claude Hervé-Bazin

maison, il faut prendre la route du haut. La flèche n'est plus visible, mais continuez dans la même direction que précédemment. Les rochers sont un peu plus loin sur la droite.

Sur le flanc inférieur du cratère se trouvait autrefois un *heiau* dédié à Ku et Hina, sous leur forme de dieu et déesse de la Pluie. Ce sont surtout ceux qui cultivaient la terre qui se rendaient ici pour obtenir la bénédiction divine. Certains des gros rochers noirs qui se disséminent sur la pente raide, auxquels les anciens attribuaient la *mana* des dieux, sont gravés de quelque 400 dessins. Seulement 1% d'entre eux, estime-t-on, sont antérieurs au XVIIe siècle. Beaucoup datent du XVIIIe siècle: il s'agit essentiellement de figures humaines. Les représentations de vaches, de chiens en laisse, de canoës et de cavaliers sont pour la plupart attribuées aux élèves du séminaire de Lahainaluna en vacances sur l'île dans les années 1870... Leur présence complique sérieusement le travail des archéologues et des historiens.

La plus belle plage de l'île et l'une des plus belles d'Hawaii est celle du **Hulopo'e Beach Park** ★★★, qui s'étend entre un parc public et le Four Seasons Resort qui la surplombe à l'ouest. Sur ce site se trouvait autrefois un village hawaïen, fondé selon les estimations entre l'an 900 et le XIIIe siècle. Les historiens supposent que les anciens navigateurs en provenance du Pacifique Sud y terminaient leur périple. Large, au sable clair et fin, la plage s'adosse à un rideau de cocotiers et de pins. C'est la seule de Lana'i où l'on puisse se baigner en toute tranquillité, et le meilleur endroit pour pratiquer la plongée-tuba. La baie fait partie d'une réserve marine où la pêche est interdite.

Délimitée à l'est par de hautes falaises noires, **Manele Bay** abrite le port de plaisance où accostent la navette maritime de Maui et les bateaux touristiques. Jusqu'en 1926, soit l'année de la création du port de Kaumalapa'u, tous les navires de commerce y faisaient aussi relâche. Manele Bay fait partie de la même réserve marine que Hulopo'e, mais la baignade n'y est pas possible à cause du trafic maritime, même limité.

▲ Le Garden of the Gods. © Shutterstock.com/Joe West

Les daims de Lana'i

Lors de vos balades à travers Lana'i, voire sur la pelouse de l'hôtel où vous logez, vous avez toutes les chances de rencontrer quelques-uns des milliers de daims (*Asian axis deer*) qui peuplent l'île, d'ailleurs beaucoup plus nombreux que les résidents. Se déplaçant par hardes, ils sortent en particulier à l'aube et au crépuscule. Ils descendent des huit daims qu'on a apportés de l'Inde au milieu du XIXe siècle.

▸ Un daim. © iStockphoto.com/CharlesMasters

Autour de l'île en 4x4 ★★

À l'exception de Shipwreck Beach, dont l'orée peut être atteinte par une route goudronnée, tous les autres sites mentionnés ici sont desservis par des chemins de terre battue. L'ordre de la visite importe peu, dans la mesure où il est toujours nécessaire de repasser par Lana'i City.

La côte nord

Lorsque vous arrivez devant une zone enclose, ignorez le panneau indiquant sur la gauche «Kanepu'u» et pénétrez à l'intérieur de l'enceinte: elle protège la **Kanepu'u Preserve** de l'intrusion des daims et des mouflons, qui venaient auparavant y brouter les jeunes pousses et les graines des quelques plantes endémiques que l'on peut encore y trouver.

Kanepu'u, que l'on pourrait traduire par «Kane sous la forme d'une colline», fait allusion au *heiau* qui se trouvait autrefois à son sommet, où était révéré le dieu. Tout le territoire compris entre le Lana'ihale et la côte nord-ouest était alors boisé. Aujourd'hui, Kanepu'u abrite l'un des derniers vestiges de la forêt sèche de l'île, où l'on peut encore voir *olopua* et *lama*, des arbres typiques de ces régions. En tout, on y trouve quelque 48 espèces endémiques hawaïennes. Quelques centaines de mètres après avoir franchi la grille, se trouve le début d'un petit sentier en boucle. Parcouru en 10 min à peine, il constitue une sorte de «jeu de piste», de pancarte en pancarte, mettant en relief la dégradation du milieu naturel à Lana'i.

Environ 2 km plus au nord, la piste atteint le **Garden of the Gods** ★★, un étonnant petit plateau dénudé, jonché de milliers de rochers. La couleur de la latérite et les formes étranges de certains empilements de pierres évoquent avec constance la surface désolée et chaotique de la «planète rouge». C'est au coucher ou au lever du soleil que la lumière est la plus belle: jaune, ocre, brun, terre de Sienne... on assiste à un véritable festival de couleurs.

Après le «jardin des dieux», la piste, dorénavant réservée aux seuls 4x4, descend en direction de la côte nord et atteint en un quart d'heure environ l'immense **Polihua Beach** ★★. Le vent soulève des tourbillons de sable roux et granuleux fouettant la peau, tandis que face à vous déferlent les vagues et se dresse le profil montagneux de Moloka'i. Polihua est l'une des dernières plages vraiment désertes d'Hawaii, sans aménagements ni touristes, et l'impression de solitude y est très présente. Les courants sont violents (leur surnom, *The Tahitian Express*, en dit long...), et la baignade est absolument impossible.

La côte est

Sur près de 13 km, en direction de la pointe nord de l'île, la jolie **Shipwreck Beach** ★★, déserte, souligne par intermittence une série d'anses successives. Très vite, on voit apparaître l'épave rouillée du bateau qui lui valut son nom. Cet ancien navire de transport de la marine américaine (*liberty ship*) devait être coulé après la Seconde Guerre mondiale dans le chenal de Kalohi, qui sépare Lana'i de Moloka'i, mais il s'échoua près du rivage. Les amateurs de randonnée peuvent longer la plage et la côte jusqu'à Polihua Beach.

À partir des fondations de l'ancien phare aujourd'hui disparu, juste au-dessus du bout de la piste, un sentier tracé entre deux rideaux de broussailles mène *mauka* jusqu'à un gros rocher gravé de **pétroglyphes**: représentations anthropomorphes surtout, plus deux animaux de nature incertaine... Pour être sûr de ne pas vous perdre, malgré le peu de chemin à parcourir (environ 300 m), assurez-vous de passer entre deux cairns. Le début du sentier était signalé par des traces de peinture blanche, mais elles ont totalement disparu. Vous saurez que vous êtes sur le bon chemin lorsque vous verrez, sur un rocher, l'inscription *Do not deface* («Ne barbouillez pas»).

À Kahalepalaoa, site d'un ancien quai, vous verrez les vestiges d'un *heiau* détruit lors de la construction de voies ferrées par la Maunalei Sugar Company, fermée depuis. Sur ce site s'élève un petit **autel bouddhique**. Peu après s'étire la jolie plage de **Lopa** ★, où une table, à l'ombre d'un *kiawe*, invite au pique-nique. L'endroit est très populaire pour le surf. La baignade n'est cependant pas conseillée. À cet endroit se trouvaient autrefois quatre viviers, dont un seul dépasse encore du niveau de l'eau.

Vers l'ouest

Sur le site archéologique de **Kaunolu** ★, un sentier, doté de panneaux explicatifs, permet de parcourir les lieux en environ une heure en descendant progressivement jusqu'en bord de mer.

Les recherches effectuées par les archéologues du **Bishop Museum** semblent indiquer que le hameau de pêcheurs établi vers l'an 1500 s'est peu à peu étendu sous l'influence des *ali'i* de Maui. Il semble même que Kaunolu, auquel les légendes et mythes hawaïens accordent une grande importance, soit devenu au fil du temps le principal centre religieux de Lana'i. Le *heiau* de Halulu abritait un rare *pu'uhonua*. Au XVIIIe siècle, dans sa jeunesse, Kamehameha lui-même se serait retiré ici durant l'été. Mais c'est à un autre chef, venu de Maui, Kahekili, que le lieu reste le plus attaché. Du haut de la falaise, à l'ouest du village, Kahekili défiait ses hommes dans l'exercice d'un sport méconnu: le saut de falaise – 18 m ici!

▲ Shipwreck Beach. © Shutterstock.com/Joe West

Moloka'i

Moloka'i, la cinquième île de l'archipel en importance (673 km²), s'étire tout en longueur, sur 60 km. Elle est constituée de deux volcans séparés par une plaine centrale, ancien plateau de lave constitué au fil des éruptions. À l'ouest, le Mauna Loa, « montagne longue », le plus vieux et le plus érodé, sec et planté de *kiawe*, appartenait presque entièrement à l'immense Moloka'i Ranch jusqu'au moment où celui-ci cessa ses activités en 2008. À l'est, le Kamakou, trois fois plus haut, qui lui sert de parapluie, baigne dans les nuages porteurs d'humidité. Entaillé de vallées profondes au nord, il s'ouvre sur les plus hautes falaises du monde. Sur 24 km, entre la vallée de Halawa et la péninsule de Kalaupapa, une langue de lave qui servit de lieu d'exil aux malades de la lèpre au XIXᵉ siècle, la côte nord (*backside*) est bardée de redoutables défenses naturelles. À Umilehi Point, l'à-pic atteint près de 800 m! Et un peu plus à l'est, la plus haute chute des îles, Kahiwa, dégringole sans vergogne de 533 m!

Des sentiers échevelés permettaient autrefois aux Hawaïens de peupler ces vallées isolées, aujourd'hui fréquentées par quelques rares chasseurs et randonneurs. Ce sont même elles qui furent les premières à être habitées. Puis, sur la côte sud, peu profonde et protégée par un récif, les Anciens aménagèrent le plus grand ensemble de viviers de l'archipel.

À tout juste 35 km à l'est d'O'ahu, Moloka'i vit dans un autre monde. Appartenant au comté de Maui, elle se tourne plus volontiers vers l'est que vers l'ouest, plutôt vers la ruralité que vers la ville. Pas un feu de circulation, pas un centre commercial, pas une boîte de nuit ne vient troubler sa lancinante quiétude. Ici tout est plus lent, tout fonctionne au rythme du *Hawaiian time*. L'île n'est guère balnéaire, ses quelques plages étant le plus souvent balayées par de forts courants. Si peu commerciale par nature, elle est aussi la plus traditionnelle, la plus proche du style de vie d'autrefois. Plus de la moitié de ses 7 300 habitants sont Hawaïens; ils vous accueillent avec un sourire, d'où le double surnom de Moloka'i : « l'île la plus hawaïenne » et « l'île amicale ».

0
5
10km
0
3
6mi
N
OCÉAN PACIFIQUE
Kanaha Rock
Mokuho'oniki Island
Halawa
Halawa Valley
Jerusalema Hou
Rock Point
Moa'ula Falls
20-Mile Beach
Kahiwa Falls
Waialua
Pauwalu
Pailolo Channel
Mokohola Island
Puko'o
Mokapu Island
Kamakou Preserve
Mapulehu
Pakui
Kaluaaha
Kalaupapa National Historical Park
Falaises
Pelekunu Preserve
Puu Alii
Kamakou (1 515 m)
Our Lady of Sorrows Church
Kalaupapa Airport
Kalawao
Kauna o Hua
450
Hanalilolilo
Pu'u Lua
Puu Kolekole
Keawa Nui
Kalaupapa
Pepe'opae Trail
Puuokaeha
Kalaupapa Lookout
Waikolu Lookout
Kamalo
Pala'au State Park
Kala'e
Moloka'i Museum and Cultural Center
470
Purdy's Natural Macadamia Nuts
Kawela
Kakaha'ia Beach Park
Kualapu'u
One Ali'i Beach Park
Mo'omomi Preserve
482
Ho'olehua Post Office
Plumeria Farm
Kaloko'eli
Ho'olehua
Kaunakakai
Moloka'i Airport
480
460
Church Row
465
Kumu Farm
Kawa'aloa Bay
Kapuaiwa Coconut Grove
460
Kawakiu Beach
Kawaikiu Nui Bay
Maunaloa
Papohaku Beach Park
Lana'i
Kepuhi Bay
Make Horse Beach
Kalohi Channel
Kapukahehu Beach/ Dixie Maru Beach
©ULYSSE

Le centre ⋆

Situé en plein centre de l'île, sur la côte sud, le chef-lieu de Moloka'i, **Kaunakakai** ⋆, tient en fait plus du village. Le long de son unique rue commerçante, Ala Malama Street, s'alignent quelques vieilles boutiques aux façades de bois façon western, abritant petits magasins et restaurants familiaux… la plupart des commerces de l'île, en fait! Tout au bout de Wharf Street se trouve le **port**, qui, même s'il n'en a pas l'air, est le plus important de l'île. Ici débarquent toutes les marchandises. Une jetée longue de plus de 1 km, au bout de laquelle s'amarrent quelques bateaux de pêche au gros et des voiliers, s'avance en mer. Plusieurs fois par semaine, le *Maui Princess* y déverse son lot d'excursionnistes en provenance de Maui.

Kaunakakai n'est pas une ville à visiter, plutôt à respirer, pour s'imprégner du quotidien de ses habitants. Si vous tenez à trouver quelque chose à faire, vous pouvez parcourir l'étroit liseré de sable soulignant sans interruption la côte sud, ou encore jeter un coup d'œil sur les fondations de la résidence disparue de Kamehameha V, situées à la base de la jetée.

Le **Kapuaiwa Coconut Grove** ⋆ est l'une des dernières cocoteraies royales d'Hawaii. Plantée par Kamehameha V à la fin du XIXe siècle, elle regroupe près d'un millier d'arbres coincés entre la route et la mer, à un endroit où coule une source. Attention à votre tête par grand vent! En face, **Church Row** regroupe plusieurs petites églises en bois, dont la jolie **Pomakai Church**, située légèrement en retrait de la route. Peu après, sur le côté droit de la route, se trouve la **Plumeria Farm**, une plantation de frangipaniers dont les fleurs parfumées servent à confectionner les *lei*.

Kualapu'u était autrefois entièrement dédiée à l'ananas. **Coffees of Hawaii** y cultive aujourd'hui le café. La maison produit plusieurs sortes de cafés, dont

le Malulani Estate, l'Hawaiian Espresso, le Moloka'i Island Princess et le Muleskinner. On peut les déguster au **Coffee Espresso Bar**.

Environ 500 m plus loin, une grande affiche bleue peinte d'un arc-en-ciel signale l'entrée de l'entreprise **Purdy's Natural Macadamia Nuts** ⋆. Ici la productivité n'est pas à l'ordre du jour, mais la qualité, oui. Tout est fait de manière naturelle, sans engrais ni produits chimiques, ce qui permet de visiter la plantation sans risque pour la santé. Tuddie vous expliquera le cycle de l'arbre, de la fleur à la noix – ce qui est plutôt aisé dans la mesure où tous les stades sont simultanés. Il vous fera aussi goûter à loisir avant que vous décidiez, ou non, d'acheter noix ou miel de fleurs de macadamia.

▸ La Pomakai Church. © Claude Hervé-Bazin

▲ Le Kapuaiwa Coconut Grove. © iStockphoto.com/tropicalpixsingapore

Faites un arrêt au **Ho'olehua Post Office**, un bureau de poste où il vous sera possible d'envoyer à un être cher une noix de coco que vous aurez préalablement décorée. Le prix varie selon le poids de la noix de coco et la destination, soit entre 10$ et 20$. Une façon originale de dire *Aloha*!

La **Mo'omomi Beach** est gérée par le Department of Hawaiian Home Lands. Installée sur la rive orientale de la baie de Mo'omomi et constituée de deux grandes anses séparées par une avancée rocheuse, cette petite plage est un bon point de départ pour partir à la découverte de la côte nord-ouest de l'île. Vous découvrirez une deuxième plage plus à l'ouest, entachée de déchets déposés par les tempêtes, puis une troisième de toute beauté à ne pas rater, ourlant l'intégralité de **Kawa'aloa Bay** ★★, sauvage et solitaire. On l'atteint en 20 ou 30 min en longeant le littoral.

Toute la zone fait partie de la **Mo'omomi Preserve**, créée en 1988 pour protéger l'une des dernières plages naturelles d'Hawaii. S'étendant sur 373 ha, la réserve, aux dunes ventrues, abrite un nombre record d'espèces endémiques (en particulier de plantes) et accueille, chaque année, la nidification des rares tortues vertes hawaïennes. On y voit même parfois de timides phoques moines.

Outre une intéressante exposition sur l'histoire de Moloka'i, on peut découvrir au **Moloka'i Museum and Cultural Center** ★★ une vieille sucrerie fondée en 1878 par un pionnier allemand. Arrivé dans l'archipel en 1850, Rudolph Wilhelm Meyer, ingénieur de formation, fut d'abord chargé par le gouvernement de cadastrer les terres de l'île. L'année suivante, il épousa la chef Kalama Waha et se fit naturaliser Hawaïen. La famille s'installa à Kala'e, dans une ferme où elle se mit à cultiver la canne à sucre, dans les zones les mieux protégées, le taro et même... des pêchers. Patriarche, père de 11 enfants, Meyer fit former 6 d'entre eux à des métiers différents, de sorte à être autosuffisant, ce qui lui permettait de gérer conjointement l'exploitation d'élevage de moutons créée en 1859 sur les terres du futur Moloka'i Ranch.

Les installations de la **sucrerie**, construite en 1878 et abandonnée dès 1889 à cause de cours trop faibles et d'une sécheresse prolongée, ont été minutieusement restaurées avec l'aide des descendants de Meyer. Dans le musée, un petit film présente son fonctionnement et sa lente remise en état.

De l'aire de stationnement du **Pala'au State Park**, un très court sentier conduit entre les pins au **Kalaupapa Lookout** ★★, un belvédère dominant de haut la péninsule, où, plus d'un siècle durant, les malades de la lèpre furent isolés. On voit clairement le village et, au bout de la pointe, le petit aéroport. Des panneaux explicatifs retracent la terrible histoire de la colonie (voir «Kalaupapa» ci-dessous).

De l'aire de stationnement, un autre chemin mène, en quelques minutes, au sommet d'une petite colline, **Pu'u Lua**. Là, entre les pins toujours, s'élève une roche phallique, formation naturelle partiellement sculptée par les Anciens, connue sous le nom de *Kauleonanahoa*. La légende raconte l'histoire de Nanahoa et de sa femme, Kawahuna, qui vivaient ici. Un jour, une jeune fille très belle apparut. Nanahoa la surprit se mirant dans une flaque. Il lui sourit, et le reflet de la jeune fille lui retourna son sourire. Jalouse, Kawahuna, qui passait par là, attrapa la jeune fille par les cheveux. Pris de colère, Nanahoa frappa sa femme et la fit chuter, involontairement, du haut de la falaise où elle se transforma en pierre. Nanahoa, lui aussi, fut pétrifié et sa virilité conservée sous la forme de cette roche. La tradition veut que les femmes stériles ou désirant un enfant qui y passent la nuit en repartent enceintes le lendemain matin.

▲ Le Moloka'i Museum and Cultural Center. © Flickr.com/Kristina D.C. Hoeppner

Père Damien

▲ Père Damien. © Le Patriote illustré du 2 juin 1889

Né en 1840 à Tremeloo, en Belgique, Joseph De Veuster est issu d'une famille paysanne aux traditions catholiques très fortes – trois de ses frères étaient prêtres. Étudiant en théologie, il part pour Hawaii en 1863 avec 15 autres missionnaires.

Sous le nom de Damien, il est ordonné deux mois après son arrivée dans l'archipel. D'abord affecté à Big Island, il choisit d'être transféré en 1873 à Kalaupapa, où les prêtres ne faisaient auparavant que de courts séjours. Il s'y éteindra 16 ans plus tard, victime à son tour de la lèpre. De son vivant, sa dévotion auprès des malades de Kalaupapa avait attiré l'attention des médias de l'époque et, lorsque son corps fut rapatrié en Belgique, en 1936, ce fut l'occasion d'une grande cérémonie solennelle.

Il fut inhumé dans la crypte de la cathédrale de Louvain. Déclaré vénérable en 1977 par Paul VI, béatifié en 1995 par Jean-Paul II, le père Damien a été canonisé en octobre 2009 par Benoît XVI. En souvenir de son attachement à Kalaupapa, une relique a été ramenée de Belgique et replacée dans sa tombe d'origine.

▲ Vue depuis le Kalaupapa Lookout (voir p.182). © Shutterstock.com/Ritu Manoj Jethani

Kalaupapa ★★

À force de déverser sa lave, le Kauhako, un petit volcan né en mer juste au large des falaises de la côte nord, finit par s'ancrer à la masse de Moloka'i, bien plus ancienne, formant ainsi la péninsule de Kalaupapa. Isolé du reste de l'île, battu pendant l'hiver par de fortes tempêtes, le site sembla tout désigné lorsque, en 1865, le roi Kamehameha V prit la grave décision de bannir tous les malades de la lèpre gravement atteints. Le premier cas reconnu avait été observé à Kaua'i seulement 30 ans plus tôt. On suppose que ce sont les immigrants chinois qui introduisirent la maladie à Hawaii d'où son nom hawaïen: *mai pake* (la maladie chinoise). Son extension rapide à travers l'archipel avait soulevé dans le royaume un vent de panique.

Traités sans ménagement, les premiers lépreux, ainsi qu'ils étaient désignés, furent jetés par-dessus bord à l'approche de la côte, à partir du début de 1866. Tous ne savaient pas nager et, de ceux qui le savaient, certains étaient trop faibles pour parvenir jusqu'au littoral.

Les autres s'installèrent tant bien que mal dans des huttes de fortune, à Kalawao, à la base orientale de la péninsule, sans aide, sans nourriture autre que celle qu'ils parvenaient à cultiver. Kalaupapa, sans contrôle sanitaire, administratif ou policier, fut livrée à elle-même et fut rapidement en proie aux pires exactions. Les enfants, contaminés ou non, étaient réduits en quasi-esclavage ou à la prostitution. Peu à peu, pourtant, une sorte de mini-société se créa. Même si la plupart des résidents étaient Hawaïens, on vit peu à peu apparaître des sociétés d'entraide chinoises, japonaises, etc.

Les hommes étaient plus réceptifs à la lèpre et en mourraient plus vite. La plupart étaient victimes de pneumonies non soignées ou de la gangrène. La lèpre faisant perdre toute sensation aux membres, nombreux étaient les accidents qui, non soignés, dégénéraient. Beaucoup devenaient également aveugles. Seuls ceux qui en avaient les moyens étaient enterrés; les

corps des autres étaient laissés à l'air libre et mangés par les cochons. On estime à environ 8 000 le nombre de morts éparpillés à travers la péninsule.

C'est dans ce contexte, sans espoir, que, le 10 mai 1873, le père Damien, alors âgé de 33 ans, arriva à Kalaupapa. C'est à une période où l'administration hawaïenne redoublait d'effort pour isoler les malades. Le prêtre belge, auparavant en poste sur Big Island, où il avait rencontré des malades de la lèpre, s'était porté volontaire auprès des autorités ecclésiastiques pour résider à temps complet sur la péninsule. D'autres avant lui étaient venus, mais rarement pour plus de quelques jours. À son arrivée, près de 800 personnes vivaient à Kalaupapa. L'une de ses premières initiatives fut de faire planter des patates douces, pour les échanger avec les navires de passage contre tout ce dont la colonie avait besoin. Puis maisons et dispensaires furent édifiés avec l'aide des résidents les plus valides. Il fallait aussi construire des cercueils, creuser des tombes.

En 1885, après 12 années de travail acharné, le père Damien était lui-même diagnostiqué comme malade. Isolé, abandonné par ses supérieurs, qui, jugeant de sa trop grande indépendance, refusaient de lui envoyer de l'aide, il eut la chance, l'année suivante, de voir un ancien militaire du nom de Joseph Dutton s'engager à ses côtés. Au même moment étaient créés un «Home for Boys» et, deux ans plus tard, un «Home for Girls». Les enfants étaient jusque-là hébergés dans des huttes entourant celle du prêtre. Trois religieuses arrivèrent pour assister le père Damien en 1888. Gravement malade, il s'éteignit l'année suivante après avoir contracté une pneumonie. Il fut canonisé en 2009.

Bien que moins connu que Damien, «frère» Dutton poursuivit son œuvre durant 44 ans. Très patriotique, il instaura une cérémonie du drapeau (américain) quotidienne, avant même l'annexion d'Hawaii par les États-Unis… Sous sa férule, la colonie de Kalawao, à la base orientale de la péninsule, fut progressivement abandonnée, au profit de Kalaupapa, plus à l'ouest, où le temps est plus sec et plus chaud, et la mer moins mauvaise. Cette période vit aussi l'émergence des premiers espoirs de traitement, malheureusement déçus.

En 1909, un hôpital de recherche fut créé à Kalawao, mais les essais échouèrent, en partie parce que les quelques patients qui avaient accepté de collaborer, habitués à se méfier des étrangers, cessèrent vite d'y aller. Il fut fermé dès 1913. Il fallut attendre 1941 pour qu'un traitement efficace soit découvert, et cinq ans de plus avant qu'il ne soit proposé aux résidents de Kalaupapa. À ce moment, les barrières érigées pour contenir les malades furent jetées à terre. En 1969 fut enfin abandonnée la politique d'isolement dont souffraient les victimes de la lèpre. Elles pouvaient enfin quitter Kalaupapa si elles le désiraient. En 1980, Kalaupapa est officiellement devenu le **Kalaupapa National Historical Park**.

La colonie, qui compta tout au plus 1 262 habitants en 1905, n'en abrite aujourd'hui qu'une centaine. De ceux-ci, une dizaine seulement sont d'anciens malades qui n'ont pas jugé bon de partir, et les plus jeunes ont plus de 70 ans. Les autres résidents sont des employés du Service des parcs nationaux ou font partie de l'administration.

Suivant sans doute le tracé d'un vieux sentier hawaïen, le chemin qui mène à Kalaupapa fut aménagé à même la falaise, en 1886-1887, par un émigrant portugais originaire de l'île de Madère. Échevelé, il descend du plateau supérieur vers la péninsule en 5 km et 500 m de dénivelé, soit un trajet d'environ 1h30 avec 26 virages très exactement (ils sont numérotés!). Le chemin a été amélioré dans les années 1990 par le Service des parcs nationaux et doté de nombreuses marches.

À l'exception des invités des habitants mêmes, les visiteurs ne sont pas autorisés à passer la nuit à Kalaupapa, ni à s'y promener seuls. Il est obligatoire de visiter

▲ Moloka'i Mule Rides. © Claude Hervé-Bazin

le parc avec un guide affilié à la seule agence de Kalaupapa, **Damien Tours**.

Il est possible de s'y rendre en avion, à pied ou à dos de mule. L'approche à pied ou à dos de mule, qui offre une succession de points de vue imprenables, est la seule qui permette de vraiment ressentir l'isolement de la péninsule. **Moloka'i Mule Rides** propose des forfaits combinant la descente du sentier à pied ou à dos de mule menant à Kalaupapa, ainsi que la visite du parc accompagné d'un guide de l'agence Damien Tours. Les enfants de moins de 16 ans sont interdits de séjour à Kalaupapa.

Vous aurez forcément déjà vu, sur un pare-chocs quelconque, le slogan: *Ne préféreriez-vous pas être en train de faire de la mule à Moloka'i?* À défaut, votre regard aura sans doute croisé un t-shirt affichant l'inscription *J'ai survécu au sentier de Kalaupapa*. À mi-chemin du tourisme et du folklore, la descente en mule est devenue l'attraction à ne pas manquer de Moloka'i. Pour des raisons pratiques, la descente en mule est interdite aux personnes pesant plus de 110 kg.

Tout commence par un petit cours de conduite. On vous installe même un mini-escalier pour vous faire grimper sur votre monture! Très habituées, les mules se suivent de près, en file indienne et en «pilote automatique». Le sentier descend à flanc de précipice, ce qui peut être impressionnant, mais il est bordé tout du long par un maigre rideau de végétation, qui apporte un certain confort psychologique. Le 26e virage passé, le sentier rejoint la base de la péninsule en longeant une jolie plage de sable gris. La baignade y est d'autant moins à l'ordre du jour qu'il est interdit d'y faire halte. Sitôt descendu de votre fier destrier, vous êtes invité à monter à bord du vieil autobus scolaire de Damien Tours pour une visite approfondie de Kalaupapa. Si vous êtes

descendu à pied, le traitement est le même. Et si vous êtes venu en avion, on sera allé vous chercher auparavant.

Au programme, les choses à faire (suivre sans broncher) et à ne pas faire (à peu près tout le reste). Il n'est évidemment pas possible de quitter le groupe. Vous passerez au ralenti à travers le **village**.

Le premier arrêt, toujours dans le village, fait face à la **tombe** et au monument de la mère Marianne Cope (1838-1918), responsable des premières religieuses arrivées à Kalaupapa à la fin de 1888 pour gérer le «pensionnat de jeunes filles» créé pour les femmes seules. Juste à côté se dresse un étonnant **monument** en forme de croix celtique élevé à la mémoire du père Damien en 1893. Le deuxième arrêt, d'une quinzaine de minutes, est pour la petite **librairie** ★. On peut y voir une collection de vieilles photos des années 1880 à 1930 et d'objets adaptés fabriqués par les résidents de Kalaupapa, révélant leur difficile quotidien: chaussures avec bande à la place de lacets, pantalon avec une lanière remplaçant la fermeture éclair, couverts avec poignées, etc.

Quittant le village, on se dirige ensuite vers **Kalawao**, à la base orientale de la péninsule. C'est ici que s'établit la première colonie. C'est aussi le site de la **Siloama Church**, une église protestante fondée dès 1871 par les résidents eux-mêmes; le bâtiment actuel ne remonte qu'aux années 1930. Tout près se dresse la célèbre **St. Philomena Church** ★, aux tons pastel. Elle fut construite en 1872 à Honolulu et consacrée ici par le frère Victorin Bertrant. Le bâtiment d'origine, tout petit, correspond à l'aile située à gauche de l'entrée. Quatre ans plus tard, avec l'aide de certains résidents, Damien agrandit la chapelle pour en faire une église. Son plan actuel, avec une tour en pierre, date de la seconde reconstruction, en 1888, un an avant la mort du prêtre. Le guide vous signalera les trous aménagés dans le plancher pour permettre aux fidèles malades de cracher durant le service. À droite de l'entrée se trouvent la tombe originale du père Damien et celle de son successeur, frère Dutton.

L'ultime arrêt, consacré au pique-nique, est pour le Judd Park, qui s'étend à la base de la péninsule, à l'est de l'église. Au-delà des gros îlots rocheux de Mokapu et d'Okala se profilent les impressionnantes **falaises** ★★ de la côte nord de Moloka'i, réputées les plus hautes du monde.

◂ Falaises de Moloka'i. © Dreamstime.com/Eugene Kalenkovich

▾ Course de canoës. © Dreamstime.com/Windwardskies

Moloka'i Hoe

Plus de 1 000 pagayeurs, venus entre autres de Tahiti, du Japon, de Singapour, d'Italie, d'Australie, de Californie et, bien sûr, d'Hawaii, se donnent rendez-vous au Moloka'i Hoe chaque année au début du mois d'octobre. Ils participent alors à la plus célèbre course de canoës de l'archipel, qui part de l'île de Moloka'i, au port de Hale o Lono, pour se terminer à l'île d'O'ahu, sur la plage Duke Kahanamoku de Waikiki. Franchissant le chenal de Kaiwi, la course, de 65 km, met en concurrence une centaine d'équipes de neuf personnes, dont six pagaient en permanence. L'exercice est rendu d'autant plus difficile par la force des courants qui balaient le chenal, l'un des passages maritimes les plus périlleux de la planète. Les plus rapides, partis à 7h30, arrivent dès 13h.

▲ Papohaku Beach. © Flickr.com/PatrickMcNally

L'ouest ★

À l'ouest de Kaunakakai, on observe un paysage sec, aux collines dénudées et aux basses terres recouvertes de broussailles. La région est tellement sèche que l'on retrouve des bornes d'incendie aux 200 mètres. L'érosion est visible à l'œil nu, mettant au jour la latérite. Toute la région est abritée des pluies par la masse du Kamakou, à l'est. Ici s'étend le second volcan formateur de l'île, le Mauna Loa (longue montagne; à ne pas confondre avec le volcan du même nom de Big Island) – si long en fait qu'il ne dépasse guère 400 m d'altitude. Il est même difficile de distinguer ses formes.

En chemin, vous verrez un panneau annonçant la **Kumu Farm**. Il s'agit d'un arrêt agréable où vous pourrez vous procurer des fruits et légumes frais, et qui offre en plus une belle sélection de produits préparés sur place (herbes, sauces, etc.).

Make Horse Beach ★ est une large étendue de sable rarement fréquentée par plus de quelques personnes, sans doute parce que la baignade y est impossible. L'accès en est libre.

Un chemin, accessible aux seuls 4x4, remonte vers le nord en direction de la solitaire **Kawakiu Beach** ★★. Le trajet à pied dure entre 20 et 30 min dans chaque sens, à travers une savane sèche plantée

de *kiawe*. N'hésitez pas, en chemin, à franchir la grille empêchant le bétail de s'échapper. Le chemin redescend finalement vers la plage ourlant une anse échancrée. Couverte d'un épais tapis de sable fin et ponctuée de quelques rochers, elle est le plus souvent déserte.

Le **Papohaku Beach Park** ⋆⋆ s'étend le long de la plus belle plage de Moloka'i, l'une des plus grandes et des plus larges d'Hawaii. Longue de près de 5 km, **Papohaku Beach**, aussi appelée **Three Mile Beach**, est vierge de développement. La plupart du temps, vous serez seul pour en profiter, tout juste accompagné par le souffle du vent balayant le sable par rafales. Papohaku Beach n'a qu'un défaut: il est impossible de s'y baigner à cause des forts courants.

Kapukahehu Beach, mieux connue sous le nom de **Dixie Maru Beach** ⋆⋆, est plus fréquentée, car elle borde une anse bien protégée permettant la baignade et la plongée-tuba.

Le village de **Maunaloa** faisait autrefois partie du Moloka'i Ranch. Ce ranch, qui employait la majorité des habitants du village, a dû fermer ses portes en 2008. En raison de la perte de leurs emplois, plusieurs habitants ont quitté le village, mais certains ont quand même décidé de rester pour tenter de faire renaître Maunaloa. On y trouve une galerie d'artisanat ainsi qu'une boutique de cerfs-volants.

L'est ★

Très peu profonde et protégée des courants par un récif ininterrompu, le plus grand d'Hawaii, la côte méridionale était idéale pour l'aquaculture, ce que découvrirent très tôt les Hawaïens. Les historiens y ont recensé 62 viviers, la plus grande concentration de l'archipel. La plupart remontent sans doute aux environs du XIIIe siècle. Juste à l'est de Kaunakakai, le premier visible est celui de **Kaloko'eli**. Pour s'en approcher, le plus simple est de traverser l'immeuble locatif de Moloka'i Shores. Partiellement recouvert par la végétation, ce vivier s'étend le long d'une petite plage.

Un peu plus à l'est, les deux secteurs du **One Ali'i Beach Park** s'étendent contre un autre vivier. Ils sont très fréquentés durant les fins de semaine par les familles qui viennent y pique-niquer à l'ombre des cocotiers et des *kiawe*.

Le lieu-dit **Kawela** est le site d'une sanglante bataille qui vit la victoire de Kamehameha sur les forces de Moloka'i. Le grand roi était en chemin vers la conquête d'O'ahu. À cet endroit se trouvait un *pu'uhonua*.

Un peu plus loin, le **Kakaha'ia Beach Park**, populaire auprès des pêcheurs, s'étire le long de la plage tout près de la route. Vers l'intérieur des terres, autour d'un ancien étang transformé en vivier, s'étend le **Kakahaia National Wildlife Refuge**, une réserve faunique inaccessible sans autorisation. Dans les marais aux broussailles denses s'ébattent plusieurs espèces endémiques, dont l'échasse et la poule d'eau hawaïennes.

Plus à l'est, le hameau de **Kamalo**, aux quelques plantations d'agrumes et de fruits exotiques, abrita longtemps le principal port de l'île. La petite **St. Joseph Church** ★, en bois blanc, surmontée d'un gros clocher, rappelle la présence du père Damien *topside* (en haut) en même temps qu'à Kalaupapa. Le prêtre belge fit édifier quatre églises à travers l'île, dont deux subsistent. L'église Saint-Joseph, quant à elle, date de 1876. Devant s'élève une statue de bronze du père Damien en soutane, souvent ornée de *lei*.

Plus loin, un panneau de bois marque l'emplacement où atterrirent d'urgence, le 15 juillet 1927, Ernest Smith et Emory Bronte lors du premier vol transpacifique. Ils avaient quitté Oakland, en Californie, 25 heures et 2 min plus tôt, comme le précise le vieux monument situé au pied du panneau. Ce dernier est d'ailleurs plus facile à repérer dans le sens inverse.

C'est peu après que se trouve le plus grand vivier de Moloka'i, **Keawa Nui** ★, qui occupe une baie formée par une petite péninsule. Classé monument historique, il couvre près de 22 ha et est délimité par un mur long de plus de 600 m! Il précède de peu un autre vivier, celui d''Ualapu'e, face auquel se dresse la seconde église du père Damien, **Our Lady of Sorrows Church**, de deux ans antérieure à l'église Saint-Joseph. Assez semblable, mais plus grande, elle a été reconstruite en 1966.

À **Mapulehu** se trouve l'impressionnant **'Ili'ili'opa'e Heiau** ★★. Un des plus grands de l'archipel, à quatre terrasses, il constitue une plateforme haute de 6,70 m, d'une grandeur comparable à celle d'un terrain de foot. Selon la légende, ses pierres furent amenées en une nuit par une chaîne ininterrompue de *menehune* depuis la vallée de Wailua, sur la côte nord. Il semble que les Anciens y pratiquaient des sacrifices humains.

Puko'o abrite les ruines de la première église de Moloka'i, la Kalua'aha Church, qui date de 1844, ainsi que deux plages. La plus à l'est, proche du récif, est tout indiquée pour la plongée-tuba. Passé Waialua, où l'on peut également se baigner, la route atteint, au Mile 20, la bien nommée **20-Mile Beach** ★ ou Murphy Beach, un ruban de sable clair surmonté d'un bouquet de cocotiers. Le site, pro-

▲ L'église de Jerusalema Hou. © Claude Hervé-Bazin

▲ 20-Mile Beach. © Shutterstock.com/Mike Brake

tégé par la barrière, se prête bien aux bains de mer et à la plongée-tuba.

Par la suite, la route, de plus en plus étroite et tortueuse, longe la côte de près. Elle passe **Rock Point**, un site de surf renommé face à une avancée rocheuse, puis longe une petite plage de sable clair, avant de s'élever progressivement. De jolis points de vue s'offrent sur l'îlot de Mokuho'oniki. La chaussée quitte ensuite le littoral pour bifurquer vers l'intérieur des terres, occupées par les pâturages verdoyants du grand **Pu'u O Hoku Ranch**, qui s'étend sur près de 3 650 ha.

Peu après, le ruban de goudron, qui semble fondre au fur et à mesure, entame sa descente, en virages serrés, dans la **Halawa Valley** ★★ – la seule vallée de la côte nord qui soit facilement accessible. Il semble qu'elle ait été l'une des premières habitées de Moloka'i (vers l'an 650) et conserva, jusqu'au tsunami de 1946, une importante population. On y cultivait le taro sur une grande échelle. Des points de vue plongeants révèlent à la fois le vaste amphithéâtre de la vallée, striée de chutes, et la baie de Halawa, gardée par de formidables falaises. Peu avant son terme, la route passe la jolie petite église en bois vert de **Jerusalema Hou** ★ (1948), coiffée d'un minuscule clocher. Elle se termine peu après un petit *beach park* au bord de la baie, là où se jette la rivière Halawa qui forme une langue sableuse. Pour fouler le sable gris, il faut traverser le cours d'eau. Lorsque les conditions sont bonnes, la baie de Halawa, en forme de fer à cheval, est fréquentée par les surfeurs.

À moins de pénétrer au cœur de la vallée, vous ne ferez que l'effleurer. L'accès au sentier (3 km) menant aux belles **Moa'ula Falls**, hautes de 75 m, a, des années durant, fait l'objet de controverses entre propriétaires terriens et randonneurs. Vu la présence d'activistes hawaïens ayant choisi de vivre en marge de la société dans la vallée et de cultivateurs clandestins de marijuana, la randonnée tenait plus du parcours à obstacles... Aujourd'hui, on peut de nouveau s'y rendre grâce à **Molokai Fish & Dive**. En chemin, dans un magnifique décor forestier, on découvre les vestiges de terrasses où était cultivé le taro et de sites de maisons et de *heiau*. Il faut traverser le torrent à deux reprises. À condition de ne pas craindre l'eau froide, il est possible de se baigner dans le bassin situé au pied des chutes.

La Kamakou Preserve. © Flickr.com/Kristina D.C. Hoeppner

Le Waikolu Lookout. © Flickr.com/Kristina D.C. Hoeppner

Les montagnes centrales ★

Les pentes supérieures du Kamakou, le point culminant de l'île à 1 515 m, sont recouvertes des derniers vestiges de la forêt humide qui occupait autrefois une bonne partie de l'est de l'île. C'est ici que fut créée en 1982, sur des terres appartenant alors au Moloka'i Ranch, la **Kamakou Preserve** ★★, une zone protégée de plus de 1 100 ha, gérée par **The Nature Conservancy**.

La réserve est accessible lors des randonnées mensuelles de la Nature Conservancy, ou librement en 4x4. Certaines agences de location de voitures n'acceptent cependant pas que leurs véhicules dépassent le premier belvédère, l'état de la piste au-delà, toujours boueuse ou presque, présentant un trop grand risque d'enlisement et d'accident. Pour les données les plus récentes sur son état, le mieux est de faire halte au bureau de la Nature Conservancy, situé à 6 km à l'ouest de Kaunakakai, sur la Maunaloa Highway.

Le **Waikolu Lookout** ★★ domine majestueusement la vallée du même nom et, 1 000 m plus bas, le bleu infini de l'océan. Lorsque les pluies sont généreuses, les flancs de la vallée sont zébrés de chutes en panache. À moins d'être un expert du 4x4 et de bénéficier d'une sécheresse inhabituelle, c'est le plus souvent ici que l'on doit laisser son véhicule pour pénétrer dans la forêt humide de la Kamakou Preserve à proprement parler.

Le **Pepe'opae Trail** ★★, le sentier le plus populaire de la réserve, débute à 4 km du belvédère de Waikolu. Aménagé de sorte à éviter que les randonneurs n'aient d'impact sur le milieu naturel, il est constitué d'une étroite plateforme surélevée au-dessus du sol spongieux. Entre nuages et brume, entre pluie et vent, on découvre un monde où la survie est un combat de tous les instants. Certaines plantes sont atteintes de gigantisme, d'autres de nanisme. C'est ici que vous aurez le plus de chance d'observer certaines des rares espèces d'oiseaux endémiques. C'est justement ce sentier que l'on parcourt lors des randonnées de la Nature Conservancy. Après environ 2 km, le Pepe'opae Trail atteint son terme, en un site dominant merveilleusement l'inaccessible vallée de Pelekunu.

Depuis 1987, The Nature Conservancy gère une autre zone protégée sur la côte nord : la **Pelekunu Preserve** (2 300 ha), qui englobe toute la vallée du même nom, l'une des plus intactes de l'île, protégée à l'est par **les plus hautes falaises du monde**. À **Umilehi Point**, juste à l'est, celles-ci tombent dru sur plus de 1 000 m. En été, la vallée ne peut être atteinte qu'en bateau, mais son accès est réservé au seul personnel de la réserve.

La chute de Kahiwa. © Dreamstime.com/Eugene Kalenkovich

Kaua'i

Kaua'i est une île à part dans le paysage hawaïen. La plus nordique, la plus occidentale de l'archipel principal, située à 110 km d'O'ahu, elle est aussi la plus indépendante d'esprit. Certains affirment qu'elle fut la première à être habitée – un rôle que revendique à part au moins égale Big Island.

Une chose est certaine : Kaua'i fut bien, à travers le capitaine Cook, la première île hawaïenne découverte par l'Occident, en 1778. Toujours prompte à se distinguer, elle fut aussi la dernière à résister à l'unification de l'archipel.

Quatrième île en importance de l'archipel (1 435 km^2), Kaua'i est la plus âgée des îles principales, sortie des eaux il y a au moins 5 millions d'années. Attaqué de toutes parts par l'érosion, son volcan formatif a depuis longtemps déjà commencé à fondre, subsistant sous la forme du Wai'ale'ale, qui culmine à 1 569 m d'altitude. Là-haut, sur les crêtes inaccessibles, s'abattent chaque année 12 m de pluies, qui font de Kaua'i l'île la plus arrosée à la surface de la Terre! Sculptant la roche, les précipitations ont donné jour à la plus belle, la plus verte, la plus luxuriante des îles hawaïennes, justement surnommée « l'Île Jardin ».

Presque ronde sur papier, Kaua'i offre en fait une succession incroyable de paysages uniques et torturés. Au nord, des vallées profondes entaillent la côte de Na Pali, à l'invraisemblable forêt de falaises. À l'ouest, le canyon de Waimea s'engouffre au cœur de l'île sur près de 900 m de profondeur. Au sud, vers Po'ipu, la terre est si sèche qu'on y trouve des cactus, les seuls à pousser naturellement dans l'archipel. Et sur le plateau marécageux d'Alaka'i, veillé par les plus hauts sommets et baigné par les brumes et les chutes d'eau, survivent à l'abri du monde des espèces floristiques et fauniques parmi les plus rares de l'archipel.

La générosité des pluies a permis à Kaua'i de développer, dès 1835, la première grande plantation de canne à sucre d'Hawaii. Aujourd'hui, les champs ont cédé la place à des vergers de goyaviers, de papayers, et à des pans entiers de caféiers. La moins peuplée des grandes îles, comptant environ 67 000 habitants, Kaua'i conserve en partie un charme rural qui fait de plus en plus défaut à Hawaii.

OCÉAN PACIFIQUE
N
Limahuli Garden and Preserve
Ha'ena
Princeville
Kalihiwai Bay
Kilauea Point National Wildlife Refuge
Na'Aina Kai Botanical Gardens
Hanalei Bay
Hanalei
Kilauea
Moloa'a Bay
Hanakapi'ai
Ha'ena State Park
Côte de Na Pali
Kalalau Trail
Hanalei National Wildlife Refuge
Ko'olau Road
Anahola Bay
Anahola
Koke'e State Park
Waimea Canyon State Park
Wainiha River
Kumukumu
Puu Ka Pele
Polihale State Park
Kapa'a
Kealia
Waipouli
Wai'ale'ale
'Opaeka'a Falls
Kawaikini
Wailua
Kamokila Hawaiian Village
Wailua River State Park
Waimea River
Kokee Rd.
Hanama'ulu
Hanama'ulu Bay
Wailua Falls
Lihu'e
Lihu'e Airport
Kekaha
Waimea
Puhi
Hanapepe River
Hule'ia National Wildlife Refuge
Nawiliwili Bay
Pakala
Kalaheo
Lawa'i
Queen Victoria's Profile
Hanapepe
'Ele'ele
Kukuiolono Park
Koloa
Port Allen
Pu'u Road
Salt Pond Beach Park
Numila
Port Allen Airport
National Tropical Botanical Garden
Po'ipu
OCÉAN PACIFIQUE
0 10 20km
0 5 10mi
©ULYSSE

▲ Le Kaua'i Marriott Resort. ©Dreamstime.com/Jaime England

▲ Le Menehune Fishpond. ©Dreamstime.com/Steveheap

La côte est ★

Centre commercial et politique de Kaua'i, **Lihu'e** (prononcé *li-hou-é*) fut fondée sur sa côte orientale près du grand port de Nawiliwili. Comme les autres bourgades de l'île, elle est née du sucre, et plus particulièrement autour de la Lihu'e Plantation, établie vers le milieu du XIXe siècle. Le chef-lieu, assez peu touristique, baigne dans une indolence toute tropicale.

La bourgade s'organise autour de Rice Street, qui relie le centre-ville et le port. Face à la poste, le **Kaua'i Museum** ★★ conserve la mémoire de l'île. Il se partage entre deux bâtiments. Le Wilcox Building, le principal, tient son nom d'Albert et Emma Wilcox, parmi les premiers missionnaires installés à Kaua'i. Au rez-de-chaussée, une section hawaïenne conserve un beau canoë sans balancier, quelques exemples de *tapa* (étoffe), des pilons à *poi* en pierre volcanique et de magnifiques bols en bois de *koa*, certains d'une taille impressionnante. À l'étage, selon un principe adopté par la plupart des musées de l'archipel, une toute petite section présente des objets illustrant le quotidien et les croyances des différentes communautés émigrées.

Dans le Rice Building adjacent, le plus intéressant, tous les grands champs de connaissance concernant l'archipel sont passés en revue: géologie, écologie (faune et flore), culture hawaïenne (art du voyage ancestral, techniques agricoles), histoire (découverte de l'archipel par Cook, présence russe, industrie sucrière et influence missionnaire, etc.). On remarque particulièrement les magnifiques parures, dont une cape cérémonielle en plumes d'*'i'iwi* et de *o'o*. À l'entrée du bâtiment, une vidéo d'une demi-heure permet de découvrir l'île à vol d'oiseau.

Profondément incurvée, la grande baie de Kalapaki abrite une jolie plage frangée de cocotiers, **Kalapaki Beach** ★★, le long de laquelle s'est installé le **Kaua'i Marriott Resort**. Idéale pour la baignade, car bien protégée, la baie est aussi très appréciée des surfeurs qui profitent des grosses vagues qui se forment par moments à son entrée. Tous se donnent rendez-vous au **Nawiliwili Beach Park**, qui occupe le flanc ouest de la baie.

La petite route remonte au-dessus de la **Hule'ia River** ★, qui forme à cet endroit une vaste zone humide où étaient autrefois cultivés riz et taro. Toute la zone fait partie du **Hule'ia National Wildlife Refuge**, interdit d'accès. Il est cependant possible de remonter le cours d'eau en kayak à partir du Niumalu Park, à Nawiliwili. C'est l'occasion d'observer certaines des espèces endémiques ailées résidant de nouveau ici: poule d'eau, *ae'o* (échasse) et surtout *koloa*, le canard hawaïen.

On peut aussi se contenter de profiter du panorama sur la vallée, où s'écoule la rivière, depuis un point de vue situé à un peu moins de 1 km du début de la route. Juste en contrebas, on reconnaît sans hésitation le vivier d'Alekoko, dit **Menehune Fishpond** ★.

Lihu'e
Upper Cane Rd.
Aii Cane Rd.
Okinawa Cane Rd.
Kalepa Ridge Rd.
Kalepa Mountain Forest Reserve
Wailua Golf Course
Wailua Golf Course Beach
Nukolii
Kuhio Hwy.
Beach Rd.
Beach Dr.
Kaua'i
583
Ma'alo Rd.
Upper Cane Rd.
56
Sugar Cane Rd.
N
HANAMA'ULU
Sugar Cane Rd.
Hanama'ulu Rd.
Hehi Rd.
Hanama'ulu Beach
Hanama'ulu Bay
Kuhio Hwy.
Wailua Falls
Laurie Ln.
'Ekolu St.
Hanama'ulu Stream
51
Kilohana Plantation/ Gaylord's/ Kaua'i Plantation Railway/ Tasting Room & Company Store/ Koloa Rum Company
570
Ahukini Rd.
Lihu'e Lutheran Church
Ho'omana Rd.
Radio Rd.
Division of Parks & Recreation
Division of State Parks
Hardy St.
Kapule Hwy.
Lihu'e Airport
50
Kaua'i Museum
LIHU'E
Kaumualii Hwy.
58
Kukui Grove Shopping Center
Halau St.
Radio Rd.
Rice St.
Haoa St.
Grove Farm Sugar Plantation Museum
Halehaka Rd.
Nawiliwili Rd.
Radio Rd.
Kaua'i Marriott Resort
Kaua'i Lagoons Golf Course
Nuhou Rd.
Kahumoku Rd.
Kalapaki Beach
Kalapaki Rd.
Lala Pl.
Nawiliwili Beach Park
Kuki'i Point
NAWILIWILI
Ninini Point
Hulemalu Rd.
Niumalu Rd.
Nawiliwili Bay
Hule'ia National Wildlife Refuge
Menehune Fishpond
Hule'ia River
OCÉAN PACIFIQUE
0
0,5
1km
0
0,5
1mi
©ULYSSE

La famille Wilcox, descendant des premiers missionnaires installés à Kaua'i, fonda la plantation de Grove Farm en 1864. La demeure est devenue le **Grove Farm Sugar Plantation Museum** ★. Après un tour plutôt lent dans les jardins, on aborde la maison principale, encadrée d'un porche ombragé. Malgré quelques touches tropicales et plusieurs pièces de mobilier asiatique, on ne peut s'empêcher de lire, dans l'agencement intérieur, la rectitude morale très XIXe siècle de ses fondateurs. Les vitrines abritent une petite collection d'objets hawaïens.

Au sud du carrefour s'étend la grande **Kilohana Plantation** ★. Malgré le titre de musée dont elle s'affuble, cette maison de planteurs, de style Tudor, abrite surtout quelques boutiques de luxe et d'artisanat, ainsi que le restaurant **Gaylord's**. Elle fut construite en 1935 par un autre membre de la famille Wilcox, qui cultivait alentour plus de 10 000 ha de canne à sucre! En termes de visite, on doit se contenter de lécher les vitrines ou de faire une balade dans le parc. Les mardi et vendredi toutefois, on peut assister au **Luau Kalamaku** ★, un spectacle qui met en scène plusieurs légendes hawaïennes à travers la danse et le chant. Un buffet proposant les grands classiques de l'archipel (*poi*, *lomi* et porc *kalua*, entre autres) est servi. Une belle façon d'aller à la rencontre de la culture hawaïenne.

Un petit train à l'ancienne, le **Kaua'i Plantation Railway**, effectue une visite commentée de 5 km à travers le domaine. C'est l'occasion de constater les premiers efforts de diversification de l'agriculture depuis l'abandon du sucre. Certains des wagons, jadis utilisés par l'Oahu Sugar Company, ont été rachetés aux quatre coins du Pacifique et restaurés.

Adjacent au Kaua'i Plantation Railway, le **Tasting Room & Company Store** de la **Koloa Rum Company** dévoile le processus de fabrication du premier rhum à avoir été commercialisé dans l'île, en plus d'offrir des dégustations. L'agréable boutique vend divers souvenirs à l'effigie de la distillerie, en plus de quatre sortes de rhum, en petit ou grand format. Récompensé par plusieurs prix nationaux, le rhum foncé Koloa vaut la peine qu'on y trempe ses lèvres. Ne manquez pas aussi de goûter à leur délicieux gâteau au rhum.

◄ Les Wailua Falls. ©iStockphoto.com/sburel

La **Lihu'e Lutheran Church** ★ est dominée par un clocher effilé. L'église a été conçue à l'image du bateau à bord duquel la communauté allemande était arrivée. Le sol est ainsi légèrement bombé, comme le pont d'un navire, et le plafond, en forme de carène renversée, est éclairé par des lanternes marines. La tribune, quant à elle, est censée rappeler le pont supérieur où se tenait le capitaine. Dans le cimetière attenant, les patronymes sont presque tous germanophones.

Hautes de 25 m, les jumelles **Wailua Falls** ★★★ (Wailua signifie «deux eaux») se jettent dans un vaste bassin encadré d'une végétation luxuriante. Après de fortes pluies, elles ne forment plus qu'une seule cataracte. Des panneaux et un haut grillage interdisent désormais de s'approcher du sommet de la chute; de nombreuses personnes ont en effet été précipitées dans le vide après avoir glissé sur les rochers humides. Les phaétons, oiseaux blancs à longue traîne, virevoltent dans les airs. À noter qu'une chute porte le même nom sur l'île de Maui.

▼ Le Kaua'i Plantation Railway. © Catherine Gilbert

▲ Le Lydgate Beach Park. ©Shutterstock.com/iamanewbee

De Wailua à Kapa'a

La côte orientale de l'île, la plus touristique avec celle de Po'ipu, au sud, est surnommée **Coconut Coast** en souvenir des grandes cocoteraies royales qui poussaient ici aux temps anciens. L'ensemble du littoral, doté de quelques plages pas vraiment exceptionnelles, n'en a pas moins été envahi, dans les derniers 25 ans, par les immeubles locatifs et les centres commerciaux.

Le **Wailua Golf Course** est l'un des parcours municipaux les plus populaires d'Hawaii. Le terrain est bordé sur toute sa longueur par une plage plutôt jolie connue sous le nom de **Wailua Golf Course Beach** ⋆. La baignade n'y est toutefois pas conseillée.

Très populaire, le vaste **Lydgate Beach Park** ⋆⋆ s'étend le long d'une belle plage près de l'embouchure de la rivière Waimea. Il dispose d'un grand terrain de jeu très apprécié des enfants. Pour contrecarrer les courants plutôt forts balayant la côte, deux bassins fermés ont été aménagés en pierre de lave: l'un pour les plus jeunes et l'autre beaucoup plus grand, où l'on peut même pratiquer la plongée-tuba. Le site, vraiment très populaire, est noir de monde dans la journée, ce qui peut rendre les fonds plutôt troubles.

La région située entre les sommets des monts Kalepa et Nounou, parallèles au littoral, et la côte de la baie de Wailua faisait autrefois partie d'un territoire sacré connu sous le nom de Wailuanuiahu'ano. Aux temps anciens, il incarnait le centre politique et religieux de Kaua'i, confirmé par la *mana* (force spirituelle) de plusieurs grands *heiau* – et surtout de celui de Holoholoku, où naissaient les grands chefs. Aujourd'hui, cette même zone constitue le **Wailua River State Park** ⋆⋆.

Tout au nord du Lydgate Beach Park, à l'embouchure de la rivière Wailua, s'étend l'un de ces temples, le **Hikinaakala Heiau** ⋆, centre religieux du *pu'uhonua* de Hauola, où pouvaient se réfugier les briseurs de *kapu*. Des murs massifs, de 2 m de haut et 3,50 m d'épaisseur, protégeaient autrefois l'enclos sacré, gardé, face à la rivière, par une rangée de *tiki*.

▲ Le Wailua River State Park. ©iStockphoto.com/photo75

Après l'abolition de l'ancienne religion en 1819, une maison fut construite sur le site et, vers 1850, des patates douces et des cocotiers furent plantés dans l'enceinte même du *heiau*... Des offrandes enveloppées dans des feuilles de *ti* sont cependant encore déposées sur les soubassements.

De l'autre côté de la Kuhio Highway, face à l'Aston Aloha Beach Hotel, on devine difficilement, sous un épais manteau de végétation, les ruines d'un autre *heiau* (Mala'e), qui fut le plus grand de Kaua'i. Tout contre, juste avant le pont sur la rivière Wailua, une petite route descend sur la gauche vers le cours d'eau. De l'embarcadère, les navettes maritimes de **Smith's Fern Grotto Wailea River Cruise** remontent vers la **Fern Grotto** ★. Située en amont, cette jolie grotte drapée de fougères, destination numéro un des voyages organisés, se creuse en surplomb sur la rivière.

Au-delà de l'embarcadère, le **Smith's Tropical Paradise** a créé, sur la berge sud de la rivière, un jardin tropical thématique présentant, dans un cadre plutôt kitsch, une version (très) réduite du **Polynesian Cultural Center** (voir p. 77) d'O'ahu. Ici, chaque «îlot» est consacré à l'une des principales communautés qui ont peuplé Hawaii: Polynésiens, Japonais, Philippins. Même s'ils peuvent être visités à tout moment de la journée, les jardins constituent, en fait, essentiellement le cadre du *lu'au* qui y est organisé.

Presque immédiatement sur la gauche se présente un accès à une rampe de mise à l'eau, puis, 200 m plus loin, on découvre les vestiges du **Holoholoku Heiau** ★, qui serait, d'après certains, le plus ancien de l'île. De cet important site royal, seuls subsistent les murets d'enceinte et une terrasse. À droite des marches conduisant à son sommet se trouve le site où les reines et les princesses donnaient naissance aux futurs chefs de Kaua'i, en s'adossant à une «pierre d'accouchement».

Un peu moins de 2 km plus loin, la Kuamo'o Road atteint une aire de stationnement, du côté gauche, d'où un superbe **point de vue** ★★ se révèle sur la vallée et la rivière. À l'origine consacrée au taro, la vallée fut plantée de riz, à la fin du XIXe siècle, par les immigrants chinois et japonais. Le riz céda à son tour la place aux pâturages qui demeurent aujourd'hui. Des panneaux explicatifs retracent l'importance historique des lieux.

Juste au-dessus s'étendent les vestiges du **Poli'ahu Heiau** ★, qui forme un vaste quadrilatère édifié à l'aide de pierres extraites du lit de la rivière. Le dernier roi de Kaua'i, Kaumuali'i, le réserva à son usage.

En contrebas du point de vue, une piste mène à une *bellstone*, une «pierre sonore». De son terme, un court sentier envahi par la végétation descend jusqu'à un site dominant majestueusement la rivière Wailua, d'un côté, et les derniers champs de taro de la vallée, de l'autre. À cet endroit, on reconnaît la *bellstone* aux empreintes laissées par les chocs répétés.

Juste après le *heiau*, une seconde aire de stationnement permet de profiter d'un panorama sur les **'Opaeka'a Falls** ★★, formées par une rivière au cours plus ou moins parallèle à celui de la rivière Wailua – et qui la rejoint juste avant son embouchure. Ces chutes dégringolent joliment en deux larges panaches.

À la hauteur des chutes, une petite route étroite, du côté gauche, descend dans la vallée de Wailua jusqu'au **Kamokila Hawaiian Village** ★★. Cette reconstitution familiale d'un hameau hawaïen, où ont été tournés plusieurs films, est assez réussie. Elle est située juste à la hauteur de la Fern Grotto. On peut y voir des *hale* (maisons de palmes), une pierre gravée de pétroglyphes, un autel dédié à Lono, où étaient faites des offrandes, et une authentique *bellstone*, une pierre dont la résonance, très métallique, servait à communiquer des messages.

▲ ©iStockphoto.com/nameinfame

Passé le point de départ du sentier de Kuamo'o-Nounou, puis plus avant de celui du Kuilau Ridge, la route goudronnée se termine face à un gué. Au-delà s'étend le

Bellstone : la pierre sonore

À travers tout l'archipel, on trouve ces pierres Pohaku utilisées par les anciens Hawaïens pour communiquer des messages à distance. Leur taille importe peu, seule leur résonance compte. Lorsque la pierre est frappée avec justesse d'un simple caillou, le son émis, très métallique, évoque plus ou moins le bruit d'un marteau sur une forge. On utilisait jadis ces pierres sonores pour annoncer les naissances royales.

▲ Sleeping Giant. ©Dreamstime.com/Stephen Minkler

Keahua Arboretum. Un sentier y traverse une vaste étendue herbeuse parsemée de bouquets d'eucalyptus aux troncs multicolores. La piste, réservée aux 4x4, se prolonge vers les profondeurs de la vallée de Wailua jusqu'au pied du Kawaikini.

Au nord de l'embouchure de la rivière Wailua s'étend **Wailua Beach** ⋆, une plage plutôt jolie mais un peu proche de la route. Les eaux qui la baignent, alimentées par le cours d'eau, deviennent vite boueuses par temps pluvieux, ce qui explique qu'elle soit surtout fréquentée par quelques amateurs de *boogie board* locaux.

Sleeping Giant désigne la montagne allongée dominant l'agglomération qui s'étend de Wailua à Kapa'a, et l'on peut imaginer qu'il s'agit d'un géant reposant sur le dos, tête au sud. Il occupe une place importante dans les légendes de l'île. Quoiqu'on le voie de tous les environs, son profil est plus visible vers le sud.

C'est au niveau de la rivière Wailua que commence la principale zone touristique de Kaua'i, développée à une allure exponentielle depuis une vingtaine d'années: de Wailua, au sud, à Waipouli et Kapa'a, au nord, à 5 km de là, défilent presque sans interruption hôtels, immeubles locatifs, restaurants et centres commerciaux petits et grands. Le Coconut MarketPlace est le plus important de ces derniers.

L'une des plus jolies plages du coin est celle qui s'étend à deux pas du Coconut MarketPlace, au **Waipouli Beach Park** ⋆. À cet endroit, la barre rocheuse soulignant le littoral forme, à marée haute, un bassin naturel où il est agréable de se tremper. Le parc même n'est qu'une vaste étendue herbeuse où gambadent en hiver des pluviers dorés.

C'est au cœur de **Kapa'a**, une ancienne bourgade de plantation reconvertie au tourisme, que vous trouverez ce qui ressemble le plus à un centre vivant. Les vieilles devantures en bois retapées révèlent toute une gamme de restaurants et de boutiques et quelques galeries d'artisanat.

▲ La côte nord. © Annie Gilbert

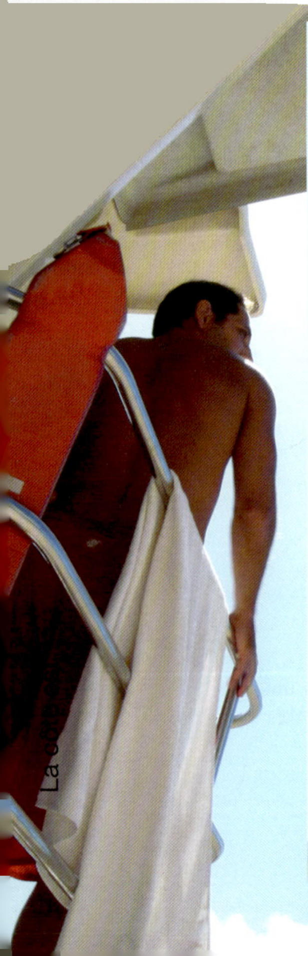

Afin que votre voyage ne tourne pas au cauchemar...

À Kaua'i, plus qu'ailleurs à Hawaii, on vous avertira de vous méfier de l'océan. Malheureusement, chaque année, des visiteurs font fi de ces avertissements et se noient. En 2013, pour les quatre premiers mois seulement, on dénombrait déjà 11 noyades, et la plupart des victimes étaient des touristes.

Si vous n'êtes pas un bon nageur ou que vous n'êtes pas à l'aise dans l'océan, allez vous baigner à des endroits où il y a des sauveteurs. Et si jamais vous vous retrouvez en mauvaise posture et que vous vous sentez pousser vers le large :

- **restez calme afin de conserver votre énergie;**
- **laissez-vous entraîner par le courant jusqu'à ce qu'il vous relâche;**
- **nagez ensuite perpendiculairement au courant (donc parallèlement à la plage) en agitant les bras pour appeler à l'aide.**

Ne sous-estimez jamais l'océan et renseignez-vous sur les conditions de baignade au *www.kauaiexplorer.com*.

◀ Sauveteur. ©Dreamstime.com/Adambooth

La côte nord ★★

Au nord de Kapaa s'étend la dernière frontière de Kaua'i. Malgré les immeubles locatifs de Princeville, à 30 km de là, la côte nord reste la plus rurale, la plus authentique de l'île. Arrosée de pluies généreuses, quasi continuelles en hiver, elle arbore un manteau de végétation luxuriante, qui compte pour beaucoup dans son charme particulier. Sur le littoral se découpe une succession d'anses sablonneuses plus ou moins connues, plus ou moins désertes ou fréquentées.

À la sortie nord de Kapa'a, on passe à la hauteur de **Kealia Beach**, un simple ruban de sable protégé par un récif et baigné par des eaux peu profondes. Au nord, à l'endroit où se trouvent les vestiges d'un ancien quai, les amateurs de *boogie board* se donnent rendez-vous. Peu après Kealia, on atteint Kumukumu, mieux connue sous le nom de **Donkey's Beach**. Cette grande étendue de sable roux, incurvée, située à l'embouchure d'une petite rivière, est surtout fréquentée par les surfeurs. La baignade y est impossible.

Sur le flanc oriental de la grande baie d'Anahola, veillée au nord par les sommets des monts du même nom, l'**Anahola Beach Park** ★ est bordé d'une jolie plage ombragée par des pins. Populaire auprès des surfeurs et des fanas de *boogie board*, elle l'est plus ou moins auprès des baigneurs selon les jours. À l'extrémité sud, un bassin naturel protégé par le récif est accessible aux enfants.

Aliomanu Beach ★ ferme la baie d'Anahola à l'ouest. Peu fréquentée, si ce n'est par les habitants des environs qui viennent y pêcher ou y surfer, elle s'étend tout contre l'embouchure du torrent d'Anahola.

Parallèle à la route 56, la **Ko'olau Road** ★ descend vers la rivière Moloa'a. Juste avant d'y parvenir, la route du même nom, sur la droite, mène à travers force végétation vers une jolie anse bordée d'un ruban de sable et de pins, **Moloa'a Beach**. On y trouve quelques résidences et des pêcheurs profitant de la sérénité de l'endroit. Le site est apprécié pour le camping sauvage.

▲ Albatros. ©iStockphoto.com/dsischo

▲ Les Na'Aina Kai Botanical Gardens. ©Jeff Muceus

Sur près de 100 ha, les **Na'Aina Kai Botanical Gardens** ⋆⋆⋆ vous en mettront plein la vue. Le site comprend une plantation d'arbres à bois dur, un lagon, plusieurs jardins, un *ahupua'a* hawaïen et même une maison de thé. Il n'est pas possible de se promener dans les jardins sans être accompagné d'un des guides, mais les visites commentées qu'ils mènent sont des plus intéressantes. En plus, si vous y allez entre novembre et juillet, vous aurez peut-être la chance de voir les albatros qui viennent y nicher.

Juste après l'embranchement de la Kolo Road se dresse la **Christ Memorial Episcopal Church** ⋆, une étrange petite église en pierre de lave.

La route remonte en direction du **Kilauea Point National Wildlife Refuge** ⋆⋆, à la pointe nord de l'île. Plus important site de nidification hawaïen d'oiseaux marins, il s'étend sur 82 ha de falaises et de péninsules rocheuses, dont la principale est ponctuée d'un phare. Son rôle premier est de protéger la reproduction des fous à pieds rouges et des pétrels. Les premiers nichent dans les arbres; les seconds, dans des terriers s'ouvrant à flanc de précipice.

C'est ici que l'on a le plus de chance d'observer les grandes espèces d'oiseaux marins fréquentant les îles: grandes frégates, parfois même fous bruns, phaétons à queue blanche ou rouge. Les superbes albatros de Laysan ne fréquentent l'île que depuis les années 1970. En hiver, ils s'établissent sur les pentes herbeuses dominant la mer, d'où leur envol, plutôt lourd, est simplifié. Il est également possible de voir des *nene* peu craintives. Chaque matin, à 10h, les *rangers* organisent des balades guidées d'une heure vers la Crater Hill.

Tout au bout de la pointe, le petit **phare** (16 m) fut inauguré en mai 1913 pour aider à guider les navires reliant Hawaii et l'Asie. Du bout de la pointe, la vue plonge sur les falaises burinées par les vagues et l'îlot de Mokuaeae, où nichent de nombreux oiseaux. Vers l'ouest, on aperçoit la magnifique plage de Kauapea (Secret Beach). Avec un peu de chance, en hiver, vous pourriez bien apercevoir une baleine à bosse: les eaux voisines font partie du parc marin d'Hawaii, le plus grand de la planète.

Une piste conduit de la Kalihiwai Road à **Secret Beach** ⋆⋆, de son nom hawaïen Kauapea, qui n'est plus si secrète que cela, mais toujours aussi jolie. Les bassins créés par la marée et chauffés par le soleil font le bonheur des baigneurs. Vers l'est se profile la silhouette du phare de Kilauea.

Plus avant, la Kalihiwai Road atteint **Kalihiwai Beach** ⋆, une large plage s'ouvrant sur la baie du même nom. Battue par de forts rouleaux, elle fait le bonheur des surfeurs (expérimentés) et des amateurs de *boogie board*. La route se termine là, tout contre la rivière Kalihiwai. Le pont qui la franchissait fut emporté par un tsunami à la fin des années 1950. L'em-

▶ Le Kilauea Point National Wildlife Refuge. ©Dreamstime.com/Kyle Emert

▲ L''Anini Beach Park. ©Dreamstime.com/Dmitri Kotchetov

bouchure du cours d'eau crée un vaste bassin, mais la baignade est déconseillée à cause des risques de leptospirose. Les balades en kayak, dans un joli cadre tropical, sont par contre très populaires.

Peu après avoir retrouvé la route 56, vous rejoindrez un **Scenic Overlook** (belvédère). Si, de là, vous remontez à pied le long de la route sur environ 200 m, vous découvrirez une petite cascade dégringolant plus ou moins discrètement entre les arbres selon la saison. En franchissant le pont sur la rivière Kalihiwai, vous en verrez une autre, plus grosse, formée en amont.

L'Anini Road longe le littoral jusqu'à l'**'Anini Beach Park** ★★, qui englobe l'une des rares plages de la côte nord propice à la baignade. Cette particularité est due au fait qu'à 200 m au large s'étend le grand 'Anini Reef, le plus important récif de l'archipel. De part et d'autre de la route d'accès s'élèvent de fastueuses résidences. La plage, longue et droite, est bordée par des arbres offrant une ombre salvatrice. Outre la plongée-tuba, on peut y pratiquer la planche à voile. Beaucoup d'habitants, eux, préfèrent la pêche. Malgré sa popularité, 'Anini demeure relativement tranquille.

Si l'on suit la route jusqu'à son terme, on parvient à **Kalihikai Beach** ★, calme elle aussi car protégée par la même barrière. Au loin se profilent déjà les premiers immeubles locatifs de Princeville.

Peu après avoir passé l'aéroport de **Princeville**, on atteint la station balnéaire. Elle tient son nom d'une plantation fondée sur les bords de la rivière Hanalei au début des années 1860 par un Écossais du nom de Robert Crichton Wyllie. Il fit venir d'Angleterre une raffinerie sucrière en pièces détachées et nomma son domaine Princeville en hommage au jeune prince Albert, fils unique de Kamehameha V et de la reine Emma. Les plus hauts personnages du royaume défilèrent chez Wyllie, qui, 20 ans durant, occupa le poste de ministre des Affaires étrangères.

Aujourd'hui, le passé sucrier est enterré, et le présent est entièrement consacré au

Le taro

Une légende raconte que le premier enfant né des divinités ancestrales, Wakea et Ho'ohokukalani, mourut en bas âge. À l'endroit où il fut enterré poussa un pied de taro. Un second enfant naquit, dénommé Haloa, qui donna naissance à la race humaine.

Depuis ces temps immémoriaux, l'homme continue à avoir pour le taro le respect dû au frère aîné. Pierre angulaire de l'agriculture des anciens, le taro définissait jusqu'à l'organisation sociale. Ainsi, le mot même d'*ohana*, désignant la famille étendue, qui travaillait de concert dans les champs, dérive-t-il de l'*oha*, la pousse de taro à partir de laquelle la plante se multiplie.

Les Hawaïens cultivaient près de 300 espèces de taro, chacune désignée d'un nom différent. Nombre d'espèces portaient le nom d'un poisson de récif, dont la couleur évoquait celle de la tige du taro.

La culture du taro. ©Claude Hervé-Bazin

tourisme. Princeville n'est pas vraiment une ville, mais plutôt un immense champ planté d'immeubles locatifs, d'hôtels et de résidences de vacances, organisés de part et d'autre des vertes surfaces de deux terrains de golf. Le tout est d'ailleurs regroupé sous le nom de **Princeville at Hanalei**. À l'exception des quelques magasins du Princeville Center, les commerces sont pour ainsi dire absents, et l'animation est réduite au minimum.

Princeville s'étend sur un plateau côtier délimité par des falaises, surplombant à l'est la rivière Hanalei et la superbe baie du même nom. Sur le pourtour rocheux, plusieurs sentiers, glissants par temps pluvieux, descendent vers trois criques sableuses. Pas vraiment exceptionnelles, elles sont presque totalement emportées par les vagues hivernales, mais on peut y pratiquer la plongée-tuba en été. D'est en ouest, vous trouverez ainsi **Sealodge Beach**, Pali Ke Kua Beach, mieux connue sous le nom de **Hideaway Beach** ★, et enfin, au pied même du **St. Regis Princeville**, en direction de l'embouchure de la rivière Hanalei, **Pu'u Poa Beach**, la plus large.

▲ La vue depuis le Hanalei Valley Lookout.
©Shutterstock.com/Cristi Bastian

Juste après, le **Hanalei Valley Lookout** ★★, du côté gauche, domine somptueusement le damier de champs de taro irrigués de la vallée formant un *patchwork* de marron, de vert et de gris, selon qu'ils sont ou non cultivés ou inondés. En fond s'élèvent les sommets déchirés du Wai'ale'ale et du Kawaikini, le point culminant de l'île. Sur leurs pentes acérées dégringolent, les jours de pluie, des cascades impétueuses formant dans la vallée le large ruban miroitant de la rivière Hanalei. Plus du tiers du taro hawaïen pousse ici, sur ses berges – une tradition qui remonte aux environs de l'an 1000.

La vallée est entièrement protégée dans le cadre du **Hanalei National Wildlife Refuge**, qui abrite certaines des espèces d'oiseaux les plus rares d'Hawaii: gallinule, *koloa* (canard), *ae'o* (échasse), oiseaux migrateurs. Il est interdit de parcourir la réserve, mais on peut observer la faune depuis l'Ohiki Road, qui pénètre dans la vallée juste après le Hanalei River Bridge, ou encore au cours d'une balade en kayak. Malgré de nombreux projets d'agrandissement, toujours combattus, le vieux pont en métal, le premier de sept autres ponts à une voie, tient bon. Il interdit jusqu'à présent l'accès à Hanalei et au reste de la côte nord aux camions, gage de tranquillité pour les résidents des environs.

Hanalei ★ s'étend sur le bord de la grande baie du même nom, sur fond de pâturages et au pied des sommets érodés et

▲ Champs de taro. ©Claude Hervé-Bazin

ennuagés du Mamalahoa et du Hihimahu. Plus vivante que Princeville, plus jeune, Hanalei est fréquentée par de nombreux surfeurs qui viennent défier en hiver les rouleaux déferlant à l'orée de la baie. Les amateurs de kayak, eux, remontent la rivière ou s'embarquent pour la côte de Na Pali. Sur ses bords se regroupent deux centres commerciaux voisins, le Ching Young Village Shopping Center et le Hanalei Center, en plus de quelques très bons restaurants et de jolies petites boutiques.

Toute la baie de Hanalei, en forme de croissant parfait, est soulignée d'un manteau de sable s'étendant sur plus de 3 km entre l'embouchure de la rivière Hanalei, à l'est, et Makahoa Point, à l'ouest. La plage se découpe en différentes sections : le Hanalei Beach Park à l'est, le Wai'oli Beach Park au centre, Waipa Beach à l'ouest, passé le pont à la sortie de la bourgade. Tout du long, on peut trouver de nombreuses résidences en location à deux pas de la plage. À l'embouchure de la rivière Hanalei, le **Hanalei Beach Park** ⋆ est fréquenté en été par les baigneurs et les amateurs de *boogie board*, en hiver par les surfeurs et les pêcheurs. Ces derniers apprécient le **Hanalei Pier** s'avançant dans la mer, construit dans les années 1910, à une époque où la ville était en pleine euphorie économique, pour permettre d'exporter le riz produit aux alentours de Hanalei.

▲ La Wai'oli Hui'ia Church. ©Shutterstock.com/Steve Heap

La plupart des surfeurs, armés en majorité d'un *longboard*, se retrouvent au **Wai'oli Beach Park**, aussi connu sous les noms de Pinetrees et de Toilet Bowl… En hiver, la plage devient l'un des terrains de jeu favori des meilleurs «glisseurs».

L'une des plus jolies églises de l'île, en bardeaux verts, se découpe entre les palmiers sur fond de montagnes: la **Wai'oli Hui'ia Church** ★★. Une mission, la seconde de l'île, fut établie en ces lieux dès 1834, mais l'église ne date que de 1912. Construite dans un style «gothique américain», elle comporte des vitraux. Les messes y sont dites en anglais et en hawaïen. Le bâtiment voisin (Mission Hall), une salle de réunion, est le plus ancien bâtiment religieux de Kaua'i.

Derrière l'église, dans un vaste jardin tropical, la résidence des premiers missionnaires de Hanalei abrite le **Wai'oli Mission House Museum** ★. Ce musée restitue à merveille l'ambiance austère du quotidien des Alexander et de leurs successeurs, les Wilcox, qui résidèrent ici de 1846 à 1869. La maison, construite en Nouvelle-Angleterre, fut acheminée vers Hawaii en pièces détachées.

Après Hanalei, ponts à voie unique et plages plus ou moins solitaires se succèdent. La première, **Waikoko Beach** ★, propice à la baignade – et au surf –, borde la grande baie de Hanalei à l'ouest.

Lumaha'i Beach ★★ est parmi les plus belles plages de l'île. Le ruban de sable doré, adossé à une végétation foisonnante, contraste superbement avec le noir des rochers et l'écume des vagues. Si pendant l'été, lorsque la mer est calme, il est possible de se baigner dans l'anse formée à l'est par une petite pointe rocheuse, méfiez-vous toutefois des courants et de la force des vagues.

◀ Lumaha'i Beach. ©Claude Hervé-Bazin

▲ Ke'e Beach. ©Claude Hervé-Bazin

Aujourd'hui désertée, **Wainiha Bay** fut longtemps habitée par les Hawaïens et, affirment les légendes, par les *menehune*. Lors d'un recensement effectué à la fin du XIXe siècle, plusieurs dizaines de personnes résidant ici se déclarèrent d'ailleurs, et contre toute attente, d'ascendance *menehune*...

Makua Beach ★ est mieux connue des surfeurs sous le nom de **Tunnels Beach** pour ses rouleaux hivernaux. Les voitures garées sur le bas-côté devraient vous aider à la repérer. Le lieu est renommé auprès des plongeurs pour ses grottes marines et, en été, par mer calme, pour ses récifs fréquentés par un arc-en-ciel de poissons.

Après le passage d'un petit gué, la **Maniniholo Dry Cave** se creuse dans la roche sur 25 à 30 m – témoignage du temps où la côte était située plus en recul, il y a environ 4 000 ans. C'est la première d'une série de trois cavernes. Juste en face s'étend le **Ha'ena State Park**. La baignade n'est pas conseillée, particulièrement en hiver. Il n'y a pas de terrain de camping à proprement parler au Ha'ena State Park. Par contre, au Ha'ena Beach Park, juste avant d'arriver au *state park*, on trouve un **camping.**

Situé peu après, le **Limahuli Garden and Preserve** ★ dépend du National Tropical Botanical Garden, qui gère deux autres jardins botaniques près de Po'ipu, sur la côte sud. Celui-ci est entièrement dédié à la flore hawaïenne et aux plantes introduites par les Polynésiens. La balade, qui dure entre 1h et 1h30 (1 km), grimpe sur le flanc de la vallée. Chaque espèce est répertoriée. On trouve même les vestiges de terrasses utilisées pour cultiver le taro et ceux d'un *heiau*.

La Kuhio Highway atteint son terme au Mile 10, où s'épanche habituellement une marée de voitures. Ici s'étend la superbe **Ke'e Beach** ★★ (*Makana* en hawaïen), protégée par un récif tout désigné pour la plongée-tuba. Ceux qui n'aiment pas l'eau se contentent de se dorer au soleil toute la journée sur la plage. La section la plus sûre est située à l'est.

De l'ouest de Ke'e Beach, un court sentier conduit légèrement en surplomb au *heiau* de **Kaulu a Pa'oa** ★, restauré avec soin. On distingue nettement ses trois terrasses et sa plateforme supérieure, Kaulu o Laka, où se trouvait dans les temps anciens une célèbre *halau* (école de *hula*). Certaines légendes attribuent à ce lieu, dédié à la déesse du *hula* Laka, l'origine de la danse sacrée hawaïenne – une revendication disputée par Moloka'i. Parfois, certaines *halau* viennent encore discrètement danser sur la terrasse en hommage à Pele, leur protectrice.

À l'ouest se profile la côte de **Na Pali** ★★★, protégée en partie par un parc d'État. De Ke'e Beach à **Polihale**, sur une trentaine de kilomètres, elle décline certains des plus beaux paysages de l'archipel. Sculptées depuis des millions d'années, les falaises s'abîment en mer en une époustouflante succession de pics et d'arêtes rocheuses. Depuis les créneaux de ce château fort ruiniforme, qui s'élève vers les montagnes centrales, dégoulinent après les pluies des centaines de cascades entaillant davantage encore la pierre jusqu'à l'user. Nues ici, chevelues lorsque la pente s'abaisse, ces falaises scellent une succession ininterrompue de vallées isolées. La meilleure façon d'admirer l'immensité de la côte est de faire un tour d'hélicoptère.

Les Hawaïens, qui y trouvaient la sécurité de l'inaccessibilité et l'abondance du climat tropical, habitèrent plusieurs des vallées de la Na Pali jusqu'au début du XXe siècle. Certaines familles y cultivaient des champs de taro; d'autres, des caféiers. Des maisons, des écoles y étaient établies, totalement englouties aujourd'hui par la végétation et les pluies diluviennes. Dans les années 1960, la vague hippie déferla jusqu'à Kalalau. Beaucoup y vivaient nus comme des vers…

Les accostages par mer étant impossibles une partie de l'année, hommes et marchandises transitaient tous, autrefois, par un même sentier. Gravé au-dessus du vide par les anciens Hawaïens, le **Kalalau Trail** ★★★ longe la Na Pali sur 18 km jusqu'à la vallée du même nom – celle-là même que l'on domine depuis le bout de la route au parc de Koke'e. Cette randonnée, plutôt ardue, s'effectue en un minimum de deux jours, et plutôt en trois. Les points de vue découverts, vallée après vallée, valent tous les litres de sueurs perdus… Le sentier étant devenu très populaire, particulièrement en été, lorsque les pluies sont plus faibles, la demande est forte, et les permis sont un peu difficiles à obtenir.

Na Pali

Plusieurs des vallées de la côte de Na Pali («les falaises») sont inaccessibles autrement qu'en bateau – éventuellement en hélicoptère, mais il n'a pas le droit de se poser. Celle de Honomu est parfois encore surnommée la «Vallée de la Tribu Perdue» (Valley of the Lost Tribe). Dans les années 1920, des archéologues y mirent au jour des ossements humains, attribués un temps à un peuple antérieur aux Hawaïens. Les recherches démontrèrent qu'il n'en était rien, mais le nom est

▲ La côte de Na Pali. ©iStockphoto.com/photo75

resté. Sa voisine, Nu'alolo, abritait autrefois un village hawaïen, qui se serrait au pied d'une couronne de crêtes échevelées. À l'est de la baie, une échelle de corde, grimpant à même la falaise, permettait aux anciens de gagner Nu'alolo 'Aina, le plateau supérieur, coupé du reste du monde. Ici vivaient de nombreuses familles qui aménagèrent les pentes de ce réduit inhospitalier en terrasses.

Sur une vingtaine de kilomètres, la côte sauvage de Na Pali est parsemée de vestiges archéologiques à la merci des conditions atmosphériques, d'écosystèmes non protégés et d'espèces floristiques et faunistiques en voie de disparition. C'est pourquoi l'organisme à but non lucratif Na Pali Coast 'Ohana *(www.napali.org)* a été fondé par quelques résidents de Kaua'i en 1995, dans le but de préserver les ressources naturelles et culturelles des 2 470 ha du Na Pali Coast State Park, qui n'est protégé par aucun garde-parc…

▲ Excursion vers les Hanakapi'ai Falls. ©iStockphoto.com/DanLinPhotography

Le chemin quitte l'aire de stationnement de Ke'e Beach, au-dessus de laquelle il s'élève rapidement, révélant un superbe point de vue sur le récif et les eaux turquoise. Boueux en partant, glissant à souhait et étroit, il est cependant encore assez praticable sur les trois premiers kilomètres jusqu'à la petite vallée de **Hanakapi'ai** ★★, ourlée en été d'une jolie plage (en hiver, les courants la font disparaître). La baignade y est fortement déconseillée. Parcourir cette section, entre pandanus et bancouliers dont les noix parsèment le sol, constitue une excursion d'un jour très appréciée.

Certains n'hésitent pas, en plus, à grimper le long du torrent jusqu'aux jolies **Hanakapi'ai Falls** ★★, à une bonne heure de marche de la plage (3 km). La cascade dégringole de 90 m en trois étapes dans un petit bassin où l'on peut se rafraîchir – attention aux chutes de pierres. Plus difficile que le précédent, plus raide aussi, envahi par des arbres morts, surtout dans sa partie supérieure, le sentier comporte plusieurs passages à gué. Ne tentez surtout pas de traverser par forte crue ou par temps orageux.

Le sentier quitte la vallée de Hanakapi'ai en grimpant en virages serrés sur 250 m de dénivelé, dominant magnifiquement la plage. L'une après l'autre, on traverse des vallées oubliées: Ho'olulu, Waiahuakua, atteignant après 6,5 km celle de **Hanakoa**. Un mauvais sentier remontant le long du bras est du torrent (non indiqué) atteint en 500 m les très jolies **Hanakoa Falls** ★.

La dernière section du sentier, entre Hanakoa et Kalalau, est la plus ardue. Par endroits, le chemin surplombe un à-pic impressionnant, mais jamais à un point qui le rendrait dangereux. Le couvert végétal s'éclaircit peu à peu, ce qui rend préférable de ne pas parcourir cette portion du sentier aux heures les plus chaudes. Au fur et à mesure se révèlent les champs de falaises ciselées encadrant la vallée de **Kalalau** ★★ et ses voisines. Puis, après un dernier passage à gué, on découvre la plage, large, et les ruines d'un *heiau*. Depuis quelques années, la Kalalau est fréquentée pendant la journée par un nombre croissant d'excursionnistes venus par la mer.

▶ Les Hanakapi'ai Falls. ©iStockphoto.com/jcarillet

▲ Le Tree Tunnel à Koloa. ©Shutterstock.com/Mike Peters

▲ Raffinerie de Koloa. ©iStockphoto.com/searagen

La côte sud ★★

Montant à l'assaut des basses pentes des montagnes centrales, le tapis vert de la partie sud de l'île est sillonné d'un réseau de pistes privées en terre battue. Toutes les bourgades de la région se sont développées autour de la seule activité sucrière, à partir de la fondation de la première plantation d'Hawaii à Koloa en 1835. Leur population descend en grande partie de la main-d'œuvre japonaise venue y travailler dans la seconde moitié du XIXe siècle. Les temples zen, les missions *jodo* et *hongwanji* qui se succèdent sont là pour en témoigner.

Sur la côte, à Po'ipu, le soleil est généralement présent même lorsqu'il pleut au nord ou à l'est. Voilà ce qui, avec l'aide de quelques plages, fait du littoral sud l'un des préférés des vacanciers.

La route s'engage sous un véritable tunnel formé par la jonction des frondaisons des eucalyptus l'encadrant: le **Tree Tunnel** ★. Fortement endommagé lors du passage de l'ouragan *Iniki* en 1992, il s'est déjà en grande partie reformé. Les arbres furent plantés au XIXe siècle par un éleveur de Koloa.

Koloa ★ est née à l'aube de l'ère sucrière. Les Hawaïens, comme les premiers immigrants chinois, cultivaient déjà la canne, mais uniquement à petite échelle. En 1835 naquit ici, sous la houlette d'un jeune immigrant américain, William Hooper, la première plantation de l'archipel. Il défricha près de 400 ha de terres, louées à Kamehameha III par son employeur d'Honolulu, Ladd and Company. Le premier moulin fut terminé à la fin de 1836, inaugurant une longue période de croissance et d'immigration.

À proximité des vestiges de la cheminée d'une raffinerie remontant à 1841, un petit parc est dédié à la mémoire de tous les travailleurs du sucre. Un bel ensemble de

▲ Détail du Koloa Sugar Monument. ©Claude Hervé-Bazin

sculptures, le **Koloa Sugar Monument** ⋆, représente les principaux peuples qui y ont pris part: Hawaïens, Européens, puis Chinois, Japonais, Portugais, Portoricains, Coréens, Philippins, débarqués par vagues successives du XIXe siècle jusqu'à la Seconde Guerre mondiale.

Tout contre le parc, Koloa aligne ses vieilles maisons de bois surélevées le long de sa rue principale, la Koloa Road. Les vieux magasins ont depuis longtemps cédé la place à des boutiques de souvenirs et à des restaurants. Les amateurs d'histoire peuvent jeter un coup d'œil sur les vieilles photos du **Koloa History Center** et ses deux chaises de barbier à l'ancienne.

Fruit de sa longue histoire d'immigration, Koloa compte aussi de nombreux bâtiments religieux. Parmi les plus significatifs, on peut voir au début de la route de Po'ipu la **Church at Koloa**, une jolie église blanche en bois au porche néoclassique datant de 1859, ainsi que, au centre-ville, le temple *hongwanji*, qui date de 1910, et la **Jodo Mission**, construite en 1910. La Weliweli Road puis la Hapa Road conduisent à la **Saint Raphael Church**, fondée en 1841. En pierre de lave et corail blanchis à la chaux, c'est la plus vieille église catholique de Kaua'i, associée à la communauté portugaise. Bien qu'il ait été entièrement remodelé, le bâtiment date de 1854.

▲ Spouting Horn. ©Dreamstime.com/Bandit

Principale station balnéaire de l'île, **Po'ipu** ★ s'étire le long d'un littoral souvent rocheux, entrecoupé d'anses et de quelques jolies plages. Son succès tient avant tout en un mot: soleil. Lorsqu'il pleut, lorsqu'il vente sur les autres régions de l'île, il est rare qu'ici l'astre du jour ne brille pas. La station est essentiellement fréquentée par une clientèle de retraités et de familles, qui logent dans ses nombreux immeubles locatifs.

Le **Prince Kuhio Park** commémore la naissance en ces lieux du révéré prince Jonah Kuhio Kalaniana'ole Pi'ikoi, représentant d'Hawaii au Congrès américain de 1902 à 1922 et fondateur des Hawaiian Home Lands. Outre un monument, on peut voir les vestiges d'un *heiau*, les fondations d'une maison et un vivier.

Juste après, la route passe **Beach House Beach**, un étroit ruban de sable qui s'étire face au Lawa'i Beach Resort.

Par un trou dans le plateau volcanique bordant la côte, creusé entre deux couches de lave dure, la mer s'engouffre puissamment, formant une sorte de geyser déferlant au rythme des vagues: le **Spouting Horn** ★★. La légende affirme que c'est le souffle d'un *mo'o* (lézard géant), coincé dans l'orifice, que l'on entend. Le site est spectaculaire, surtout en fin de journée, lorsque la lumière devient rasante. On peut toutefois regretter le temps pas si lointain où les barrières et les comptoirs de souvenirs étaient absents. La force de la mer détermine l'intérêt du spectacle.

Presque en face du Spouting Horn, une maison de planteur des années 1920 abrite le centre d'accueil du **National Tropical Botanical Garden**. Il gère trois jardins à Kaua'i, dont deux situés à proximité, dans la vallée de Lawa'i, desservis par des navettes à partir du centre d'accueil. Le jardin paysager qu'est l'**Allerton Garden** ★★, orné d'étangs et de statues, abrite quelque 75 espèces d'arbres fruitiers. La reine Emma venait autrefois ici en retraite, et l'on visite son cottage. Le **McBryde Garden** ★★ est accessible grâce à une navette qui fait le trajet toutes les heures. On y observe bon nombre d'espèces endémiques rares, des plantes médicinales, des orchidées, des palmiers, etc. L'excursion comprend parfois un arrêt sur la plage de Lawa'i Kai, où les tortues vertes déposent leurs œufs.

▲ Shipwreck Beach. ©Claude Hervé-Bazin

Vous voici à l'est de **Po'ipu Beach** ⋆, qui, malgré ce nom unificateur, est en réalité constituée de plusieurs anses sableuses s'étendant entre l'hôtel Sheraton à l'ouest et Nukumoi Point à l'est. Grands établissements hôteliers et résidences occupant toute la côte, on ne peut s'en approcher que si l'on réside dans l'un d'entre eux ou que l'on remonte la plage à pied.

La plupart des visiteurs d'un jour se dirigent plutôt à l'est de Nukumoi Point, vers le **Po'ipu Beach Park** ⋆⋆. La plage, protégée par les rochers de la pointe, est l'une des rares de la côte vraiment propice à la baignade; son renfoncement très protégé est même idéal pour les jeunes enfants. À côté se serre **Brennecke's Beach**, mi-rocheuse, mi-sableuse, domaine réservé des amateurs de *boogie board*.

À l'est, **Shipwreck Beach** ⋆⋆ étend son sable doré le long de l'hôtel Hyatt jusqu'à un promontoire rocheux. Les courants et les rouleaux réservent la plage aux fanas de *boogie board* confirmés et aux phoques moines qui viennent parfois s'y prélasser des après-midi entières.

Peu après, la piste rejoint les abords de la longue **Maha'ulepu Beach** ⋆, qui s'étire sur près de 3 km le long d'un récif corallien. À noter que pour se rendre à Maha'ulepu Beach, il faut passer par un terrain privé, dont le propriétaire permet l'accès du lever au coucher du soleil. C'est ici qu'en 1795 accostèrent les troupes de Kamehameha qui avaient survécu à la tempête responsable de la perte de la majeure partie de la flotte royale, envoyée conquérir Kaua'i. Tous, ou presque, se firent massacrer peu après par les soldats de Kaumuali'i.

La bourgade de **Kalaheo** est née, comme les autres dans la région, de l'industrie sucrière. L'Iglesia ni Cristo, aux tons pastel, témoigne de l'importance de l'émigration portugaise.

Du centre de Kalaheo, la petite Papalina Road remonte en direction du **Kukuiolono Park** ⋆, où se côtoient un parc tropical, un petit jardin japonais d'inspiration zen et un golf public à neuf trous. Le nom du site signifie «lumière de Lono», parce qu'ici étaient autrefois entretenus des feux balisant la côte pour les grands canoës. Dans le parc, on peut voir quelques ustensiles anciens en pierre de lave ou, tout simplement, profiter de la quiétude du lieu pour un pique-nique.

Quittez le parc en prenant à droite la **Pu'u Road** ⋆, une petite route à voie étroite qui sinue à flanc de colline. Progressant entre manguiers, papayers, eucalyptus et, sur la fin, entre champs de canne et buissons de café, elle offre de jolis points de vue sur la côte orientale de l'île. On retrouve la Papalina Road juste en amont de la route 50.

À la sortie de Kalaheo, une aire de stationnement permet de profiter d'un beau point de vue sur la **Hanapepe Valley** ⋆, creusée par la rivière du même nom – un des sept principaux cours d'eau de l'île.

Vous atteindrez rapidement le **Kaua'i Coffee Company Museum** ⋆, établi au beau milieu des caféiers. Au début des années 1980, devant le succès croissant du café de Kona, près de 1 400 ha de canne à sucre furent ainsi reconvertis. C'est aujourd'hui la plus grande exploitation de l'archipel. Le musée fournit des explications sur la production et le procédé de séchage des fruits. On peut goûter gratuitement aux différents crus maison.

Revenez sur la route 50. Au terme de la descente (Mile 16), la route 541, sur la gauche, conduit vers le terminal pétrolier de Port Allen. La dernière route sur la gauche avant le port longe la raffinerie. À la barrière jaune, un chemin carrossable, sur la droite, vous conduira rapidement à **Glass Beach**, qui mérite surtout le détour à titre de curiosité. La plage a été formée par un mélange de sable noir et de millions d'éclats de verre roulés par les vagues, vestiges d'un ancien dépotoir. La petite anse est fermée par un cimetière japonais.

Une petite route conduit au cœur de **Hanapepe** ⋆, «la plus grande des petites villes de Kaua'i». La bourgade, endormie, s'organise de part et d'autre de la rivière

▸ Café. ©Claude Hervé-Bazin

Hanapepe, franchie par le Swinging Bridge, un pont suspendu qui ne swingue pas tant que cela! Le long de la rue principale s'alignent toujours une église à l'échelle locale et une brochette de maisons en bois, reconverties à un tourisme tranquille: elles abritent aujourd'hui des cafés et plusieurs galeries d'art. D'ailleurs, le vendredi soir, profitez-en pour flâner sur la Hanapepe Road lors de l'***Art Night***. De 17h à 21h, il est alors possible de visiter les galeries d'art et de rencontrer les artistes. L'ambiance est agréable et les familles, venues des environs, nombreuses. Des musiciens et des restaurateurs ambulants ajoutent au charme de l'événement.

Au bout d'environ 1,3 km, vous atteindrez le **Salt Pond Beach Park** ⋆⋆, avec sa longue plage incurvée veillée par des cocotiers altiers. La baignade et la plongée-tuba y sont excellentes. À l'est du parc, tout contre l'aérodrome de Port Allen, qui fut un temps le plus important

La *Chicken Isle*

Lorsque l'ouragan *Iniki* a sévi en 1992, non seulement a-t-il fait de nombreux dégâts matériels, mais il a aussi eu des répercussions aux-quelles on ne s'attendait pas. Après son passage, coqs et poules se sont retrouvés en liberté et, comme ils n'ont pas de prédateurs naturels sur l'île, leur population a rapidement augmenté. Près de 20 ans plus tard, on raconte qu'ils seraient plusieurs milliers, et certains avancent même qu'ils dépasseraient maintenant le nombre d'habitants! Quoi qu'il en soit, vous pouvez être assuré d'en croiser pendant votre séjour à Kaua'i, que ce soit dans la rue, à la plage et même dans les restaurants. Sans oublier que les coqs chantent à l'aube…

©Dreamstime.com/Ellensmile

de Kaua'i, s'étendent des marais salants hawaïens toujours en exploitation. À usage culinaire et médicinal, le sel est récolté de génération en génération par les mêmes familles, en été, dans des bassins taillés à même le sol de latérite. Après les pluies, on peut y voir des oiseaux aquatiques hawaïens, dont des échasses.

Le hameau de **Makaweli** est si petit qu'il pourrait bien passer inaperçu. Il constitue pourtant le quartier général de la famille Robinson, qui possédait jusqu'en 2008 une part non négligeable des terres sucrières de Kaua'i avant de se reconvertir en producteur d'éthanol. Toutefois, la famille possède toujours l'ensemble de l'île de **Ni'ihau**. C'est d'ailleurs de Makaweli que part la barge se rendant irrégulièrement sur «l'Île interdite», où habitent aujourd'hui un peu plus de 150 personnes. Interdite d'accès aux visiteurs (sauf lors de vols en hélicoptère), Ni'ihau abrite des insulaires qui y vivent encore de façon très traditionnelle. Pas d'eau courante ici, et l'on y parle toujours l'hawaïen.

Peu après Makaweli s'étend une jolie plage invisible de la route: **Pakala** ⋆, mieux connue des surfeurs sous le nom d'Infinities. Un sentier, dont le début est signalé par une ouverture dans le grillage, conduit en 500 m, à travers les broussailles, jusqu'à un autre ruban de sable en arc de cercle: **A'akukui Beach**. Pakala à proprement parler est située juste au sud.

Un peu plus loin s'étendent les maigres vestiges de l'un des plus inattendus témoins de l'histoire hawaïenne: le **Fort Elizabeth** ⋆, un des trois forts russes construits entre 1815 et 1817 à Kaua'i sous l'égide d'un corps expéditionnaire. Il ne subsiste guère que les murs d'enceinte en pierre de lave et quelques traces de fondations de bâtiments intérieurs – rien de bien parlant.

De retour sur la Kaumuali'i Highway, vous franchirez la rivière Waimea, la plus longue d'Hawaii avec un cours de... 31 km! Principale agglomération de la côte sud, le gros village de **Waimea**, sans charme particulier, s'est développé à partir de 1844 autour de la Waimea Sugar Mill Company.

Immédiatement après le pont sur la rivière Waimea, l'Ala Wai Road conduit sur la gauche au **Lucy Wright Beach Park**, situé à l'embouchure du cours d'eau, face aux ruines du fort russe. La baignade n'est pas conseillée, car la rivière n'a de cesse de déverser en mer un limon terreux peu engageant. De jeunes amateurs de *boogie board* s'y aventurent néanmoins, profitant, à certaines heures, des vagues se déroulant à l'infini lorsque les eaux de la rivière rencontrent celles de la marée montante. Près de l'embouchure de la rivière, une **plaque** mal indiquée commémore la visite de Cook sur l'île.

À 200 m de là, en plein centre de Waimea, une **statue** ⋆ du navigateur se dresse à l'ombre des palmiers sur la bande herbeuse du Hofgaard Park, agrémentée de tables de pique-nique. Il s'agit d'une copie de l'œuvre de Sir John Tweed, dont l'original se trouve à Whitby, en Angleterre.

Le site du **Menehune Ditch**, cette immense tranchée en pierre et en terre, autrefois longue de quelque 40 km, permettait d'irriguer les champs de taro jouxtant le cours d'eau. De son nom hawaïen *Kiki a Loa*, elle aurait été construite, d'après la légende, pour le grand chef de Waimea, Ola. Tous y voient la main des *menehune*. Une chose est sûre: lorsque Cook débarqua à Waimea, les Hawaïens qu'il y rencontra avaient depuis longtemps perdu le savoir-faire nécessaire à la construction d'un tel ouvrage. Une plaque indique l'emplacement d'une section découverte, à la hauteur d'un pont suspendu, à environ 1,5 km du centre-ville.

▲ La plaque qui commémore la visite de James Cook sur l'île. ©Claude Hervé-Bazin

Face à la Menehune Road, le long de la Kaumuali'i Highway, se dresse la **Waimea Hawaiian Church**, construite en 1870 après la scission des fidèles de la Foreign Mission Church. En bois blanc, coiffée d'un court clocher pointu, elle est encore le théâtre de messes en hawaïen.

Deux rues plus loin, la Pokole Road conduit au **Waimea Pier**, un vieux quai construit en 1865 pour pouvoir accueillir les bateaux transportant le sucre et le riz produits dans la région. Abandonnée depuis 1930, la jetée, qui attire de nombreux pêcheurs, coupe la plage en son centre. Quelques tables ombragées font autant d'aires de pique-nique acceptables.

Édifiée entre 1848 et 1853, l'ancienne **Waimea Foreign Church** ★ est aujourd'hui connue sous le nom de United Church. Le bâtiment a été en grande partie reconstruit après avoir subi les foudres d'*Iniki* en 1992. Cette jolie église en pierre, au clocher tronqué en bardeaux, est accolée à un cimetière japonais aux tombes éparpillées entre d'odorants frangipaniers.

▶ La Waimea Foreign Church. ©Claude Hervé-Bazin

À l'angle de la Kaumuali'i Highway et de Waimea Canyon Drive, le **West Kaua'i Technology and Visitor Center** se consacre, sur un thème hawaïen, à la conquête et à la domestication du monde par l'homme sous toutes ses formes: navigation polynésienne, aquaculture ancienne, techniques d'irrigation des plantations de canne à sucre, etc. Le tout est surtout orné de vieilles photos et d'écrans interactifs.

À la sortie de la ville se trouvent les **Waimea Plantation Cottages**, un complexe touristique occupant d'anciennes maisons en bois d'employés des plantations.

La plage qui s'étire sur plus de 3 km, face à l'ancienne bourgade sucrière de **Kekaha**, a beaucoup souffert du passage de l'ouragan *Iniki*. Seul le centre du ruban de sable, où se regroupent pêcheurs et amateurs de *boogie board*, est encore relativement large. La baignade est réservée aux bons nageurs, les courants étant plutôt musclés.

Vers le Mile 36, un gros arbre marque un discret embranchement. Sur la droite, vous arriverez vite en vue du **Polihale State Park** ★★. Plus grande plage de l'île, adossée à des dunes replètes envahies de *naupaka*, Polihale marque la fin de la côte sableuse et le début de la Na Pali, hérissée de falaises. Les anciens Hawaïens avaient construit ici un *heiau* d'où les âmes des morts quittaient l'île. Envahi par la végétation, il est difficile à repérer et en bien piètre état. Les courants dangereux et les vagues virulentes limitent la baignade aux surfeurs expérimentés. Le seul site protégé de la côte est à **Queen's Pond**, un peu plus au sud, atteint par la voie de gauche de la piste. Par mer calme, la baignade y est tout à fait possible.

Waimea Canyon et Koke'e State Park★★★

À l'ouest de Kaua'i, une route quelque peu tortueuse grimpe entre ravins et forêts vers les montagnes centrales, offrant une occasion unique de découvrir le cœur secret de l'île. En une trentaine de kilomètres, il aborde deux des plus beaux sites d'Hawaii: le Waimea Canyon et le Koke'e State Park, situé au pied des plus hauts sommets dominant les falaises saisissantes et les vallées imprenables de la côte de Na Pali. La route est maintenant

▲ Le Waimea Canyon State Park. *iStockphoto.com/pawel.gaul*

en excellent état et vous serez ébahi par les magnifiques points de vue qui s'offriront à vous.

Deux routes, qui se rejoignent à mi-pente, permettent de grimper en direction du Waimea Canyon et du parc de Koke'e. La première, moins bien indiquée, Waimea Canyon Drive (route 552), part de la sortie ouest de Waimea et s'élève rapidement tout contre les franges du canyon. La seconde, la Koke'e Road (550), part de Kekaha, plus à l'ouest. N'offrant pas d'aussi jolis points de vue, elle est cependant un peu plus large, ce qui peut être rassurant.

Waimea Canyon ★★★

La route s'élève rapidement, révélant au bout de quelques virages ses premiers points de vue sur le Waimea Canyon, le «Grand Canyon du Pacifique», partagé entre le **Waimea Canyon State Park** au sud et le Koke'e State Park au nord. Moins profond que l'original, bien plus jeune aussi, mais tout à fait inattendu sur une si petite île, le Waimea Canyon incise la partie ouest de Kaua'i d'un sillon nord-sud. Il s'étire sur une quinzaine de kilomètres et se creuse, au maximum, de près de 800 m. Tailladée par les eaux de pluie, excavée par la rivière Waimea, la roche est mise au jour, exposant une latérite qui contraste superbement avec le vert de la végétation. Dans les vallées tributaires cascadent chutes d'eau permanentes ou temporaires et arcs-en-ciel fréquents.

Déjà les champs de canne à sucre couvrant les pentes basses ont cédé la place à la forêt: au fur et à mesure de la montée, *koa* (l'acacia hawaïen, très prisé pour la beauté de son bois), *'ohi'a* (petit arbre endémique aux jolies fleurs rouges à plumet) et eucalyptus imposent de plus en plus leur présence. Jetez un dernier coup d'œil vers l'arrière: tout aussi sereine qu'inaccessible, Ni'ihau, «l'Île interdite», flotte au large, de l'autre côté du chenal de Kaulakahi.

L'**Iliau Loop Trail** ★★, un court sentier en boucle (400 m; environ 30 min), offre un magnifique panorama du Waimea Canyon et d'une des vallées annexes, la Wai'alae, au fond de laquelle se détache une chute. Le long du chemin, les noms des plantes endémiques sont bien indiqués. Raide, perdant en 4 km plus de 600 m de dénivelé, le **Kukui Trail** descend quant à lui jusqu'au fond du canyon (comptez de 1h30 à 2h pour la descente, de 2h30 à 3h pour la remontée). La balade n'est pas de tout repos, mais les points de vue valent le coup. Il est possible de passer la nuit au fond, au camp de Wiliwili (permis obligatoire).

Le **Waimea Canyon Lookout** ★★★, le plus beau belvédère sur le canyon, se trouve au Mile 10,3. Sur l'autre versant se découpent les vallées escarpées des rivières Koaie (sur la gauche) et Wai'alae (sur la droite). Souvent, l'après-midi, lorsque les nuages lourds de pluie jouent à cache-cache avec le soleil, des arcs-en-ciel s'accrochent aux pans des vallées.

D'autres points de vue suivent, entre le Mile 10,9 et le Mile 12, d'où l'on peut apercevoir, au loin, la traînée blanche des Waipo'o Falls. On peut parfois s'arrêter sur le bas-côté. Le **Pu'u Hinahina Viewpoint** ★ est le plus élevé des belvédères dominant le Waimea Canyon. Dans les airs planent souvent des phaétons à queue blanche. On peut aussi parfois observer des oiseaux forestiers hawaïens. Déjà, au nord, s'annonce le plateau de Koke'e avec sa forêt de *koa*.

Si vous voulez juste vous dégourdir les jambes, le **Cliff Trail** ★ vous mènera en 200 m à un panorama sur le canyon. Si vos envies de randonnée sont plus ambitieuses, vous pouvez opter pour différents circuits mettant à contribution plusieurs sentiers, dont le **Canyon Trail** ★, qui permet d'approcher les chutes de Waipo'o, hautes de 240 m.

▸ Chèvres, Waimea Canyon. ©Dreamstime.com/Jerryway

▲ Le Waimea Canyon Lookout. ©Shutterstock.com/Galyna Andrushko

▲ La vue depuis le Kalalau Valley Lookout. ©iStockphoto.com/Glowing Earth Photography

Koke'e State Park ★★

Cerné de toutes parts par un écran de quatre réserves forestières, le **Koke'e State Park**, qui s'étend en grande partie sur un plateau d'altitude, entre 1 000 m et 1 300 m d'altitude, englobe 1 759 ha d'une forêt d'*'ohi'a* et de *koa*. Seule véritable porte d'accès à l'intérieur sauvage de «l'Île Jardin», le parc est sillonné d'une multitude de sentiers permettant de découvrir une flore et une faune encore en partie préservées. Les espèces endémiques ailées sont ici plus présentes qu'ailleurs: *'i'iwi*, *'apapane*, *'anianiau*, *'elepaio*, etc. Mais plus encore que la possibilité d'explorer la zone sommitale de l'île, laissée aux seuls randonneurs, le Koke'e State Park révèle à tous d'imprenables points de vue sur les vallées tailladant les flancs du plateau, au nord: Honopu, Kalalau, etc.

Juste avant le Kanaloahuluhulu Meadow et le musée, le Mile 15,8 marque le point de départ de l'un des plus beaux sentiers de randonnée de Koke'e, le **Nu'alolo Trail** ★★. Long de 6 km, il traverse une forêt de *koa* et descend de 480 m de dénivelé entre la vallée de Mahanaloa, à l'ouest, et celle de Nu'alolo, à l'est. Peu avant son terme, il atteint la jonction avec le Nu'alolo Cliff Trail, qui permet de rejoindre l'Awa'awapuhi Trail, plus à l'est, et d'effectuer un circuit d'un jour de 16,6 km. La balade n'est pas de tout repos, mais elle mérite tous les efforts. De la jonction, le dernier kilomètre jusqu'à Lolo Vista Point, d'où se révèlent des points de vue époustouflants, est le plus échevelé.

La vaste clairière du Kanaloahuluhulu Meadow abrite le **Koke'e Museum** ★★. Il se consacre à l'écologie et la géologie de

▲ Le Nu'alolo Trail. ©iStockphoto.com/KMahelona

Kaua'i, aux arbres et oiseaux endémiques, à la chasse et aux sentiers permettant de parcourir le parc. On peut aussi y voir de vieux outils hawaïens, une section sur la météorologie, qui porte en particulier sur les graves dommages infligés par l'ouragan *Iniki* en 1992, ainsi qu'un intéressant petit film illustrant les mécanismes naturels qui ont donné naissance à Kaua'i et qui l'ont façonnée. Le musée loge une boutique où se côtoient artisanat, cartes et ouvrages sur la nature hawaïenne, la randonnée et l'histoire.

Juste contre le musée, le très court **Nature Trail** ⋆ (200 m) offre une bonne introduction aux espèces végétales endémiques. Les 30 espèces présentées sont identifiées sur place par des panonceaux.

Au-delà du musée, la route continue de s'élever, en virages serrés. Au Mile 17 commence l'**Awa'awapuhi Trail** ⋆⋆, qui constitue l'une des plus belles randonnées de Kaua'i. Accroché aux pentes dominant la vallée du même nom, inaccessible si ce n'est par voie maritime, le sentier perd rapidement 500 m de dénivelé. Il atteint son terme en 5,2 km, peu après avoir passé l'embranchement avec le Nu'alolo Cliff Trail (qui permet de rejoindre le Nu'alolo Trail). De là s'offrent de stupéfiants points de vue sur les vallées d'Awa'awapuhi et de Nu'alolo. Si la descente n'est pas très difficile, tout juste boueuse par temps pluvieux, cette randonnée n'est cependant pas une balade de tout repos: n'oubliez pas qu'il faut remonter après être descendu!

En contrebas d'une installation militaire se révèle le plus beau belvédère de Koke'e, accessible à tous: le **Kalalau Valley Lookout** ⋆⋆⋆. À vos pieds se creusent la

vallée et toute la côte de Na Pali, aux falaises déchirées par l'érosion en pics, pitons, voiles et drapés. Avec un peu de chance, en fin de journée, un arc-en-ciel viendra se glisser dans le champ de votre appareil photo. Si les nuages dissimulent la vue, ne désespérez pas, car le temps change très vite et le soleil pourrait revenir. Au bout de la route, le **Pu'u o Kila Lookout** ⋆⋆ domine la vallée de Kalalau de manière plus centrale. À l'un et à l'autre des endroits, il n'est pas rare de pouvoir observer *'i'iwi*, *'apapane*, *'amakihi*… Un sentier disparu permettait autrefois aux Hawaïens de descendre dans la vallée. Aujourd'hui, seules les chèvres s'aventurent encore sur les pentes.

La fin du ruban de goudron marque le début du **Pihea Trail** ⋆⋆, qui longe la crête dominant la vallée de Kalalau. Il y a plusieurs années, le chemin servit d'ébauche à une route circulaire qui devait rejoindre Ha'ena sur la côte nord. Par chance pour la flore et la faune, le projet fut abandonné pour cause de difficultés techniques, faciles à imaginer… D'abord large et facile, le Pihea Trail se rétrécit à mesure qu'il approche du **Pihea Lookout** ⋆⋆, un promontoire raide, glissant, d'où se révèle un autre panorama de Kalalau. À ce niveau, le sentier bifurque

vers l'**Alaka'i Swamp** ⋆⋆, un marais d'altitude encadré d'une distante arène de montagnes. Le long des parois rocheuses s'écoule une multitude de cascades, formées lorsque les nuages gris s'éventrent sur les crêtes. Large de 3 km et long de 16 km, le marécage d'Alaka'i constitue l'un des derniers refuges d'espèces endémiques ailées devenues très rares, dont l'*'akepa*, l'*'akiki* (*Kaua'i creeper*), l'*'ania-*

Emma à Koke'e

Début 1871, sur le conseil de son frère, venu peu de temps auparavant y chasser le cochon, la reine Emma décide de se rendre à Koke'e, accompagnée de sa suite d'une centaine de personnes. Le lieu est alors isolé de tout, et la troupe doit emprunter, sous la pluie, un vieux sentier hawaïen depuis longtemps abandonné. À un moment, ils parviennent à une sorte de plateau délimité par une falaise. Impressionnée par la beauté du site, la reine déclare: « Quel cadre idéal pour un *hula*! » Malgré les protestations de son guide, Emma et sa cour prennent, en pleine montagne, le temps de danser. Le lieu est aujourd'hui connu sous le nom de **Pohaku Hula**. C'est en souvenir de cet épisode que, chaque année au début du mois d'octobre, des *halau* de tout l'archipel se retrouvent à Koke'e pour le festival de *hula* d'Eo E Emalani I Alaka'i.

◄ *Hula.* ©Claude Hervé-Bazin

▲ L'Alaka'i Swamp. ©Dreamstime.com/Estivillml

niau et le *nukupu'u*. La végétation, touffue ici, rabougrie ailleurs, est elle aussi unique: là où les vents soufflent le plus fort, là où le soleil n'arrive jamais, de nombreuses espèces ont appris à se faire toutes petites pour survivre.

L'Alaka'i Swamp Trail a été presque entièrement recouvert d'une étroite plateforme surélevée facilitant la progression. Cela ne signifie pas que vous échapperez totalement à la boue, mais l'approche du **Kilohana Lookout** ★, perché sur une crête dominant de haut la vallée de Wainiha, est ainsi un peu facilitée. Lorsque les nuages daignent s'envoler et la brume se disperser, ce qui n'est pas si courant, la vue qui se révèle est tout simplement imprenable.

Les grands thèmes

Kumulipo

Le chant qu'est le *Kumulipo* l'affirme : tout commence dans la nuit. Du néant surgit la terre, née de l'océan, puis apparaissent les poissons. La végétation prend racine, et peu à peu les formes de vie évoluent, les amphibiens quittant les premiers la mer pour la terre. Si proche de la réalité scientifique, le mythe ancestral, fruit d'une connaissance pointue des réalités naturelles, s'en éloigne ensuite pour décrire la généalogie des *ali'i.*

Une croix des *ali'i.* © Dreamstime.com/Randall Sylvia

FAUNE ET FLORE

Née des profondeurs vierges de toute vie, Hawaii a développé dans l'isolement une flore et une faune uniques au monde, regroupant près de 90% d'espèces endémiques – bien plus qu'aux Galápagos rendues célèbres par les travaux de Darwin. Laboratoire au grand air, les îles, toutes d'âge différent, permettent d'observer presque en direct l'évolution des espèces. L'étude est d'autant plus intéressante à mener que l'archipel, grâce à de grandes variations d'altitude et de pluviométrie, abrite 11 des 13 grands biotopes mondiaux – une richesse naturelle d'où découle une rare diversité biologique.

Chose étonnante, les anciens Hawaïens, grands observateurs de la nature, semblent avoir développé, dès avant Darwin, leur propre théorie de l'évolution des espèces. Dans le *Kumulipo*, un mythe de la création, les animaux les plus complexes sont ainsi présentés comme découlant des formes de vie les plus primitives.

Une tortue géante.(double page précédente)
© iStockphoto.com/Tammy616

Les mammifères

Si loin des masses continentales, l'archipel hawaïen n'a été colonisé que par un nombre très restreint de mammifères, si l'on écarte ceux introduits par l'homme : cochons, chèvres, chiens, chats, rats et antilopes. À vrai dire, il n'en est qu'un, terrestre, qui y soit parvenu de lui-même : la chauve-souris hawaïenne (*Hawaiian hoary bat*; *Lasiurus cinereus hawaiiensis*). Cet animal de petite taille, au pelage roux, mesure entre 12 cm et 15 cm ailes déployées et pèse au plus 20 g. Insectivore, la chauve-souris se perche dans les arbres ou élit domicile dans des grottes. Bien que nocturne, elle est parfois visible le jour. Victime du déboisement et des installations humaines, elle subsiste surtout sur Big Island.

Vous ne manquerez pas de remarquer, traversant furtivement la route, la mangouste. Malgré sa jolie frimousse, elle est la cause de bien des inquiétudes pour les espèces d'oiseaux endémiques.

▲ Ralentir, on peut croiser des animaux sauvages. © Dreamstime.com/Darren Brode

Les oiseaux

On a répertorié à Hawaii quelque 300 espèces d'oiseaux, dont environ 70 endémiques. On peut les classer en plusieurs groupes : oiseaux forestiers, aux couleurs souvent vives, plus spécifiquement hawaïens et rares; oiseaux marins, fréquentant les îles de manière continue ou épisodique; oiseaux aquatiques, d'une espèce endémique ou non, habitant les zones humides préservées; et les nombreux oiseaux migrateurs, parmi lesquels le *kolea* ou pluvier doré, qui passe l'été en Alaska.

Même s'il est impossible de savoir exactement combien d'espèces d'oiseaux habitaient l'archipel avant l'arrivée de l'homme, on estime leur nombre entre 70 et 140. Les chercheurs de l'University of Hawai'i pensent qu'une bonne partie est issue d'un unique type de fringillidé (chardonneret). Trente des 48 oiseaux endémiques qui subsistent sont menacés ou en danger immédiat d'extinction.

Les descriptifs suivants ne forment pas une liste exhaustive, mais présentent les espèces les plus emblématiques et celles que vous aurez le plus de chance de rencontrer – serait-ce furtivement.

Illustrations : © Sophie Czaplejewicz

‘Akohekohe (*Palmeria dolei*)

‘Akepa (*Loxops coccineus*)

‘Amakihi (*Hemignathus*)

‘Akiapola’au (*Hemignathus munroi*)

› Les oiseaux forestiers

De toutes les formes de vie qu'on peut trouver dans l'archipel, les oiseaux forestiers aux couleurs vives en constituent la plus remarquable. Illustration vivante de la théorie de Darwin, rouges, jaunes, olive, ils arborent des becs longs pour certains, courts pour d'autres, larges ou au contraire très recourbés, spécifiquement adaptés à leur milieu et aux espèces de plantes dont ils se nourrissent.

On peut encore espérer voir assez facilement trois espèces: l'*'amakihi*, l'*'i'iwi* et l'*'apapane*. Les autres sont plus discrètes, parfois très rares. Les deux espèces du très beau *mamo* n'ont ainsi pas été revues depuis le début du XXe siècle. L'*o'o*, lui, fut sans doute aperçu pour la dernière fois dans les années 1980. Parmi les causes de leur raréfaction, il en est une des plus spectaculaires: leurs plumes servaient à la fabrication des capes des chefs polynésiens. Il fallut pour certaines capes regrouper les rémiges de 8 000 oiseaux!

Malgré la pression humaine constamment grandissante, les chercheurs ont parfois de bonnes surprises: en 1973, l'un d'eux découvrait à Maui une nouvelle espèce, le *po'ouli*. Puis, dans les années 1990, une équipe de Nature Conservancy a retrouvé, toujours à Maui, non pas un mais six nids d'*'akohekohe*, porté disparu depuis 1860.

'Akepa (*Loxops coccineus*): ce petit fringillidé comporte plusieurs sous-espèces, dont certaines sont éteintes. Il habite surtout les forêts d'*'ohi'a* (petit arbre endémique aux jolies fleurs rouges à plumet) et de *koa* (l'acacia hawaïen, très prisé pour la beauté de son bois) de Big Island, à une altitude assez élevée (entre 1 500 m et 2 100 m). Le mâle se reconnaît aisément à sa couleur écarlate et à sa queue plutôt longue. La femelle est vert-gris, avec des touches de jaune sur le ventre.

'Akiapola'au (*Hemignathus munroi*): il ne resterait que 1 200 *'akiapola'au*, vivant sur les pentes sous le vent de Big Island, entre 1 300 m et 2 000 m d'altitude. D'un vert-jaune éclatant, le mâle, superbe, est doté d'un bec dont la partie supérieure est pointue et recourbée – ce qui lui permet de dénicher larves et araignées sous l'écorce des arbres. La femelle est plus terne, avec un bec plus court.

'Akohekohe (*Palmeria dolei*): sans doute le plus étrange des oiseaux d'Hawaii, le gros *'akohekohe* «à plumet» est coiffé, sur l'avant de la tête, d'une espèce de toupet jaunâtre. Gris et noir à la base, le plumage bigarré est constellé de traînées jaunes et d'une grosse tache orangée à l'arrière de la tête. Après l'avoir longtemps cru disparu, on a retrouvé l'*'akohekohe* au plus profond des forêts humides de Maui (réserve de Waikamoi). On en compte aujourd'hui environ 3 800.

'Alala ou corbeau hawaïen (*Corvus hawaiiensis*): très répandu dans l'archipel jusqu'à la fin du XIXe siècle, le corbeau hawaïen a été victime d'une chasse sans pitié livrée par les pionniers et leurs descendants parce qu'il avait pris la détestable habitude de picorer dans les poulaillers. Même s'il ne figure pas au nombre des plus beaux oiseaux, il est sans conteste l'un des plus menacés. Un programme de reproduction en captivité tente de le sauver.

'Amakihi (*Hemignathus*): peuplant toutes les îles de l'archipel sauf Lana'i (avec trois sous-espèces), l'*'amakihi* est parfois surnommé *Zorro bird* pour le masque noir que porte le mâle, contrastant avec son plumage jaune à verdâtre. Renommé pour la rapidité de son vol, il se nourrit d'insectes et occasionnellement de nectar. Si la fleur est trop profonde, il la perce à sa base à l'aide de son bec noir légèrement recourbé pour recueillir le nectar.

'Anianiau (*Hemignathus parvus*): le plus petit des drépanidés, l'*'anianiau* se nourrit exclusivement de nectar grâce à son petit bec recourbé. Il ne vit qu'à Kaua'i, où il est assez commun au-dessus de 1 200 m. L'adulte présente un plumage vert-jaune sur le dos et jaune sur le poitrail.

'Apapane (*Himatione sanguinea*): l'*'apapane* est l'un des oiseaux forestiers les plus communs d'Hawaii. Il se nourrit du nectar des fleurs, mais aussi de celui du *mamane*, de baies et d'insectes. On le reconnaît facilement à son plumage rouge foncé, à sa queue et ses ailes noires et à son bec noir légèrement recourbé. Les plumes du dessous de la queue sont blanches.

Cardinal (*Cardinalis cardinalis* et *Paroaria*): commun à travers toute l'Amérique du Nord, ce petit passereau introduit à Hawaii, où on l'observe souvent, ne doit pas être confondu avec les espèces endémiques beaucoup plus rares. Il en existe trois sous-espèces à Hawaii: l'une grise à tête vermillon, la plus commune; l'une à bec jaune, plus rare; et une troisième entièrement vêtue de rouge. Pour être sûr de ne pas vous tromper, regardez le bec: celui du cardinal est gros et court. Cet oiseau est de surcroît peu craintif.

'Elepaio (*Chasiempis sandwichensis*): c'est, paraît-il, le refrain de son chant qui lui donna son nom. Autrefois sacré aux yeux des constructeurs de canoës, l'*'elepaio* est un tout petit oiseau marron-beige et blanc. Gobe-mouches, il se nourrit d'insectes happés en plein vol ou à la surface des feuilles et des troncs. Plus terne que ses congénères, il se fait moins remarquer.

Grimpereaux d'Hawaii: il en existe cinq sous-espèces, sur chacune des plus grandes îles: *'alauahio* (O'ahu et Maui), *kakawahie* (Moloka'i), *'akikiki* (Kaua'i) et *oreomystis mana* (Hawai'i). De petite taille (environ 10 cm), ils possèdent tous un bec plus court et plus droit que la plupart des autres oiseaux forestiers hawaïens. Leur plumage va du vert olive au jaune. Les grimpereaux d'O'ahu et de Moloka'i sont les plus rares et pourraient même avoir disparu.

'I'iwi (*Vestiaria coccinea*): le plus connu des oiseaux forestiers hawaïens est aussi l'un des plus beaux. Vêtu d'un manteau rouge sang, à l'exception des ailes et de la queue qui sont noires, il est armé d'un long bec orange incurvé, qu'il utilise pour se nourrir du nectar des fleurs. On confectionnait de préférence avec ses plumes les vêtements de cérémonie des *ali'i*, coutume à l'origine de son nom scientifique. Malgré ces pratiques, il reste l'un des moins rares des oiseaux d'espèce endémique. On peut l'observer sur presque toutes les îles, à l'exception de Lana'i, et surtout sur Big Island, à Kaua'i et Maui.

Palila (*Loxioides bailleui*): apparenté au gros-bec, le *palila* est un petit oiseau au plumage gris et blanc, avec tête, gorge et ailes jaunes. Devenu rare, il ne vit que dans les forêts sèches des pentes supérieures du Mauna Kea, sur Big Island, où il se nourrit des graines encore vertes du *mamane*.

Solitaire d'Hawaii (*Myadestes*): il existe plusieurs sous-espèces de solitaires hawaïens. L'*'oma'o* de Big Island est le seul à être commun. On rencontre encore parfois à Kaua'i le *puaiohi*, mais le *kama'o* et l'*oloma'o* de Moloka'i n'ont pas été observés depuis la fin des années 1980. Grand pour un oiseau forestier, le solitaire se fait davantage remarquer par son chant mélodieux que par son plumage, vert, gris et marron, plutôt terne.

Zosterops japonicus: ne confondez pas ce joli petit oiseau à la tête olive et au corps gris avec les espèces endémiques. Il est très commun dans tout l'archipel et se reconnaît aisément à son œil cerclé de blanc, qui lui vaut son nom anglais, *Japanese white-eye*. Il fut importé du Japon dans l'entre-deux-guerres.

Illustrations : © Sophie Czaplejewicz

Illustrations : © Sophie Czaplejewicz

'Io (Buteo solitarius)

Pueo (Asio flammeus sandwichensis)

Ae'o (Himantopus mexicanus knudseni)

Nene (Branta sandwichensis)

› Les rapaces

'Io ou buse d'Hawaii (*Buteo solitarius*): victime de la destruction de son habitat, la buse d'Hawaii a failli disparaître. Protégé efficacement, ce rapace a fait un retour en force sur Big Island et est parfois aussi observé à Kaua'i, Maui et O'ahu. D'assez petite taille (environ 35 cm), il se laisse plus facilement voir en vol, lorsqu'il scrute le sol à la recherche de ses proies. L'*'io* peut avoir deux couleurs: entièrement marron ou dos marron et poitrail jaune-brun strié de lignes foncées. Symbole de la royauté hawaïenne, l'*'io* incarne, pour certains Hawaïens, les esprits bienfaisants des ancêtres disparus (*'aumakua*).

Pueo ou hibou brachyote d'Hawaii (*Asio flammeus sandwichensis*): le *pueo* occupe une place importante dans la mythologie hawaïenne. Sacré aux yeux des Anciens, il faisait lui aussi partie des *'aumakua*. Très proche du hibou brachyote américain, il est considéré comme une sous-espèce. Mâles et femelles sont d'apparence similaire: corps bigarré de brun et de blanc, masque noir, yeux jaunes et tête assez ronde. On peut souvent l'observer le jour, lorsque le temps est nuageux, volant à haute altitude pour mieux repérer ses proies.

› Les oiseaux aquatiques

Ae'o ou échasse d'Hawaii (*Himantopus mexicanus knudseni*): d'apparence assez similaire à ses congénères nord-américaines, l'échasse d'Hawaii (*Hawaiian stilt*) est, comme elles, perchée sur de hautes pattes de couleur rosée. Le mâle est noir en dessus et blanc en dessous, tandis que la femelle est plus brune. De son bec noir, long de 6 cm à 7 cm, l'échasse fouille la vase à la recherche de petits poissons, de crustacés, de vers et d'insectes. Présente dans les zones humides de tout l'archipel, sauf à Lana'i et Kaho'olawe, elle peut voler d'une île à l'autre (environ 1 500 oiseaux).

Koloa ou canard hawaïen (*Anas wyvilliana*): c'est à Kaua'i que vit l'essentiel de la population de canards hawaïens, ainsi qu'à O'ahu et sur Big Island: ils seraient près de 2 500 à fréquenter les dernières zones marécageuses préservées. De petite taille, le *koloa* est marron, strié de blanc. La parade amoureuse est l'occasion d'un exercice de haute voltige: les mâles à ses trousses, la femelle s'élève verticalement de 30 m avant de décrire toute une série de cercles. Le mâle favori plonge régulièrement en piqué pour chasser ses adversaires. Voler est de toute évidence un exercice qui ne fait pas peur au *koloa*: on a même déjà observé une femelle transportant dans les airs ses petits entre ses pattes!

Nene (*Branta sandwichensis*): symbole quasi national, l'oie *nene* a été sauvée *in extremis*. Désignée *State bird* en 1957, alors que le groupe ne comptait plus qu'environ 40 individus, elle vit aujourd'hui, à raison d'environ 1 000 oiseaux, sur les pentes supérieures du Mauna Loa et du Kilauea sur Big Island, du Hale'a'kala à Maui et de Kaua'i. Ce résultat spectaculaire est le fruit d'importants programmes de recherche et d'élevage en captivité. Au fil des ans, on s'est aperçu que cette cousine éloignée de la bernache du Canada, que l'on croyait adaptée à la vie dans les îlots de végétation (*kipuka*) parsemant les anciennes coulées de lave, peuplait sans doute aussi les zones humides basses. Deux théories s'affrontent pour expliquer pourquoi ses palmes ont en partie disparu: à cause de la lave, clament certains; parce qu'elle se perche dans les arbres à la saison des amours, affirment d'autres. Quoi qu'il en soit, la *nene* se nourrit de plantes, de graines et des baies d'*o'helo* et de *pukiawe*. Elle peut vivre 25 ans et plus. La nidification a lieu en hiver: il n'est pas rare alors que les mangoustes s'attaquent aux œufs, voire à l'oie, qui n'abandonne jamais sa couvée. Les dangers sont encore plus pressants pendant la mue, lorsque, durant quelques jours, la *nene* ne peut même plus voler.

› Les oiseaux marins et migrateurs

En plus des quelques espèces passées ici en revue, on pourrait citer les fous (*'a*), bruns ou à pattes rouges, les noddis bruns et noirs (*noio*) et les nombreuses sternes, qui fréquentent tous l'archipel.

Albatros de Laysan (*Diomedea immutabilis*): si merveilleusement évoqué par Baudelaire, le roi des oiseaux marins passe plusieurs mois de l'année sans mettre pied à terre, glissant avec volupté sur les courants aériens. L'albatros de Laysan est le plus petit des différentes espèces: il pèse de trois à quatre kilos, et son envergure n'atteint «que» 1,60 m (moitié moins que l'albatros royal). Il se nourrit essentiellement de seiches, de poissons et de crustacés, et boit l'eau de mer, filtrée par ses glandes nasales. En dehors de l'atoll de Midway, où il reforme chaque année une fantastique colonie de 800 000 oiseaux, on peut en voir quelques individus au Kilauea Point National Wildlife Refuge et parfois aux Na'Aina Kai Botanical Gardens de Kaua'i.

'Iwa ou frégate (*Fregata minor palmerstoni*): bien qu'on la voie souvent planer au-dessus des îles principales, la frégate ne niche que dans les îles du Nord-Ouest. Avec son envergure de près de 2 m, c'est un oiseau impressionnant, tout de noir vêtu à l'exception d'un poitrail blanc. À la saison des amours, le mâle est connu pour gonfler sa poche membraneuse rouge, située sous le cou, pour s'attirer la faveur des femelles. Son nom hawaïen, *'iwa*, signifie «voleur», car la frégate a la fâcheuse habitude de voler aux autres oiseaux leurs proies.

Koa'e kea ou phaéton à queue blanche (*Phaæthon lepturus*): on rencontre régulièrement à travers tout l'archipel ce gracieux oiseau blanc se glissant entre les nuages, avec sa traîne de longues plumes. Bien que marin et piscivore, le phaéton niche en montagne, où on le voit le plus couramment – dans le parc des Volcans, par exemple, ou dans le canyon de Waimea, à Kaua'i. Il existe une sous-espèce à queue rouge (*koa'e 'ula – Phæthon rubricauda*), qui habite surtout les îles du Nord-Ouest et l'atoll de Midway, même si l'on peut aussi espérer l'apercevoir près du phare de Kilauea, à Kaua'i.

Kolea ou pluvier doré (*Pluvialis fulva*): chaque année, lorsque l'automne apporte les premiers flocons de neige en Alaska, le pluvier doré entame sa longue route (5 000 km, à 100 km/h de moyenne), qui le conduira jusqu'à Hawaii pour hiverner – l'une des plus longues migrations connues en pleine mer. Peut-être est-ce cette faculté à s'orienter, ou la similitude de l'ampleur de son itinéraire océanique avec le leur, qui convainquit les Hawaïens d'en faire un de leurs oiseaux fétiches. Le *kolea* incarne l'esprit de Kumukahi, un dieu guérisseur très révéré. Très joli, et plutôt peu farouche, il arbore sur de grandes pattes noires un plumage bigarré de brun, de blanc et de touches dorées.

'Ua'u ou pétrel des îles Hawaii (*Pterodroma phæopygia sandwichensis*): le pétrel d'Hawaii, proche de celui des Galápagos, est l'un des plus rares de cette grande famille. Oiseau marin par excellence, assez proche de l'albatros mais plus petit (1 m d'envergure), il passe une part importante de sa vie en mer. Noir, mais à la partie inférieure de la tête et au ventre de couleur blanche, il est d'une grande agilité dans les airs. Devenu rare, le pétrel d'Hawaii compterait de 4 500 à 5 000 couples, dont un millier environ installé entre 2 500 m et 3 000 m dans le parc national du Hale'a'kala. Il y niche à l'intérieur même du cratère, creusant des terriers qui peuvent dépasser 2 m.

Illustrations : © Sophie Czaplejewicz

Kolea (Pluvialis fulva)

Albatros de Laysan (*Diomedea immutabilis*)

Ua'u (Pterodroma phæopygia sandwichensis)

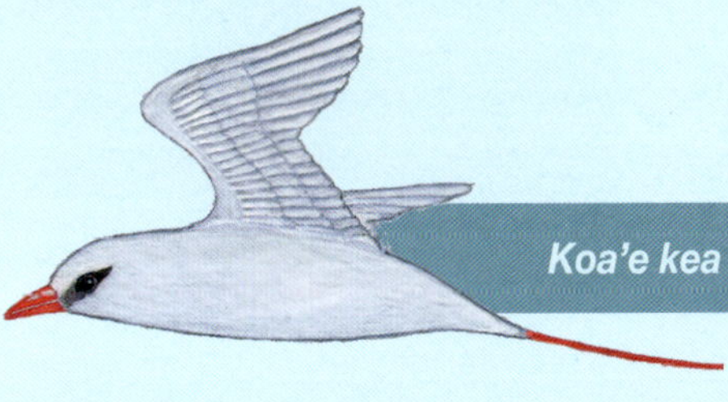

Koa'e kea (Phaæthon lepturus)

'Iwa (Fregata minor palmerstoni)

Le milieu marin

La règle voulant que plus on s'éloigne des masses continentales, moins les fonds marins sont riches, Hawaii n'est certes pas aussi bien loti que d'autres archipels du Pacifique Sud – et particulièrement les plus proches de l'Asie. Il y a ainsi cinq fois moins d'espèces de corail dans les eaux d'Hawaii qu'en Micronésie. Il reste que les amateurs de plongée des contrées froides ne seront pas déçus. Outre les cétacés (près de 20 espèces) et les dauphins (8 espèces), les côtes abritent une foule de petits poissons de récif, et au large croisent les grandes espèces pélagiques prisées des pêcheurs: marlins, thons, *mahi-mahis*, etc.

Baleine à bosse (*Megaptera novæanglie*): de nombreuses espèces de baleines fréquentent les eaux hawaïennes, de même qu'épisodiquement le cachalot, mais il en est une qui, plus que les autres, a su captiver l'imagination des hommes: la baleine à bosse (*humpback whale*), aussi appelée «jubarte».

Phoque moine d'Hawaii (*Monachus schauinslandi*): même si on le rencontre parfois sur certaines plages des îles principales (Kaua'i en particulier), il subsiste essentiellement dans les lointaines îles du Nord-Ouest et dans l'atoll de Midway. Portant bien son nom hawaïen d'*ilio holo kai* («le chien qui gouverne à la mer»),

c'est un animal gracieux, plus petit que la plupart des autres espèces de phoques. Mesurant jusqu'à 2,40 m de long, il peut tout de même peser 270 kg et vivre de 20 à 30 ans. On estime sa population entre 1 200 et 1 400 individus.

Honu ou tortue verte hawaïenne (*Chelonia mydas*): longtemps menacée de disparition, la tortue verte hawaïenne,

Humuhumunukunukuapua'a (*Rhinecanthus rectangulus*)

Que cache ce nom « à rallonge »? Le poisson officiel d'Hawaii, un baliste plus précisément, qui vit sur le récif. Son nom hawaïen signifie « nez de cochon », une allusion sans doute à l'étrange éperon situé derrière sa tête. Cette dernière est barrée d'un masque noir, et le corps est essentiellement orange et blanc, avec des motifs géométriques. Les yeux sont situés très en hauteur, cette position permettant au *humuhumunukunukuapua'a* de s'attaquer sans risque, avec son bec puissant, aux oursins à longs piquants.

◄ L'*humuhumunukunukuapua'a*. © Dreamstime.com/Caleb Foster

▲ Baleines à bosse. © iStockphoto.com/ShaneGross

tout en étant une espèce protégée, a fait un retour remarqué. On l'observe aisément sur Big Island, par exemple. Nommée non pas pour la couleur de sa carapace, mais pour celle de sa graisse, elle peut vivre jusqu'à 50 ans et atteindre 1,20 m et 250 kg (pour les plus gros spécimens). Bien peu cependant des minuscules bébés éclos sur les plages désertes atteindront cet âge et ce poids, victimes des oiseaux, des crabes, des requins, des filets de pêche et des plastiques flottant en mer, confondus avec les méduses, qui figurent avec les plantes marines à leur menu. La tortue verte pond de nuit, vers le mois de mai. Elle dépose ses œufs, gros comme des balles de golf (jusqu'à 200 à la fois), dans un trou creusé dans le sable d'une plage en pente douce – à l'endroit où elle vit le jour des années auparavant. Les œufs éclosent deux mois plus tard.

▲ Le *naupaka*. © Dreamstime.com/Robert Cicchetti

▲ L'*ohi'a lehua*. © Dreamstime.com/Ateliersommerland

La flore

Frangipaniers aux fleurs odorantes, oiseaux de paradis, flamboyants, hibiscus (emblème de l'État), protées, bougainvillées, anthuriums et encore papayers, manguiers, avocatiers ou *lilikoi* (fruits de la passion): Hawaii se couvre de millions de fleurs et d'arbres fruitiers exotiques. Si emblématique qu'il veuille être du paradis qu'on cherche à redécouvrir, ce jardin foisonnant n'est pas aussi naturel qu'il le paraît. Il est le résultat, fécond, de deux siècles de contacts entre l'archipel et le reste du monde. On distingue six régions biologiques principales à Hawaii: littoral, forêts sèches, forêts humides, végétation épiphyte, marécages et zone alpine. Voici une présentation des principales espèces.

› Les régions côtières et transitoires

Les régions côtières sont l'habitat d'herbes et d'arbustes supportant la sécheresse et le sel, entre autres le *naupaka* vert tendre, qui couvre fréquemment les dunes. Indissociable du littoral, le pandanus (*hala*), un arbuste, est reconnaissable à ses longues feuilles pointues. Importé par les Polynésiens, et très fréquent à basse altitude, le *ti* existe en plusieurs espèces. Ses grosses feuilles sont au choix d'un vert profond, ou vertes et rouge bordeaux. Le *ti* est utilisé pour enrober les offrandes dans les anciens temples. Tout aussi commun près des côtes, le *kukui* ou bancoulier, un arbre à tout faire, est originaire d'Asie du Sud-Est; il fut lui aussi apporté par les Polynésiens. Plus haut, sur les pentes sèches des vieilles coulées de lave, on trouve des essences endémiques comme le *lama*, le *naio* et le *mamane*, aux jolies fleurs jaunes rappelant celles des pois.

› Les forêts

Les forêts abritent une grande diversité d'espèces, et plus particulièrement l'*ohi'a lehua* (*Metrosideros polymorpha*), un arbre de la famille du myrte, dont les fleurs, généralement rouges, parfois jaunes, sont butinées par un grand nombre d'espèces d'oiseaux endémiques. On trouve l'*ohi'a* principalement entre 300 et 1 000 m d'altitude. Aucune plante n'est plus adaptée à la vie rude du voisinage des volcans: selon les conditions, il peut dépasser 10 m ou survivre à l'état d'arbrisseau rabougri. Si une partie du tronc brûle, de nouvelles branches repoussent sur le côté épargné, si petit soit-il. Les bosquets d'*ohi'a*, où dominent buissons et fougères, abritent souvent d'autres essences endémiques, tel le *koa* (acacia). Seuls les *kahuna* (prêtres) s'aventuraient autrefois dans les forêts d'*ohi'a* pour y couper les troncs nécessaires aux constructions ou y recueillir les plumes des oiseaux.

▼ Le *kukui*. © iStockphoto.com /BigZenDragon

Faune et flore

▲ Le sabre d'argent. ©Dreamstime.com/Reinout Van Wagtendonk

▲ L'arbre à pain. © Claude Hervé-Bazin

› Les zones humides et d'altitude

Dans les sous-bois des zones humides, on trouve les fougères arborescentes *hapu'u* (*Cibotium splendens*), qui peuvent atteindre 12 m de haut, et la majorité des plantes épiphytes (surtout des broméliacées et des orchidées). La majorité des zones marécageuses à Hawaii se trouvent à des altitudes élevées, à l'instar des marais d'Alaka'i à Kaua'i, qui abrite des plantes ayant évolué en autarcie complète. Soumises à de rudes conditions, beaucoup sont atteintes de nanisme. Dernière grande entité biologique, la zone alpine s'étend au-dessus de 2 000 m, ne concernant donc que les plus grands volcans de Maui et de Big Island. La plus célèbre des plantes est sans nul doute le sabre d'argent (*'ahinahina*), qui pousse exclusivement dans les nuages du cratère du Hale'a'kala. Aujourd'hui sauvé, après avoir failli disparaître, le sabre d'argent est la fleur emblème de l'État d'Hawaii. En altitude pousse aussi l'*o'helo*, aux petites baies rouges.

› Les plantes cultivables

Les Polynésiens ont introduit dans les îles différentes espèces de bananes, la patate douce (*'uala*), la canne à sucre (*ko*), l'igname (*uhi*), le poivrier (*kawa*), l'arbre à pain (*'ulu*), aux gros fruits verts et ovales hérissés de callosités, le taro (*kalo*), une plante à tubercule répandue à travers tout le Pacifique dont on fait un usage semblable à notre pomme de terre. Cultivé les pieds dans l'eau, le taro se reconnaît sans peine à ses grandes feuilles vertes en forme de cœur allongé. Peu apprécié des Occidentaux (on dit qu'il évoque la colle!), il n'est plus guère cultivé qu'à Kaua'i et Maui. La noix de coco, elle aussi sans doute apportée par les Polynésiens, s'est répandue dans tout l'archipel, mais n'est plus ramassée. La culture du riz, qui remplaça en grande partie le taro au XIXe siècle, a été abandonnée au profit de la canne à sucre, puis de l'ananas, plus rentable, puis enfin… du tourisme!

Kukui

Sans doute apporté dans les îles par les Polynésiens, le *kukui* (ou bancoulier, originaire d'Asie du Sud-Est) a été désigné comme arbre officiel d'Hawaii. Le brou de ses noix et ses racines servaient aux Anciens à fabriquer une teinture noire; les noix brûlées, un pigment pour le tatouage. Le fruit, huileux, fournissait quant à lui, une fois pilé, un combustible pour les lampes. Arbre à tout faire, le *kukui* possède aussi des propriétés médicinales, et les noix, une fois polies, étaient utilisées pour confectionner des *lei*.

▲ Tiki. © Dreamstime.com/Christopher Crews

ARTS ET CULTURE

La langue

Langue officielle des îles aux côtés de l'anglais, l'hawaïen est directement issu du polynésien des premiers colons. Au fil des siècles, nombre de spécificités locales et de transformations en ont fait une langue à part entière, avec un degré de parenté semblable à celui qui unit et divise l'italien et le français. Le vocabulaire ayant trait aux éléments culturels et naturels est très développé. Il existe ainsi 64 manières différentes de décrire la pluie! Même si, à la faveur de la renaissance culturelle qui enthousiasme les îles depuis une quarantaine d'années, l'hawaïen a retrouvé droit de cité, il reste qu'il est rare, aujourd'hui, de l'entendre au quotidien (si ce n'est sur l'île interdite de Ni'ihau, où tous le parlent couramment). C'est plus fréquemment dans les chansons et lors des danses de *hula* que l'on y a recours. On trouve aussi des bribes d'hawaïen tronçonnées dans le discours quotidien, au côté du «pidgin English» (créole anglais d'Hawaii), né des nécessaires contacts entre les colons et leur main-d'œuvre, qui reste bien implanté.

Pour redonner à la langue d'origine ses lettres de noblesse, les organisations hawaïennes ont obtenu en 1980 la création d'écoles d'immersion en hawaïen, à la manière de celles qui desservent les communautés amérindiennes dans l'ouest des États-Unis et les Cadiens (Cajuns) en Louisiane. Lorsque leurs enfants sont inscrits dans ces classes, les parents doivent, eux aussi, suivre des cours pour se réapproprier la langue de leurs ancêtres. Le printemps 1998 a vu la première classe atteindre le niveau du baccalauréat.

Lexique hawaïen

› Quelques termes hawaïens

'Ahi	Feu. C'est aussi le nom du thon jaune ou albacore.
Hala	Le pandanus, dont les feuilles (*lau*) sont tressées.
Hale	La maison.
Heiau	Ancien temple hawaïen.
Hula	Danse traditionnelle hawaïenne.
Imu	Four naturel creusé dans le sol.
Kalo	Taro.
Kalua	Ce verbe signifie « cuire dans la terre ».
Kama'aina	Hawaïen de naissance.
Kane	Homme.
Keiki	Enfant, bébé.
Kiawe	Arbre à épines et à fleurs jaunes pâles poussant dans les régions sèches.
Kipuka	Îlot de végétation épargné par une coulée de lave.
Koa	L'acacia hawaïen, très prisé pour la beauté de son bois.
Kukui	Le bancoulier dont les noix servent à fabriquer des colliers.
Lanai	Une véranda, un balcon, à ne pas confondre avec l'île de Lana'i.
Lauhala	Feuilles du pandanus, séchées, découpées en fines lamelles et tressées.
Laulau	Poisson ou viande cuits dans des feuilles de *ti* (cordyline) ou de bananier.
Lei	Collier de fleurs ou de fougères.
Lomilomi	Massage traditionnel. C'est aussi le nom d'un plat à base de saumon mariné.
Lu'au	Banquet.
Makai	Du côté de la mer, en direction de la mer (opposé à *mauka*).
Mana	Force spirituelle ou divine.
Mauka	Du côté de la montagne, en direction de la montagne (opposé à *makai*).
'Ohana	Clan familial.
'Ohi'a	Petit arbre endémique aux jolies fleurs rouges à plumet.
Paepae	Une plateforme en pierre de lave.
Pali	Falaise.
Paniolo	Cowboy hawaïen.
Pupu	Un en-cas, accompagnant bière, cocktail ou verre de vin.
Pu'u	Montagne, colline.
Tiki	Sculpture d'une divinité, généralement en bois, parfois en pierre.
Vog	Sorte de brouillard sulfureux formé par les émissions du Kilauea.
Wahine	Femme.

› Quelques locutions hawaïennes

Au revoir, à bientôt	*Aloha, a hui hou*
Bonjour	*Aloha*
Merci	*Mahalo*
Merci beaucoup	*Mahalo nui loa*
Non	*'A'ole*
Oui	*'Ae*

▲ *Hula et lei.* ©Claude Hervé-Bazin

Le *hula*

« *Le* hula *est le langage du cœur et, donc, la source de vie du peuple hawaïen* », écrivit un jour le roi David Kalakaua. Expression de l'âme hawaïenne, le *hula* est sans conteste l'une des danses les plus gracieuses qui soient et l'une des plus chargées de sens. Au-delà de la beauté apparente, les mouvements du corps, des pieds, des bras, des yeux, tantôt lents et coulés, tantôt saccadés et guerriers, évoquent en un code précis tout l'univers des Hawaïens: la Lune, le Soleil, la mer, les colères des dieux et encore les merveilles de la nature... Ses thèmes s'inspirent de l'histoire des îles, de la vie des héros et des légendes. Certains sont plus spécifiquement adaptés aux heureux événements, d'autres à la tristesse et aux décès.

Accompagnées de musique ou des seuls *mele* (chants) répétitifs, scandés par les hommes, les histoires contées, bien souvent, évoquent Pele, la déesse du Feu, âme des volcans et protectrice des danseurs de *hula*. Installée au pied du Kilauea au terme de sa longue migration à travers l'archipel, Pele aurait composé elle-même les plus anciens et les plus beaux des *hula*.

C'était ainsi à l'origine pour honorer les dieux, en forme de prière aux éléments qu'ils redoutaient, que les Hawaïens dansaient. Le *hula* constituait de surcroît un moyen de transmettre les légendes et les croyances d'une culture sans écriture. Les écoles (*halau*), créées dans l'enceinte même des temples, répondaient, comme l'ensemble de la société, à de nombreux et stricts *kapu*. Certains affirment, sans doute avec raison, que le *hula* fut d'abord réservé aux seuls hommes.

› Le *hula* aujourd'hui

Depuis les années 1970 et la renaissance de la culture hawaïenne, le *hula* s'enseigne un peu partout à travers l'archipel, et le nombre d'élèves ne cesse de croître. Les Hawaïens, dont la légitime fierté culturelle souffrit grandement sous l'oppression des missionnaires au XIXe siècle, retrouvent à travers lui un peu de ces liens au passé si subitement rompu.

Même si les spectacles de *hula* sont nombreux à travers l'archipel, c'est à l'occasion du festival de Merrie Monarch, sur Big Island, en avril, que l'on retrouve toute l'âme hawaïenne. La manifestation a endossé le surnom du roi David Kalakaua (le roi joyeux). Aux chants scandés *a cappella*, aux *lei* floraux ou de fougères, dont les couleurs sont choisies en rapport avec le thème des danses, on reconnaît le *hula kahiko* (le *hula* ancien). Popularisé dans tous les spectacles pour touristes, le *hula 'auana* (le *hula* moderne), plus habillé, évoque sur fond de musique chantante la diversité des îles d'aujourd'hui.

▲ *Pahu.* ©Claude Hervé-Bazin

Lei

Dans toutes les îles de Polynésie, de magnifiques colliers de fleurs, passés autour du cou en signe de bienvenue ou lors des adieux, affirment l'affection des proches. Comme toute chose polynésienne, les *lei* possèdent leur propre signification. Portés de tout temps comme ornement, ils symbolisent aussi les rites de passage: obtention d'un diplôme, mariage, anniversaire, etc.

Si aujourd'hui on se sert surtout du frangipanier à l'odeur suave, du jasmin (lié aux affaires de cœur), parfois de l'orchidée, les habitants de l'île interdite de Ni'ihau continuent d'enfiler et de tresser des milliers de coquillages minuscules. La confection de ces colliers demande tant de temps qu'ils se négocient à des prix faramineux.

Si vous êtes dans les îles le 1er mai (Lei Day), faites comme tout le monde: portez un *lei*.

La musique

Traditionnellement, le chant hawaïen était rarement accompagné par des instruments de musique. Tout juste utilisait-on le *pahu*, la calebasse (*'umeke*), la conque et des sortes de maracas. Chacun avait un usage relativement défini: le *pahu* servait à signaler les cérémonies qui se déroulaient au temple et la conque, les arrivées par terre ou par mer. Les missionnaires introduisirent nombre d'instruments inséparables de la liturgie et initièrent les Hawaïens à leur usage.

Plusieurs souveraines composèrent des chansons encore fredonnées de nos jours, dont *Aloha Oe*, écrit par Lili'uokalani. Avec l'immigration apparurent l'ukulélé («puce bondissante»), dérivé de la *braguinha* portugaise, puis la guitare hawaïenne, au vibrato prononcé. Dans l'entre-deux-guerres, ces deux instruments sont devenus inséparables du son hawaïen, rendu populaire, dès les années 1930, par l'émission de radio *Hawai'i Calls*, diffusée de Waikiki. Lascives, un rien mélancoliques, les chansons de l'époque évoquent une douceur de vivre intemporelle, réadaptées par le chanteur Don Ho, décédé en 2007.

› Les rythmes d'aujourd'hui

Au fil du temps, les îles sont devenues le théâtre de toutes les musiques : de la country *paniolo style*, façon Ernie Cruz Senior, au *jawaiian* mêlant sons hawaïens et reggae des Bruddah Walta (passé au soul-rock), Marty Dread et autres Henry Kapono, l'éventail est aussi diversifié que le monde moderne. Dans les rayons des disquaires voisinent encore les rythmes rock de groupes comme Kalapana ou The Krush, récipiendaires de multiples Hanohano Awards, les récompenses de la chanson hawaïenne, avec les *folk songs* de Chris Rego et Jerry Santos.

Il reste que, malgré le décès en 1997 de sa figure de proue, Israel Kamakawiwo'ole (*IZ*), la musique des chanteurs de langue hawaïenne est sans doute celle qui a le plus le vent en poupe. Parmi ses interprètes les plus appréciés, citons les Cazimero Brothers, les Makaha Sons, originaires de Ni'ihau, Keali'i Reichel, le duo Hapa, ou encore Kekuhi Kanahele, dont l'inspiration provient des *mele* accompagnant le *hula*. En 2005, les Grammy Awards ont créé une catégorie « musique hawaïenne »... qui fut remplacée en 2011 par la catégorie plus large « Best Regional Roots Music Album ».

Ukulélé

Indissociable de la musique hawaïenne, l'ukulélé n'a pas, comme on pourrait le croire, été inventé dans l'archipel. Il est en fait l'héritier direct de la *braguinha* portugaise, une petite guitare à quatre cordes pincées apportée par les premiers immigrants lusophones. Le roi David Kalakaua aimait le son de cet instrument et contribua à sa popularisation auprès des musiciens hawaïens.

▲ Ukulélé. ©Claude Hervé-Bazin

Le terme ukulélé, qui signifie « puce bondissante », une allusion au mouvement rapide des doigts sur le manche, apparut peu après l'installation à Honolulu d'une fabrique par trois émigrants venus de l'île de Madère.

L'ukulélé connut une vogue nouvelle sur le continent quelques années plus tard, à la faveur de l'exposition internationale Panama Pacific de San Francisco, en 1915.

Aujourd'hui, même si la plupart des instruments sont produits en Asie, quelques fabriques familiales, à l'instar de celle de Kamaka Ukulele, à Honolulu, fondée en 1916, continuent d'assembler des ukulélés.

Le tatouage

À Tahiti, où Cook l'observa pour la première fois, on disait *tatau* (à Hawaii, c'est *kakau*). Dans l'ensemble des îles du Triangle polynésien, le tatouage, développé semble-t-il à l'origine pour effrayer l'ennemi, avait une fonction sociale très déterminée. Par lui, les jeunes hommes marquaient leur entrée dans la vie adulte, par lui se manifestaient les relations aux dieux et aux esprits, la douleur d'un décès, la honte d'une infamie ou bien encore la fierté d'un exploit héroïque. Les dessins, essentiellement géométriques et souvent très élaborés, alternaient avec des parties entièrement noires.

Les tatouages s'ajoutaient au fil des événements qui marquaient la vie d'un individu, transcrivant en quelque sorte, à même la peau, son itinéraire personnel. Ils étaient réalisés à l'aide de dents de requins ou d'os affûtés, plongés dans une encre tirée de la combustion de la noix du bancoulier (*kukui*) et appliqués à l'aide d'un petit maillet. Les cérémonies entourant les séances duraient généralement plusieurs jours, comme c'est encore le cas dans les îles Samoa. Les tatoueurs, des *kahuna* dont la charge était héréditaire, occupaient une position sociale élevée. On a retrouvé des instruments remontant à près d'un millénaire av. J.-C.

▲ Tatouage. © Dreamstime.com/Ron Chapple

En 1819, un voyageur français, Jacques Arago, auteur de nombreuses gravures, décrivait ainsi les jambes, la paume de la main gauche et la langue *« très élégamment tatoués »* de la reine Ka'ahumanu – ce dernier tatouage appliqué à la suite de la mort de sa belle-mère. Marques de prestige ou de tristesse, les tatouages pouvaient aussi évoquer l'indignité d'un prisonnier (paupières tatouées à l'intérieur…) ou d'un esclave. Les lépreux de la péninsule de Kalaupapa, à Moloka'i, avaient développé leurs propres motifs.

› Les motifs

Les tatouages différaient selon le sexe. À l'origine surtout tatoués entre la taille et les genoux, les hommes développèrent peu à peu des motifs complexes couvrant tout le corps. Les tatouages hawaïens s'inspiraient en grande partie de ceux réalisés aux Marquises, d'où était originaire la première vague de colons. Ceux des guerriers étaient particulièrement impressionnants : un côté du corps était vierge et l'autre côté entièrement recouvert de noir. Les femmes portaient généralement moins de tatouages, limités à certaines parties du corps.

› Retour aux sources

Interdit par les missionnaires, pour qui il n'était que pratique diabolique et superstition, le tatouage se perdit avec l'adoption des vêtements occidentaux. Ironie du sort, les marins de Cook, dont certains s'étaient fait tatoués, exhibèrent à leur retour leurs trophées. La mode se répandit rapidement dans toute l'Europe des ports… De nouveau très répandu d'un bout à l'autre de la Polynésie, le tatouage, un temps défi aux gouvernements coloniaux, est avant tout aujourd'hui une manière de renforcer le sentiment d'appartenance culturelle.

▲ Porc *kalua*: cuit à l'étouffée dans un *imu*.
© Dreamstime.com/Boydz1980

▲ *Poke*. © iStockphoto.com/sf_foodphoto

LA CUISINE

Tout commence généralement, à l'heure de la bière ou en attendant le dîner, par les *pupu*, des hors-d'œuvre à l'hawaïenne.

Favori des Hawaïens de toutes origines, le *plate lunch*, servi dans des camionnettes le long des routes ou dans les petits restaurants locaux, entasse dans une même assiette deux cuillerées de riz, une salade de macaronis ou de patates et une ou plusieurs spécialités: bœuf ou poulet *teriyaki*, porc *kalua*, steak haché, *mahi-mahi* pané ou poisson du jour, *kalbi*, ragoûts divers… le tout recouvert ou non de *gravy* (une sauce épaisse)! On ne peut pas dire que ce soit très gastronomique, mais ça rassasie! Le *plate lunch* est un héritage des paniers-repas que préparaient les femmes des travailleurs des plantations pour un déjeuner rapide. Au petit déjeuner, le *loco moco*, un dérivé, se présente sous la forme d'une montagne de riz couverte d'un steak haché ou de *corned beef*, d'un œuf à la poêle et, là encore, de beaucoup de *gravy*. Petite parenthèse sur le *corned beef*, péché mignon des Hawaïens: ils en consomment au moins trois fois plus que n'importe quel autre État de l'Union!

Tout aussi apprécié, le *bento* est l'équivalent japonais du *plate lunch*. Sur un même «plateau» figure côte à côte un assortiment varié et variable de sushis, de légumes marinés, de poisson ou de poulet grillé, etc.

Le *saimin*, nourriture des pauvres, est une délicieuse soupe de nouilles baignant dans un bouillon de poule ou de crevettes accompagnée, selon les disponibilités, d'oignons verts, de lamelles de porc, de *char siu* (viande marinée), de *kamaboko* (gâteau de poisson) ou plus simplement de surimi.

▲ Le *saimin*. © iStockphoto.com/YinYang

▲ Saumon *lomilomi*. © Dreamstime.com/Roninphotography

▲ Le *plate lunch*. © Dreamstime.com/Edward Fielding

Les spécialités hawaïennes

Dans les temps anciens, en remerciement aux dieux, il était de coutume de célébrer les grandes occasions par un festin appelé *'aha'aina* – hommes d'un côté, femmes de l'autre, puisqu'un *kapu* interdisait aux secondes de manger de concert avec leurs maris, de leur préparer la nourriture ou même de goûter à plusieurs types de plats (bananes, noix de coco, etc.). À cette occasion, un cochon entier était fourré de pierres chaudes et cuit à l'étouffée dans un four creusé dans la terre (*imu*) une journée durant. Ce n'est que bien plus tard que le terme *lu'au*, qui désigne en fait les feuilles de taro utilisées pour envelopper la nourriture, fit son apparition.

Indissociable de la culture hawaïenne, le *lu'au* se retrouve aujourd'hui dans les familles, d'une part, et lors de représentations touristiques, d'autre part. Dans les deux cas, le plat de résistance demeure le porc *kalua*, accompagné de poulet, poisson, *poi*, bananes, *laulau*, saumon *lomilomi*, *poke* et *haupia* comme dessert (voir ci-dessous). Pour le reste, les *lu'au* commerciaux s'apparentent davantage à un spectacle qu'à une expérience culturelle. Tout commence par le son de la conque, annonçant l'arrivée d'un roi imaginaire et de sa cour en costumes. L'*imu* est ensuite ouvert, puis le dîner débute avec buffet à volonté. Suit généralement un spectacle de *hula*, de danses polynésiennes et des «couteaux de feu».

Porc *kalua* : cuit à l'étouffée dans un *imu*.

Poi : une sorte de purée à base des tubercules du taro, un peu pâteuse et sans grand goût. Il est préférable de la manger avec le porc *kalua* ou le saumon *lomilomi* comme accompagnement.

Laulau : poisson ou viande de porc cuits à l'étouffée dans un emballage de feuilles de taro lui-même recouvert de feuilles de *ti*.

Saumon *lomilomi* : en dés, mariné avec tomates et oignons.

Poke : très apprécié des insulaires, ce plat de poisson frais, poulpe ou calmars coupés en petits morceaux et marinés dans de la sauce de soja avec oignons et *limu* (algues vertes), le tout parfois relevé de piment.

Haupia : pudding à l'ananas et au lait de coco. On n'en trouve jamais dans les restaurants mais toujours dans les *lu'au*.

▲ Chic restaurant extérieur.
©Dreamstime.com/Brownm39

La cuisine régionale hawaïenne

Inspirée de la cuisine du «Pacific Northwest», apparue au nord de la côte ouest des États-Unis dans les années 1990, incorporant les influences culinaires des minorités asiatiques et des produits locaux d'une grande fraîcheur, la cuisine régionale hawaïenne affiche une plus grande variété encore. Dans le creuset hawaïen, les influences des vagues successives d'immigrants se sont dispersées et les recettes se sont échangées, donnant jour à de nouvelles spécialités locales.

Élaborées au gré de l'imagination des chefs, ces spécialités ont servi de base à l'émergence d'une cuisine originale, bouquet aux mille saveurs, à travers laquelle s'expriment les mélanges sucrés-salés, les sauces et épices asiatiques, soja, sushis, tempuras, *bentos* (japonais), citronnelle (vietnamienne), *won ton* et *dim sum* (chinois), gingembre, etc. Ajoutez à cela le savoir-faire à l'européenne, la présentation à la japonaise, les légumes, souvent bios, les poissons des îles et des produits pour le moins exotiques: baies d'*o'helo*, crosses de fougère, noix de macadamia, etc. Au confluent du classique et du moderne, de l'Est et de l'Ouest, cette cuisine régionale, que l'on pourrait sans hésitation présenter comme une nouvelle cuisine, est en quelque sorte synonyme de métissage absolu.

LES LOISIRS

Pour commencer, voici une excellente nouvelle: toutes les plages d'Hawaii sont publiques, sans exception, et nombreuses sont celles qui disposent de toilettes et de douches. À première vue, on s'attend donc à pouvoir se baigner partout. Des îles, des cocotiers, du sable clair, des plages souvent tranquilles en dehors des zones touristiques... Que faut-il de plus?

À y regarder de plus près, on se rend vite compte que la force des courants et des vagues, célèbres en ces latitudes, rend plus incertain que prévu le bain de mer tant attendu. Le fait qu'une plage soit surveillée ne signifie pas pour autant que l'on puisse se jeter à l'eau sans risque.

▲ Catamaran. © Dreamstime.com/Martin Valigursky

Les sauveteurs sont aussi souvent là pour apporter aide et secours aux surfeurs et amateurs de *boogie board* en cas de nécessité. Si vous ne voyez pas de nageurs dans l'eau, le plus simple est de vous renseigner auprès des sauveteurs. S'il n'y en a pas, mieux vaut passer votre chemin. D'une manière générale, sur de nombreuses plages, il est de toute façon préférable de ne pas trop s'éloigner du rivage. Cela dit, rassurez-vous car les lieux propices sont tout de même nombreux, et la température de l'eau oscille toute l'année entre 22°C et 25°C. Méfiez-vous juste des récifs de coraux, coupants et fragiles, ainsi que des méduses géantes qui s'approchent des côtes (surtout au nord) par vent d'ouest ou quelques jours après les tempêtes.

Bien qu'il ne s'agisse pas à proprement parler de sport, mais plutôt d'excursions, les sorties en mer prennent une telle importance à Hawaii qu'il est impossible de ne pas les mentionner. En fait, tout ou presque est possible, en voilier, en catamaran, en raft, en canoë même, pour découvrir les côtes, ou en sous-marin, pour explorer les fonds marins. Les catamarans font souvent figure de favoris, avec leurs toboggans pour glisser directement à l'eau et retrouver au plus vite les poissons de récif et les tortues, mais aussi pour des balades au coucher du soleil.

Plus une île est rurale et dispose de grands espaces, plus l'équitation y est pratiquée. Big Island et Maui semblent donc plus favorisées à cet égard, avec tout un choix de chevauchées courtes pour débutants ou de sorties à la journée pour cavaliers confirmés. Lana'i et Moloka'i offrent aussi de bonnes possibilités, de même que, dans une moindre mesure, O'ahu et Kaua'i.

L'archipel compte près d'une centaine de parcours de golf, la plupart à 18 trous. Beaucoup s'inscrivent parmi les plus beaux du pays, dessinés par les plus grands noms du milieu: Robert Trent Jones Jr., Ted Robinson et Greg Norman. O'ahu est de loin l'île la mieux dotée; on y trouve le très difficile Ko'olau Golf Course.

Le kayak de mer est très populaire à Hawaii, qu'il soit pratiqué en solitaire avec une embarcation de location, simple ou double ou lors d'une excursion organisée. Il permet d'atteindre des côtes autrement inabordables, à l'instar de la baie de Kealakekua sur Big Island, de la côte de Na Pali à Kaua'i, ou encore de gagner des îlots flottant au large (Kailua Bay à O'ahu). L'île qui s'y prête le mieux est cependant sans conteste Kaua'i, cela grâce à son important réseau de cours d'eau navigables.

Hawaii s'affirme depuis des années comme l'un des paradis des pêcheurs au gros. De nombreux records mondiaux y ont été battus, particulièrement sur la côte de Kona, au large de Big Island. Mais on peut pêcher dans tout l'archipel, et aucun permis n'est requis pour la pêche dans l'océan, à condition que vous ne vendiez pas vos prises.

Le roi des poissons est le marlin bleu du Pacifique, un monstre qui peut atteindre plus de 800 kg! Parmi les autres proies les plus recherchées figurent l'*'ahi* (thon), l'*ono* (*wahoo*), le *mahi-mahi*, l'espadon, etc.

Conséquence de l'isolement de l'archipel, la richesse des fonds marins hawaïens n'est pas aussi grande que d'autres, mais

les plongeurs amateurs ne seront pas pour autant déçus. Du rivage, les récifs révèlent des myriades d'espèces tropicales bigarrées: poissons-chirurgiens, poissons-papillons, poissons-perroquets, poissons-lions et autres balistes, mais aussi oursins, pieuvres, murènes, etc. Sous l'effet de l'érosion, la lave formatrice s'est déchirée en grottes, arches, tunnels et autres canyons sous-marins, terrain d'exploration favori des plongeurs dans les îles. Là, ces derniers rencontrent tortues vertes hawaïennes, raies et petits requins de récif. La visibilité est le plus souvent excellente, surtout en été, lorsque la mer est la plus calme.

▲ Un survol de Moloka'i en hélicoptère. © Fabien Dormoy

La beauté et la variété de ses paysages naturels, ses montagnes entrecoupées de vallées et ses côtes sauvages font d'Hawaii un lieu idéal pour les amateurs de randonnée. De la courte balade à l'expédition de plusieurs jours jusqu'au sommet des plus hauts volcans, tout est possible. Les promenades sur les hauteurs d'Honolulu, dans un superbe cadre forestier tropical, ou dans certains sentiers du Volcanoes National Park, sur Big Island, sont accessibles à tous, ou presque. La randonnée dans le parc de Koke'e, et plus encore le long de la côte de Na Pali à Kaua'i (Kalalau Trail), dans le cratère du Hale'a'kala à Maui, vers les montagnes centrales et les vallées du nord de Moloka'i, ou encore jusqu'aux sommets du Mauna Kea et du Mauna Loa, est incontestablement réservée aux amateurs éclairés, prêts à partir plusieurs jours d'affilée, sac au dos et sueur au front…

De très nombreuses compagnies d'hélicoptères et de petits avions proposent des survols des îles d'O'ahu, de Big Island, de Kaua'i, ainsi que de Maui, seule ou conjointement avec Lana'i et Moloka'i. Si vous visitez plusieurs îles et que vous ne souhaitez vous offrir qu'un seul survol, choisissez plutôt Big Island, si l'activité volcanique est importante, ou Kaua'i, pour les merveilleuses falaises de Na Pali et le canyon de Waimea.

Pratiqué de longue date par les Polynésiens – et les Polynésiennes –, le surf (*he'e nalu*) est sans doute arrivé à Hawaii avec la seconde vague de migration en provenance de Tahiti. À Hawaii, sa pratique, très codée, imposait des usages stricts. La seule coupe d'un arbre pour tailler une planche demandait l'observation de rituels précis. Des prières étaient aussi dites pour que les dieux consentent à produire de belles vagues.

Hommes, femmes, *ali'i* et membres du peuple, tous surfaient. Les jours les plus fastes, les villages et les champs se vidaient de leur population. Mais les choses, là aussi, ne se faisaient pas sans règle. Ainsi, les *ali'i* avaient accès aux meilleurs endroits et étaient les seuls à avoir le droit d'utiliser la longue planche (*olo*) en *wiliwili* (une essence endémique), qui pouvait atteindre 7 m. Épaisse de 10 cm, elle pesait couramment jusqu'à plus de 70 kg. Les autres devaient se contenter d'une planche moins prestigieuse de 2 m de long. Bien souvent, les Hawaïens se mesuraient lors de compétitions sur lesquelles ils pariaient avec acharnement…

Après avoir failli disparaître sous le joug des missionnaires, qui le jugeaient futile, le surf connut une première renaissance sous l'impulsion du roi David Kalakaua – qui surfait lui-même –, puis de l'Outrigger Canoe Club en 1908. C'est à cette époque qu'apparut un certain Duke Kahanamoku, futur médaillé d'or de natation aux Jeux olympiques de Stockholm et grand promoteur de ce sport. C'est lui qui le fit connaître en Australie, d'où il conquit le reste du monde. À Hawaii, les premiers surfeurs continentaux débarquèrent durant l'hiver 1954. S'installant dans des cabanes à trois sous sur la plage, ils lancèrent un mode de vie qui en est venu aujourd'hui à symboliser tout l'archipel.

Les quatre îles principales disposent toutes d'écoles de surf, généralement ouvertes par d'anciens professionnels, en particulier à Waikiki, à Lahaina et Ka'anapali sur l'île de Maui, ou encore à Po'ipu (Kaua'i). On peut apprendre au choix sur une planche standard, ou sur un *longboard*. Les deux sont pratiqués à Hawaii, et chacun possède ses aficionados et ses spots favoris. Mesurant 3 m de long, le *longboard* permet aux novices de trouver leur équilibre un peu plus facilement. La location, proposée dans tout l'archipel, oscille autour de 30$ par jour. Il arrive qu'il y ait un nombre minimal de jours de location.

Jeux

Les Anciens avaient plusieurs types de jeux, généralement restreints à la période du Makahiki, le festival des récoltes, qui s'étendait grosso modo sur l'automne et le début de l'hiver. Parmi les plus populaires, on pouvait alors assister à des combats de *mokomoko* (la boxe!) et à des compétitions de *maika*, une sorte de bowling joué avec des disques en pierre – ou des fruits de l'arbre à pain. Le but était de parvenir à lancer le projectile entre deux piquets plantés à 30 m ou 40 m de distance, séparés l'un de l'autre de quelques centimètres seulement. Parmi les autres jeux en vogue figuraient, outre le surf, la lutte, les concours de force, les courses de canoës, ainsi que le javelot (*'o'o ihe*). Plus calme, le *konane*, dont on peut voir des exemples dans plusieurs sites restaurés, rappelle étonnamment le jeu de dames. Il se jouait sur un échiquier de pierre (*papamu*), avec des pions blancs et d'autres noirs.

▸ Surfeur. © iStockphoto.com/schutzphoto

Index

Les numéros de page en **gras** renvoient aux cartes

Plumeria rose.

I

J

K

L

M

N

O

P

Q

R

S

T

U

V

W

Y

Z

▸ *Lei.* (page suivante)